安全生产监督管理工作指南系列丛书

Anquan Shengchan Jiandu Guanli Gongzuo Zhinan Xilie Congshu

Anquan Shengchan Xingzheng Zhifa Gongzuo Zhinan

# 安全生产行政执法工作指南

广东省安全生产监督管理局
广东省安全生产技术中心 组织编写

華南理工大學出版社
SOUTH CHINA UNIVERSITY OF TECHNOLOGY PRESS

**图书在版编目(CIP)数据**

安全生产行政执法工作指南/广东省安全生产监督管理局,广东省安全生产技术中心组织编写. —广州: 华南理工大学出版社, 2016. 1(2016. 10 重印)
安全生产监督管理工作指南系列丛书
ISBN 978 - 7 - 5623 - 4849 - 8

Ⅰ. ①安… Ⅱ. ①广… ②广… Ⅲ. ①安全生产 - 行政执法 - 中国 - 指南
Ⅳ. ①D922. 54 - 62

中国版本图书馆 CIP 数据核字(2015)第 308556 号

Anquan Shengchan Xingzheng Zhifa Gongzuo Zhinan
**安全生产行政执法工作指南**
广东省安全生产监督管理局
广东省安全生产技术中心 组织编写

---

**出 版 人:** 卢家明
**出版发行:** 华南理工大学出版社
(广州五山华南理工大学 17 号楼, 邮编 510640)
http://www. scutpress. com. cn E-mail:scutc13@ scut. edu. cn
营销部电话: 020 - 87113487 87111048 (传真)
**策划编辑:** 吴兆强 庄 严
**责任编辑:** 吴兆强
**印 刷 者:** 广州家联印刷有限公司
**开 本:** 787mm × 1092mm 1/16 **印张:** 12. 75 **字数:** 335 千
**版 次:** 2016 年 1 月第 1 版 2016 年 10 月第 4 次印刷
**印 数:** 4 501 ~ 6 500 册
**定 价:** 32. 00 元

---

安全生产监督管理工作指南系列丛书

# 《安全生产行政执法工作指南》

## 编 委 会

主　　编：徐三元

副 主 编：李　健　范银华　李　茵

编写人员：李　健　黄思平　吴海亮　刘　芬
　　　　　邹　莉　李　斌　周　豪　陈义真
　　　　　李明峰　邹　霖　万木生

# 序

安全生产工作事关人民生命和财产安全，事关国家改革发展大局。切实抓好、抓实安全生产，保障人民生命安全、生产有序和社会稳定，是国家和人民对安全监管部门寄予的厚望，更是对每一名安全监管人员的重托。本人有幸成为奋斗在安监一线上的一名组织者、推动者，深感责任重大和使命光荣。

安全监管干部素质高低、能力强弱、作风好坏，关系到干部队伍的整体形象，关系到安全监管部门的职责履行，关系到党和国家的各项事业发展。当前，我省正处在率先全面建成小康社会的关键时期和深化改革开放、加快转变经济发展方式的攻坚时期，安全监管任务繁重，监管队伍自身的能力建设正面临新的挑战。因此，抓好安全监管干部教育培训，对于提高干部队伍素质能力，促进改革发展稳定各项任务落实，都将具有十分重要的意义。

近年来，我省在安全监管干部培训方面虽进行了一系列大胆探索并取得了一定成绩，但现时的培训教材开发还缺乏科学性、系统性。为此，今年广东省安全生产技术中心在省安全监管局的指导下，总结多年安全监管干部培训经验，认真分析我省安全监管干部队伍现状和未来的发展需要，按照干部需要什么就培训什么、干部缺什么就补什么的要求，组织专家学者研究编写"安全生产监管干部培训系列教材"。该系列教材紧密结合安全监管工作实际，分为《安全生产监督管理知识读本》和"安全生产监督管理工作指南系列丛书"。教材形式新颖，特色鲜明，理论联系实际，针对性、指导性强，既包含专业安全管理和技术知识，又有各项安全监管业务特点，适合各级安全监管干部培训使用，同时也可作为安全监管干部参考工具书。相信该系列教材将成为全面提升安全监管队伍的业务能力，打造一支素质高、能力强、业务精的监管队伍。

这套系列教材的推出，对促进安全监管干部培训工作将具有里程碑意义。希望各级安全监管干部要加强学习，系统掌握，学以致用，更好地履行好安全监管职责，为推动广东安全生产形势根本好转，为广东实现"三个定位、两个率先"目标提供安全保障。

黄晗

2015年12月

# 编写说明

2013 年，中共中央下发了《2013—2017 年全国干部教育培训规划》，体现党中央对干部培训的重视，干部是党的路线方针政策的具体执行者，肩负着推动科学发展、促进社会和谐、服务人民群众的重要职责。适逢《安全生产法》、《广东省安全生产条例》修订及省政府转变政府职能的新要求，对安全监管部门及干部提出更高的要求。

安全监管干部是监督企业落实安全生产主体责任的执行者，肩负着重要使命。由于安全生产工作涉及面广，安全监管法律法规及标准较多，企业生产工艺差别大，生产环境要求不一致等，对安全监管人员也是一种重大考验。与此同时，由于目前很多基层安全监管干部存在法规标准不熟悉、安全管理和专业知识欠缺、职责定位不清、业务不懂等问题。为此，在广东省安全生产监督管理局的指导下，广东省安全生产技术中心组织编写了“安全生产监管干部培训系列教材”，以提高我省安全监管干部安全监管能力和水平。

“安全生产监管干部培训系列教材”包括《安全生产监督管理知识读本(上下册)》和“安全生产监督管理工作指南系列丛书”，共 11 种，12 本。《安全生产监督管理知识读本》分上下册，包括安全生产监督管理、“三同时”、职业卫生监督管理、安全生产标准化、监督检查、监督执法、应急管理、事故调查处理和现代安全管理方法和机械、电气等专业知识。“安全生产监督管理工作指南系列丛书”，包括非煤矿山、危化、烟花爆竹、冶金机械、其它工贸行业安全健康、行政许可、事故调查、执法、乡镇监管、应急管理等。希望通过这套系列培训教材，能使各级安全监管干部从管理知识、专业能力再到法律法规、部门职责、监督检查等全面、系统进行学习，成为安全监管能手。

参加这套系列培训教材编写的主要人员均是来自于安全生产监督管理、安全生产技术研究单位和高等院校从事理论研究和实际工作的专家。本系列培训教材由徐三元高级工程师主编，除教材已署名的主要编写人员外，广东省安全生产监督管理局、广东省安全生产技术中心等单位的技术人员参与了文字编写、摄影、制图及编排的大量工作。

编 者

2015 年 10 月

# 目　录

# 第一章　安全生产行政执法监察概述

## 第一节　安全生产行政执法监察基本概念和运行体系

安全生产行政执法监察是一个内涵十分丰富的概念，内容涉及安全生产监督管理的许多方面。一般认为，安全生产行政执法监察包含于安全生产行政执法，简称为或等同于安全生产执法监察。结合广东近十年的工作经验，本节重点介绍安全生产行政执法监察的基本概念和运行体系，力求对安全生产行政执法监察的基本问题有一个总体的把握。

### 一、基本概念

#### (一)行政执法与安全生产行政执法

1. 行政执法

(1)行政执法的定义。当前，对于行政执法的定义，主要有三种观点。

①行政执法是行政机关实施宪法、法律、行政法规、地方性法规、自治条例和单行条例、规章等法律规范性文件的活动。这是就国家行政机关执行宪法和法律的总体而言的。因此，它包括了行政机关全部的执行宪法和法律等法律规范性文件的行为，其中有行政决策行为、行政规划、行政立法以及行政机关执法法律和实施国家行政管理的各种行为。

②行政执法是指具体行政行为，即主管行政机关依法采取的具体的直接影响相对一方权利义务的行为；或者对个人、组织的权利义务的行使和履行情况进行监督检查的行为。

③行政执法是和行政立法、行政司法相对而言的，指行政机关及其行政执法人员为了实现国家行政管理目的，依照法定职权和法定程序，执行法律、法规和规章，直接对特定的行政相对人和特定的限制事务采取措施并影响其权利义务的活动。

从一般意义上来讲，行政执法是指行政机关执行法律、法规，管理社会的活动，也就是行政机关和法律、法规授权的组织，按照法律规定的权限和程序，行使行政权，依法对经济社会实施具体管理的行政活动。

(2)行政执法表现形式。按照不同的标准，行政执法可作如下分类。

一是行政处罚、行政许可、行政强制等具体行政执法行为。以行政执法行为的性质和内容标准，可以分为行政处罚、行政许可、行政强制、行政征收、行政给付、行政确认、行政裁决、行政指导、行政合同等种类。这种分类的意义在于，不同的执法行为，分别适用不同的法律程序和规制。

二是单方行政执法和合意性行政执法。以行政执法成立是否需要对方或其他方参与、达成合意为标准，可以分为单方行政执法和合意性行政执法。所谓单方行政执法，是指以行政执法主体单方面的意思表示即可成立的行政执法行为。如行政处罚、行政审批等。凡需要行政执法主体与行政相对人或其他方多方达成合意始得成立的行政执法行为，即合意性行政执法行为，如行政合同、多个行政执法主体联合执法等。划分单方和合意性行政执法行为的意义在于，二者成立有着不同的规则，同时有利于区分行政执法行为所产生的责任。在民主、多元、现代化的社会中，由于行政执法内容的变化，行政任务的完成更需要加强与行政相对人的沟通与协调，需要通过与行政相对人的互相配合共同完成行政任务。过去那种单纯依赖行政处罚、行政强制等手段来完成行政任务的观念已经不再适应当前形势的需要，行政指导、行政合同等执法方式更加契合现代行政法合意、协商的行政民主精神，也是对现代市场经济发展过程中市场调节失灵和政府干预双重缺陷的一种补救方法。

三是依职权行政执法和依申请行政执法。以行政执法主体作出行政执法行为是否需要行政相对人申请为标准，可以划分为依职权行政执法和依申请行政执法。所谓依职权行政执法，是指行政执法主体依照法定的职权和程序，不需要行政相对人的申请即可作出的行政行为、行政处罚、行政征收等。所谓依申请行政执法行为，是指依据法律的规定，只有当行政相对人申请后行政执法主体方可作出的行政执法行为，比如行政许可、行政裁决等。区分二者的意义在于，两种执法行为作出的前提条件不同。在诉讼中，依申请行政执法还有可能被提起行政机关不作为之诉。

四是部门分散行政执法和相对集中行政执法。以行政执法机关不同的执法方式为标准，可分为部门分散行政执法与相对集中行政执法。所谓部门分散行政执法，即一个部门单独执行法律法规赋予本部门行政执法权的活动。所谓相对集中行政执法，即多个部门联合执法，或者一个部门相对集中行使法律法规原本赋予其他部门的执法权的活动，如相对集中行政处罚权、相对集中行政许可权。

五是授益性行政执法和义务性行政执法。以行政执法行为的内容是给行政相对人授益还是增加义务负担，可以分为授益性行政执法与义务性行政执法。所谓授益性行政执法，即指能给行政相对人带来权利或者利益或者免除义务负担的行政执法行为，如行政奖励、行政救助等。所谓义务性行政执法，即指给行政相对人带来义务负担的行政执法行为，包括限制和剥夺行政相对人的权益和增加行政相对人的义务负担两种情形，如行政处罚。

六是要式行政执法与非要式行政执法。以行政执法行为产生法律效力是否必须具备某种法律形式为标准，可以分为要式行政执法与非要式行政执法。所谓要式行政执法，即指依据法律的规定必须具备特定形式才能产生法律效力的限制执法行为，比如行政许可需要制作行政许可证书，行政处罚需要制作行政处罚决定书等。非要式行政执法，即指法律没有明确要求行政执法行为产生法律效力必须具备特定要式的行为，如交通警察在交通管制中的警示行为。

七是常态行政执法与应急行政执法。以实施行政执法行为的背景条件为标准，可以分为常态行政执法和应急行政执法。所谓常态行政执法，即指行政执法主体平常状态下实施的行政执法行为，如日常执法检查。应急行政执法，是指依照突发事件应对法等相关法律法规，在紧急状态下实施的执法活动。

2. 安全生产行政执法

(1)安全生产行政执法的定义。安全生产行政执法是行政执法在安全生产领域的具体体现，它从属于行政执法并应当遵循行政执法的基本理念、原则和要求。结合我国安全生产监督管理体制，安全生产行政执法有广义和狭义之分。

当前，安全生产实行党政同责、一岗双责、齐抓共管，坚持管行业必须管安全、管业务必须管安全、管生产经营必须管安全。《安全生产法》第九条规定：“国务院安全生产监督管理部门依照本法，对全国安全生产工作实施综合监督管理；县级以上地方各级人民政府安全生产监督管理部门依照本法，对本行政区域内安全生产工作实施综合监督管理。国务院有关部门依照本法和其他有关法律、行政法规的规定，在各自的职责范围内对有关行业、领域的安全生产工作实施监督管理；县级以上地方各级人民政府有关部门依照本法和其他有关法律、法规的规定，在各自的职责范围内对有关行业、领域的安全生产工作实施监督管理。安全生产监督管理部门和对有关行业、领域的安全生产工作实施监督管理的部门，统称负有安全生产监督管理职责的部门。”因此，安全生产监督管理部门和对有关行业、领域的安全生产工作实施监督管理的部门，都属于安全生产行政执法部门。从这个角度来看，广义的安全生产行政执法是指负有安全生产监督管理职责的部门执行法律、法规、规章，履行安全生产监督管理职责的活动。既包括安全监管部门对矿山、危险化学品等行业领域的安全生产行政执法，也包括其他负有安全生产监督管理职责的部门在各自的职责范围内，对有关行业、领域的安全生产行政执法。

狭义的安全生产行政执法是指安全生产监管监察部门及其委托的行政执法机构执行法律、法规、规章，履行安全生产监督管理职责的活动。具体来说，它的内容既包括日常监督检查、查处非法违法行为、实施行政处罚，也包括行政许可、行政强制、调查处理事故、核查投诉举报等工作。

作为安全监管部门监管监察人员的培训教材，本书下面提到的安全生产行政执法取其狭义概念。

(2)安全生产行政执法的特征。从上述安全生产行政执法的概念剖析，它具有以下特征：

一是特定性。安全生产行政执法只能由安全生产监管监察部门及其委托的行政执法机构行使，而不能由社会其他组织或个人行使。

二是执行性。安全生产监管监察部门及其委托的行政执法机构，将法律、法规、规章的规定付诸社会实现，具备执行性。在法治社会，法律至上是一项基本原则。这就要求行政执法活动必须置于宪法和法律之下，行政执法不能超越法律的规定；行政执法权必须合法取得；行政执法活动应当符合法律的规定，包括实体性规定和程序性规定。

三是主动性。在立法权、行政权、司法权等公共权力体系中，行政权是最为活跃的权力，行政执法更具有主动性。安全生产行政执法通过监督检查、行政处罚、行政强制等行为，主动强化安全生产监督管理，查处生产安全事故隐患和非法违法行为，防止和减少生产安全事故，保障人民群众生命财产安全，促进经济社会持续健康发展。

四是裁量性。安全生产法律、法规、规章难以对行政执法中的具体事项作出特别详细的规定，必须赋予安全生产监管监察部门在具体执法时根据实际情况依据法律规定的精神和原则，在一定范围内作出具体判断的裁量权力，这就使得安全生产行政执法具有了裁量性。当然，这种裁量权力也不是绝对的，应该受到程序规定、合理性审查等因素制约。如《安全生产行政处罚自由裁量适用规则(试行)》(国家安全监管总局令第31号)就是专门规范行政处罚自由裁量权的部门规章。

五是程序性。程序正当是依法行政的前提和条件，程序是实体法得以正确实施的保证。行政执法的程序性规定大致可分为两种：一种以单行的法律、法规和规章形式存在，如《行政处罚法》、《行政许可法》等；另一种是散见于各种实体规定之中。不管属于哪一类，只要该程序规定存在，行政执法机关在行政执法中就必须遵守。

六是效率性。效率是行政执法的价值目标。安全生产行政执法为了保障人民群众的生命财产安全，往往需要对各种紧急情况作出迅速反应，如纠正查处事故隐患、依法打击非法违法行为、应急处置生产安全事故等；同时，安全监管监察部门实施监督管理，为行政相对人提供服务，应当遵守法定时限，积极履行法定职责，提高办事效率，提供优质服务，方便公民、法人和其他组织。

### (二)执法监察与安全生产执法监察

1. 执法监察

当前，“执法监察”一词在行政机关及其内设机构中比较常见，对执法监察的概念，主要有两种认识。

(1)执法监察是纪检监察机关根据《党章》等其他党内条规和《宪法》《行政监察法》等法律、法规赋予的职能和职责，对党的组织和党员、国家行政机关和国家公务员以及国家行政机关任命的其他人员在履行职责方面贯彻执行党的路线方针政策和决议、党的章程及党的其他法规和国家法律法规以及政府决定、命令情况进行监督检查及查处违法失职行为的活动。这里的执法监察有特定的实施主体，即纪检监察机关。

(2)执法监察是行政机关及其内设的执法监察机构，对公民、法人和其他组织遵守执行法律、法规、规章的情况进行监督检查、考察及采取行政执法措施的活动。这里的执法即执行法律，监察即监督检查、考察。

作为安全监管部门监管监察人员的培训教材，本书下面提到的执法监察取第二种含义。

2. 安全生产执法监察

安全生产执法监察是执法监察的一种形式，是指安全监管部门依照本级人民政府规定的职责，依法对所辖区域内生产经营单位执行安全生产法律、法规和规章情况进行监督检查，对安全生产非法违法行为纠正查处，开展执法检查、实施行政处罚、采取现场处理措施和行政强制措施、核查举报投诉等工作，以及上级安全监管部门对下级安全监管部门执法活动的指导协调。

## 二、运行体系

当前，广东省安全生产行政执法监察体系相对完善，基本建立了执法监察的“三级机构、四级网络”。同时，在深化安全生产领域改革试点工作中，提出全面推进安全生产执法监察标准化建设，努力建成机构健全、权责明确、行为规范、保障有力的执法监察体系。

### (一)组织机构

根据《广东省安全生产行政执法方案》，省、市、县安全生产执法监察机构分别为同级安全监管部门的内设机构，名称规范为“执法监察处、科、股”，分别为正处级、正科级和正股级建制，加挂“总队”“支队”“大队”牌子。随着各地行政管理体制改革的推进，执法监察机构的名称也不断变化，一些地方名称为执法监察分局(局)，部分地方仍称“支队”“大队”。值得注意的是，各级执法监察机构是同级安全监管部门的内设机构，不构成行政执法主体条件，各级执法监察人员在实施行政处罚、行政强制等职权时，必须以安全监管部门的名义执行。

同时，为解决乡镇(街道)安全监管机构存在的权责不清、监管不力、执法缺位等问题，切实加强安全生产基层基础工作，自2009年，广东省全面推进委托乡镇(街道)安全生产行政执法工作，目前全省90%以上的乡镇(街道)实施委托执法。

### (二)工作职责

各级执法监察机构成立之初，主要集中承担监督检查、行政处罚、行政强制等职能。近年来，各地根据工作实际，对执法监察机构的工作职责作出调整，一些地方的创新做法取得一定成效。如梅州市安全监管局调整内部分工，实施“全员执法”，形成了“监察与执法一体、立案与审查分离”的工作模式。

在委托执法方面，根据《安全生产法》和有关规范性文件的规定，委托执法机构可行使的职权有：一是法律赋予的对生产经营单位安全生产状况的监督检查权。二是委托机关委托的行政处罚权，具体的种类有警告、罚款和没收违法所得。三是委托机关委托的采取现场处理措施权，即对检查中发现的安全生产违法行为，当场予以纠正或者要求限期改正；对重大事故隐患排除前或者排除过程中无法保证安全的，责令从危险区域撤出作业人员，并责令暂时停产停业、停止建设、停止施工或停止使用，限期排除隐患。

（三）执法人员

这里的执法人员是指安全生产执法监察人员，包括具有安全生产行政执法专项编制，在各级安全监管部门从事执法监察工作的人员，还包括安全生产委托执法人员。近年来，广东省执法人员数量逐步增加，据初步统计，全省安全生产行政执法专项编制数由2006年的1183个增加到1680个，持有《行政执法证》的委托执法人员达4000多人。

需要指出的是，按照《广东省〈行政执法证〉管理办法》的规定，行政执法机构的在编在职人员才能申领《行政执法证》。当前，大部分被委托执法人员不具备取证条件，多数委托执法机构难以保证具有2名持证执法人员，不能开展行政处罚工作，这是委托执法亟待解决的瓶颈问题。

## 第二节　安全生产行政执法监察基本要求和主要内容

### 一、基本要求

党的十八届四中全会提出全面推进依法治国的总目标和重大任务，安全生产领域的首要任务就是要将全面推进依法治国的理念和要求落实到安全生产工作，全面推进依法治安。具体到安全生产行政执法监察工作，就是要深入推进依法行政，高度重视执法工作，健全执法体系，界定执法权限，完整执法程序，改进执法方式，强化执法保障，做到严格执法、规范执法、公正执法、文明执法。

（一）严格执法

严格执法是关键环节。概括地说要求有四点：第一，要严格按照法律规定的权限和程序执法，一方面要积极履行法定职责，同时又不超越法定权限履行职责。第二，要严字当头，勇于担当，敢抓敢管，严厉打击安全生产非法违法行为；要增强法律执行效果，特别要建立健全“两法衔接”工作机制，依法严厉打击安全生产违法犯罪行为。第三，对安全生产领域人民群众反映强烈的违法问题，要严格依法办事，依法及时采取有效措施进行处理。第四，所有的行政执法行为都要坚持以事实为依据，以法律为准绳，做到执法主体、职权来源、行为种类和程序、执法结果等整个执法环节合乎法律的规定。

（二）规范执法

规范执法是行为准则。就是执法主体、权限、依据和程序要合乎规范。第一，要规范执法流程，按照标准化、流程化、精细化要求，从容易发生问题的执法环节入手，对执法具体环节和有关程序作出具体规定，强化执法指引，规范执法行为，堵塞执法漏洞。第二，要加强执法管理，开发利用执法监察信息系统，加强对执法文书的制作、使用、管理，强化对立案、监督检查、调查取证、审查决定等执法活动全过程的跟踪。第三，要严格执法审核，建立完善业务执法机构立案查处、法规机构审查监督、重大案件集体决定的工作机制，加强案件审理工作，做到案审分离。第四，要落实执法责任，建立完善规范执法监察工作的各项制度，加强监督检查、考核评议，确保执法监察人员能够依法依规行使权力、承担责任。

### （三）公正执法

公正执法是价值取向。一方面，要规范行使自由裁量权，制定完善裁量标准，从制度机制上防止出现"选择性执法""倾向性执法"；要按照过罚相当原则，综合考量违法的事实、性质、手段、后果、情节和改正措施等因素，依法给予相应处罚，做到该宽则宽、当严则严，防止同事不同罚、处罚畸重畸轻。另一方面，要推进"阳光执法"，所有执法依据、执法权限、适用规则、执法程序和执法结果都要向社会公布，接受社会监督，维护公平正义。

### （四）文明执法

文明执法是职业素养。第一，要树立文明执法的理念，处理好执法与服务的关系，寓服务于执法之中，最大限度地减少执法工作对企业正常生产秩序的干扰，不失时机地加强对企业安全管理的指导和服务。第二，要改进执法方式，强化实体规范、程序规范，推行"说理式"执法，以法为据、以理服人，积极争取行政当事人的理解和支持；对违法行为，凡通过教育能够达到执法目的的，要慎用强制和处罚手段。第三，要规范执法人员的行为、着装、仪表，推行文明用语，做到执法行为规范、语言文明、举止端庄。第四，要严格执法纪律，进一步加强执法监察人员的纪律作风建设，认真执行干部廉洁自律的各项规定，坚决杜绝以权谋私行为，维护执法形象和威信。

## 二、主要内容

安全生产行政执法监察是安全生产行政执法的重要内容，根据安全生产行政执法监察的定义，结合工作实际，它主要包括开展执法检查、实施行政处罚、采取现场处理措施、行政强制措施等具体内容。

### （一）执法检查

执法检查是安全生产行政执法监察的最主要、最基本且运用最广的方式方法，其目的就是检查生产经营单位执行有关安全生产的法律、法规和国家标准或者行业标准的情况，并依法履行行政执法职权。《安全生产监管监察职责和行政执法责任追究的规定》（国家安全监管总局令第24号）第八条要求，安全监管监察部门应当按照年度安全监管执法工作计划、现场检查方案，重点监督检查生产经营单位的20条事项。

安全生产执法监察人员对生产经营单位进行执法检查，被检查单位应当予以配合，并提供必要的条件；调阅有关文件资料，如有关图纸资料、生产经营台账、培训考核记录、从业人员花名册等；向有关人员了解相关情况，既包括生产经营单位的主要负责人、安全生产管理人员、其他从业人员，也包括与被检查单位生产经营活动有关的单位和个人。

### （二）行政处罚

安全生产执法监察人员对检查发现的安全生产违法行为，有权依照安全生产法律、法规、规章规定的责任条款，对有关违法单位和违法人员予以行政处罚。行政处罚的程序应当符合行政处罚法的规定，并使用执法文书，不得使用一般文件代替执法文书。

按照《安全生产违法行为行政处罚办法》(国家安全监管总局令第15号)的规定，安全生产违法行为行政处罚分为警告；罚款；没收违法所得、没收非法开采的煤炭产品、采掘设备；责令停产停业整顿、责令停产停业、责令停止建设、责令停止施工；暂扣或者吊销有关许可证，暂停或者撤销有关执业资格、岗位证书；关闭；拘留；安全生产法律、行政法规规定的其他行政处罚等八类。其中，暂扣、吊销有关许可证和暂停、撤销有关执业资格、岗位证书的行政处罚，由发证机关决定；给予关闭的行政处罚，报请县级以上人民政府按照国务院规定的权限决定；给予拘留的行政处罚，建议公安机关依照治安管理处罚法的规定决定。

(三)现场处理措施

安全生产执法监察人员对检查中发现的事故隐患，应当采取现场处理措施。一般事故隐患应当责令立即排除；重大事故隐患排除前或者排除过程中无法保证安全的，应当责令从危险区域内撤出作业人员，责令暂时停产停业或者停止使用相关设施、设备；重大事故隐患排除后，经审查同意，方可恢复生产经营和使用。

按照《安全生产监管监察职责和行政执法责任追究的规定》(国家安全监管总局令第24号)，安全生产执法监察人员对生产经营单位存在的安全生产违法行为或者事故隐患，应当依法采取的现场处理措施包括：当场予以纠正；责令限期改正、责令限期达到要求；责令立即停止作业(施工)、责令立即停止使用、责令立即排除事故隐患；责令从危险区域撤出作业人员；责令暂时停产停业、停止建设、停止施工或者停止使用相关设备、设施；依法应当采取的其他现场处理措施。

(四)行政强制措施

安全生产执法监察人员对有根据认为不符合保障安全生产的国家标准或者行业标准的设施、设备、器材以及违法生产、储存、使用、经营、运输的危险物品予以查封或者扣押，对违法生产、储存、使用、经营危险物品的作业场所予以查封，并依法作出处理决定。

按照《广东省人民政府关于公布省直部门权责清单(第二批)的决定》(粤府〔2015〕24号)，广东省安全监管局权责清单中行政强制事项有13项。

## 第三节　安全生产行政执法监察基本依据和适用原则

### 一、基本依据

安全生产行政执法监察基本依据是安全生产的法律规范，其构成主要有宪法、法律、法规、规章以及国家标准、行业标准。

(一)宪法

《宪法》是我国的根本大法。《宪法》第四十二条明确规定：“加强劳动保护，改善劳动条件”，这是我国有关安全生产方面最高法律效力的规定。

宪法从理论上讲是我国最高位阶的行政执法依据，但是，由于它主要规定的是我国最根本的社会政治、经济制度和根本任务，公民的基本权利和义务，国家机构的组织、职权及相互关系、职责，以及国家机关活动的基本原则等，行政执法主体几乎做不到单纯以宪法的规定就能够判断和裁决相对人的涉法事实。在执法实践中，行政执法主体在执法文书中几乎从不直接引用宪法的条文。

(二)法律

法律是根据宪法制定的规范，可分为基本法律和普通法律。基本法律由全国人民代表大会制定和修改，它规定和调整国家和社会生活中带有基本性、全面性的社会关系，如《刑法》《民法通则》等。根据《宪法》和《立法法》的规定，在全国人民代表大会闭会期间，全国人大常委会有权对基本法律作部分修改和补充，但不得同该法律的基本原则相抵触。普通法律由全国人大常委会制定和修改，与基本法律相比较而言，是指应当由全国人民代表大会制定的法律以外的其他法律，其调整对象相对较窄，内容较具体，如《安全生产法》、《矿山安全法》等。此外，全国人民代表大会和全国人大常委会通过的有关法律问题的决议和决定，也属于法律的范畴。

法律都源于宪法，其效力低于宪法，高于全国人民代表大会及其常委会以外的其他国家机关制定的法律规范，是行政执法的主要依据。

(三)行政法规

行政法规是国务院根据宪法、法律或者依职权和授权，按照法定程序制定的一种法律规范，如《生产安全事故报告和调查处理条例》《危险化学品安全管理条例》等。行政法规是我国宪法所确立的中国特色社会主义法律体系的重要组成部分，是行政执法依据的主要内容。需要特别指出的是，在立法法施行之前，根据《行政法规制定程序暂行条例》的规定，行政法规的发布形式有两种：一是行政法规草案经国务院审议通过后，由总理签署国务院令予以公布施行。二是行政法规草案经国务院批准后，由有关职能部门以令的形式公布施行，如《矿山安全法实施条例》(原劳动部令第 4 号)。《立法法》以及国务院依据《立法法》制定的《行政法规制定程序条例》对行政法规的公布形式只保留了一种，即由总理签署国务院令予以公布施行。

(四)地方性法规

地方性法规是指有关的地方人民代表大会及其常务委员会根据本行政区域的具体情况和实际需要，在不同宪法、法律、行政法规相抵触的前提下，依职权或者授权，按照法定程序制定的一种法律规范。地方性法规也是我国宪法所确立的中国特色社会主义法律体系的重要组成部分，是地方权力机关管理本行政区域内的社会政治、经济、文化等各个领域公共事务的重要方式和手段。因此，也是行政执法的重要依据之一。

地力性法规具有一定行政区域内统一遵守的效力，但其效力低于宪法、法律和行政法规。

(五)规章

规章分为两大类：一类是国务院部门规章(通常叫作部门规章)，另一类是地方政府规章。

所谓部门规章，是指国务院各部、委员会、中国人民银行、审计署和具有行政管理职能的直属机构，根据法律和国务院的行政法规、决定、命令，在本部门的权限范围内按照法定程序制定的一种法律规范。所谓地方政府规章，是指有关的地方人民政府根据法律、行政法规和本省、自治区、直辖市的地方性法规，按照法定程序制定的一种法律规范。

(六)国家标准和行业标准

标准虽在我国法的渊源中没有这一层级，但在安全生产工作中起着十分重要的作用，

《安全生产法》第十七条规定："生产经营单位应当具备本法和有关法律、行政法规和国家标准或者行业标准规定的安全生产条件；不具备安全生产条件的，不得从事生产经营活动。"

根据《中华人民共和国标准化法》的规定，标准有国家标准、行业标准、地方标准和企业标准。国家标准和行业标准又分为强制性标准和推荐性标准。保障人体健康和人身、财产安全的标准和法律、行政法规规定强制执行的标准是强制性标准，其他标准是推荐性标准。安全生产标准主要指国家标准和行业标准，大部分是强制性标准。

另外，需要特别指出：一是国际条约和国际协定。行政执法主体通常是首先将国际条约和国际协定转化为国内法律规范，然后再适用，而不直接适用国际条约和国际协定。从严格意义上讲，国际条约和国际协定不是直接的行政执法依据。二是行政规范性文件。一般认为，行政规范性文件是有权行政机关发布的、法规规章之外的、具有普遍约束力的行政决定、命令，行政机关往往将这些具体应用解释和其他规范性文件作为具体行政行为的直接依据。这些具体应用解释和规范性文件不是正式的法律渊源，对人民法院不具有法律规范意义上的约束力。但是，人民法院经审查认为被诉具体行政行为依据的具体应用解释和其他规范性文件是合法、有效并合理、适当的，在认定被诉具体行政行为合法性时应承认其效力；人民法院可以在裁判理由中对具体应用解释和其他规范性文件是否合法、有效、合理或适当进行评述。

## 二、适用原则

目前，在我国安全生产法律体系中，法律规范形式各不相同，效力层次高低不一，因此，在实施安全生产行政处罚时，经常会遇到法律规范不一而发生冲突，这就需要正确遵循行政处罚法律规范的适用原则。

### (一)上位法优于下位法原则

上位法优于下位法原则是指当不同效力层级的处罚依据对同一个违法行为的处罚规定不一致时，安全生产监督管理部门和行政执法人员在实施行政处罚中应当执行效力层次较高的处罚依据，而不能按照效力层次较低的依据处罚。对于不同效力层级的法律规范之间发生冲突时，下位法应当服从上位法。《立法法》规定：宪法的效力高于一切法律、法规和规章；法律的效力高于行政法规、地方性法规、规章；行政法规的效力高于地方性法规、规章；地方性法规的效力高于本级和下级地方政府规章。

### (二)特别法优于一般法原则

一般法是关于某一领域或某一方面的法律规范，或者说是对相对人普遍适用的法律规范。特别法是关于某类某种事项或行为的单行法律规范，或者说是对部分相对人适用的法律规范，比一般法所规定的适用范围窄。一般法与特别法是相对而言的。对于同时有效和相同效力层级的一般法与特别法之间规定不一致时，优先适用特别规定。

### (三)新法优于旧法原则

新法优于旧法原则是指同一机关就同一问题制定的两个或两个以上执法依据，如果有矛盾就应该执行颁布时间在后的新依据。在适用新法优于旧法原则时，应当注意的是，新法优于旧法是有条件的，即新法与旧法必须是同一立法机关制定并颁布的。如果新法的制定机关在立法权能上低于旧法的制定机关，则不能适用这一原则。

（四）不溯及既往原则

法律溯及力是指新的法律颁布后，对它生效前发生的行为是否适用的问题。如果适用，就有溯及力；反之，就没有溯及力。目前，世界各国一般都采用不溯及既往原则，我国也不例外。随着社会经济发展和实际情况的变化，法律、法规、规章需要不断进行修订，对发生在修订前的违法行为，安全生产监督管理部门需要对其实施行政处罚时，一般适用不溯及既往原则。但是，《行政处罚法》第二十九条第二款规定："违法行为有连续或者继续状态的，从行为终了之日起计算。"另外，为了更好地保护公民、法人和其他组织的合法权益，修订后的新法律规范有特别规定的除外。

（五）报请有权机关决定原则

在行政执法中，经常会遇到一些执法依据的规定不一致，而又很难区分制定机关级别高低的执法依据效力层级的情况，这就要适用呈请有权机关决定原则，即行政执法主体按照《立法法》规定的程序，将该问题呈请有决定权的机关决定，然后，按其决定执行。如国务院部门规章之间或者国务院部门规章与地方政府规章之间就同一问题规定不一致时，单纯从规章本身，同属于一个效力层级，不能简单地选择某一规定适用，而需要将相互冲突或规定不一致的规章呈请国务院作出适用的决定。又如，地方性法规与部门规章之间对同一事项的规定不一致时，由国务院提出意见，国务院认为应当适用地方性法规的，作出决定在该地方适用地方性法规；国务院认为应当适用部门规章的，提请全国人大常委会裁决。

## 第四节　行政执法的相关法律概念

### 一、行政许可

（一）行政许可的概念与特征

行政许可，是指行政主体根据行政相对方的申请，经依法审查，通过颁发许可证、执照等形式，赋予或确认行政相对方从事某种活动的法律资格或法律权利的一种具体行政行为。

行政许可主要有以下几个方面的特征：(1)行政许可是依申请的行政行为；(2)行政许可的内容是国家一般禁止的活动；(3)行政许可是行政主体赋予行政相对方某种法律资格或法律权利的具体行政行为；(4)行政许可是一种外部行政行为；(5)行政许可是一种要式行政行为。

（二）行政许可的种类

1. 一般许可和特殊许可

一般许可是指行政机关对符合法定条件的申请人直接给予的许可，它对申请人及申请事项并无特别的限制。

特殊许可是指行政机关在特殊情况下向申请人发放的含有特殊内容的许可。

2. 行为许可和资格许可

行为许可是指行政机关允许符合条件的申请人从事某项活动的许可。

资格许可是指行政机关通过一定的考核程序，向申请人核发相应的证明文件，允许其享有某种资格或从事某一职业的许可。

3. 排他性许可和非排他性许可

排他性许可也称独占性许可，是指某一申请人获得该项许可后，其他任何组织或个人均不能再获得该项许可。

非排他性许可也称共存许可，是指任何人只要提出申请并符合法定条件，许可机关均可授予的许可。

4. 权利性许可和附义务许可

权利性许可也称无条件放弃的行政许可，是指申请人获得行政许可后，可以自由放弃行使该项许可所赋予的权利，其本人并不因此承担法律责任。

附义务许可又称有条件放弃的行政许可，是指被许可人在获得许可的同时，便承担了在一定期限内从事许可事项活动的义务，否则要承担相应法律责任或丧失该项许可。

5. 永久许可和附期限许可

永久许可是指被许可人获得行政许可后，只要本人不放弃或者不因法定事由被主管机关吊销，将持续永久有效的许可。

附期限许可是指在一定期限内具有效力、逾期将失去效力的许可。

### （三）行政许可的基本制度

1. 行政许可的实施制度

（1）实施行政许可的主体。实施行政许可的主体主要有三种：法定的行政机关；被授权的具有管理公共事务职能的组织；被委托的行政机关。

（2）实施行政许可的程序。申请与受理、审查与决定、听证、变更与延续。

2. 行政许可的监督与责任制度

（1）行政许可的监督制度。《行政许可法》着重对实施行政许可之后的监督检查作了 4 个方面的规定：一是书面监督检查制度；二是实地监督检查制度；三是属地管辖制度；四是举报制度。

（2）法律责任制度。包括违法设定行政许可的法律责任、违法实施行政许可的法律责任、实施许可后不履行监督职责的法律责任。

### （四）安全生产行政许可

1. 安全生产行政许可的种类

（1）企业类：许可事项主要有非煤矿山企业安全生产许可、危险化学品安全生产许可、危险化学品经营许可、危险化学品安全使用许可、烟花爆竹安全生产许可等。

（2）建设项目“三同时”类：许可事项主要有非煤矿山建设项目安全设施设计审查、非煤矿山建设项目安全设施竣工验收；危险化学品建设项目安全条件审查、设施设计审查、设施竣工验收等。

（3）中介机构类：许可事项主要有安全评价资质认可、检测检验机构资质认可、职业卫生技术服务机构资质认可。

（4）人员资格类：特种作业人员操作资格认定、注册安全工程师资格认定等。

2. 安全生产行政许可的一般程序

主要包括：申请、受理、征求意见、审查和调查、作出决定、送达。

## 二、行政强制

### （一）行政强制概述

1. 行政强制的概念

行政强制是指行政主体为实现某一具体行政行为的内容，而实行的强行限制公民权利的行为。它包括行政强制执行和行政强制措施两类行为。

2. 行政强制措施、行政强制执行的区别

行政强制措施，是指行政机关在行政管理过程中，为制止违法行为、防止证据损毁、避免危害发生、控制危险扩大等情形，依法对公民的人身自由实施暂时性限制，或者对公民、法人或者其他组织的财物实施暂时性控制的行为。其主要特点：一是暂时性；二是保全性；三是单向性。

行政强制执行，是指行政机关或者行政机关申请人民法院，对不履行行政决定的公民、法人或者其他组织，依法强制履行义务的行为。其主要特点：一是执行性；二是从属性；三是强力性。

3. 特殊行政强制

特殊行政强制主要包括三个方面的措施：一是突发事件的应急处置措施；二是金融业审慎监管措施；三是进出境技术监控措施。

### （二）行政强制的种类和设定

1. 行政强制措施的种类

①限制公民人身自由；②查封场所、设施或者财物；③扣押财物；④冻结存款、汇款；⑤其他行政强制措施。

2. 行政强制措施的设定

根据《行政强制法》的规定，行政强制执行只能由法律设定。

### （三）行政强制措施实施程序

一般程序：一是实施前报告批准；二是确定实施人员，实施行政强制措施必须由两名以上行政执法人员进行；三是现场出示执法身份证件；四是通知当事人到场并告知权利；五是听取当事人的陈述和申辩；六是制作现场笔录。

紧急情况下的程序：《行政强制法》第十九条规定：“情况紧急，需要当场实施行政强制措施的，行政执法人员应当在24小时内向行政机关负责人报告，并补充办批准手续。行政机关负责人认为不应当采取行政强制措施的，应当立即解除。”

### （四）申请人民法院强制执行

（1）申请强制执行的前提条件。根据《行政强制法》第五十三条规定，行政机关申请人民法院强制执行有两个基本的前提条件：一是当事人对行政机关作出的行政决定，不申请行政复议或者提起行政诉讼，又不自觉履行；二是向人民法院提出强制执行申请的，必须是没有行政强制权的行政机关。

（2）申请强制执行的期限。根据《行政强制法》第五十三条“当事人在法定期限内不申请行政复议或者提起行政诉讼，又不履行行政决定的，没有行政强制执行权的行政机关可以自期限届满之日起3个月内，依照本章规定申请人民法院强制执行”的规定，行政机关申请人民法院强制执行，必须遵守一定的期限。

(3)催告。是指行政机关在申请人民法院强制执行前，应当先向在法院期限内不申请行政复议或者不提起行政诉讼又不履行行政决定的当事人发出通知，要求和督促其自觉履行行政决定的程序。催告书送达10日后当事人仍未履行义务的，行政机关就可以向人民法院申请强制执行。

(4)提出申请。没有行政强制执行权的行政机关向人民法院提出强制执行的申请，是人民法院受理和审查程序的启动环节，人民法院只有在收到行政机关的申请以后，才能启动强制执行的审查程序，并裁定是否执行。

## 三、行政复议

### (一)行政复议概述

1. 行政复议的概念

行政复议是指公民、法人或者其他组织认为行政主体的具体行为侵犯其合法权益，而向行政复议机关提出复查该具体行政行为合法性、合理性的申请，行政复议机关对该具体行政行为进行审查并作出行政复议决定的活动。

2. 行政复议的基本原则

(1)合法性审查原则。是指行政复议机关严格依照法律法规的规定，对引起争议的具体行政行为的事实认定、法律适用、权限、程序等是否符合法律规定进行审查。具体要求：事实审查、法律适用审查、程序审查、权限审查。

(2)合理性审查原则。是对合法性审查原则的补充，指行政复议机关审查行政主体的行政行为内容是否客观、适度，符合公平正义等法律理性。具体要求：一是正当性审查；二是平衡性审查；三是情理性审查。

(3)公开原则。是指行政复议活动应当公开进行，行政复议案件的受理、调查、审理、判决等活动，都应当尽可能地向当事人、公众及社会舆论公开。

(4)公正原则。是指行政复议机关在行使行政复议权时办事公道，公正地对待双方当事人，不能有所偏袒。

(5)效率原则。是指行政复议机关在查明事实、分清是非的基础上，在法律规定的期限内，完成行政复议案件的审理工作，这是实现行政复议制度目的的要求。

(6)司法最终原则。是指行政复议机关作出的行政复议决定不是最终发生法律效力的决定，行政复议当事人对该决定不服，可以依法向人民法院提出行政诉讼，人民法院作出的终审决定才是终局决定。

### (二)行政复议的申请与受理

1. 行政复议的申请条件

申请人必须是认为具体行政行为侵犯其合法权益的公民、法人或者其他组织；有明确的被申请人；有具体的复议请求；属于复议申请的范围和向有权受理复议的机关申请；必须在法律规定的期限内提出；不得同时提出复议申请和提起行政诉讼。

2. 行政复议受理

行政复议受理主要包括以下内容：

(1)行政复议申请的审查。主要包括形式审查、实质审查两个核心内容。一是形式审查的事项及标准：适格的申请人；明确的被申请人；未向人民法院起诉；未重复提出行政复议申请；行政复议请求符合法律要求；行政复议申请书格式符合要求。二是实质审查的事项及标准：法定申请期限内提出；属于行政复议范围；属于本机关受理范围；有明确的事实根据；涉及行政复议申请人的权益。

(2)对行政复议申请的处理。行政复议申请有两种情形，一是符合法律规定，二是不符合法律规定。但对应这两种情形的处理方式，却不限于受理与不予受理，至少还包括补正、告知、转送等处理方式。

(3)行政复议的审理。行政复议审理的标准有4个：事实根据充分、适用依据正确、程序合法、内容适当。

### (三)行政复议的决定与执行

1. 行政复议的决定

(1)概念和类型。行政复议决定，是指行政复议机关在受理复议申请以后，该复议审查对有争议的具体行政行为的合法性和适当性所作出的审查结论。

行政复议决定种类有以下几种：维持决定；决定履行法定职责；撤销、变更或者确定决定；驳回行政复议申请。

(2)行政复议决定的理由。依照《行政复议法》及《行政复议法实施条例》的规定，作出行政复议决定的依据有5个方面，即认定事实是否清楚(包括证据是否确凿)、适用依据是否正确、程序是否合法、是否符合法定权限、内容是否适当。这是行政复议审理的核心内容，也是决定行政复议机关作出某种类型行政复议决定的主要理由。

根据《行政诉讼法》第七十九条“复议机关与作出原行政行为的行政机关为共同被告的案件，人民法院应当对复议决定和原行政行为一并作出裁判”的规定，行政复议机关即使作出维持复议决定，仍无法避免将与作出原行政行为的行政机关作为共同被告面临行政诉讼。在一定意义上而言，行政复议审查环节实际是起到了对原行政行为纠错的功能作用，因此，行政复议机关在作出行政复议决定时，务必要严格按照上述5个依据进行，绝对不能避重就轻，误以为只要作出维持原行政行为的行政复议决定，就可以敷衍了事。

2. 行政复议决定的履行

行政复议决定的履行途径有两条，一是当事人自觉履行，二是对行政复议决定的执行。对申请人不履行行政复议决定的，可依据《行政复议法》第三十三条的规定：“申请人逾期不起诉又不履行行政复议决定的，或者不履行最终裁决的行政复议决定的，按照下列规定分别处理：(一)维持具体行政行为的行政复议决定，由作出具体行政行为的行政机关依法强制执行，或者申请人民法院强制执行；(二)变更具体行政行为的行政复议决定，由行政复议机关依法强制执行，或者申请人民法院强制执行。”采取相应措施。

## 四、行政诉讼

### (一)行政诉讼概述

1. 行政诉讼的概念

行政诉讼是法院应公民、法人或者其他组织的请求，通过审查行政行为合法性的方式，解决特定范围内行政争议的活动。

2. 行政诉讼管辖

行政诉讼管辖是指上下级法院之间和同级法院之间受理第一审行政案件的分工和权限。

依据不同的标准，行政诉讼管辖可以分为法定管辖和裁定管辖。法定管辖是法律明确规定第一审行政案件由哪一个法院行使管辖权，分为级别管辖和地域管辖。裁定管辖可以分为指定管辖、移送管辖和管辖权的转移。

(二)行政诉讼参加人

行政诉讼参加人是指依法参加行政诉讼活动，享受诉讼权利，承担诉讼义务，并且与诉讼争议或者诉讼结果有利害关系的人。包括：原告、被告、第三人、代理人。

(三)行政诉讼证据

(1)行政诉讼证据的分类：①原始证据与传来证据；②言词证据与实物证据；③本证与反证；④直接证据与实物证据；⑤定案证据与非定案证据；⑥法定证据与非法定证据。

(2)行政诉讼法定证据的种类：书证、物证、视听资料、证人证言、当事人的陈述、鉴定结论、勘验笔录、现场笔录。

(3)举证责任：行政诉讼法确定被告对被诉的行政行为负举证责任。

(四)行政诉讼程序

行政诉讼程序主要包括起诉与受理、一审程序、第二审程序、审判监督程序。

(五)行政诉讼的应诉

1. 庭审前的准备工作

(1)按时提交答辩状。根据《行政诉讼法》第六十七条的规定，“人民法院应当在立案之日起五日内，将起诉状副本发送被告。被告应当在收到起诉状副本之日起十五日内向人民法院提交作出行政行为的证据和所依据的规范性文件，并提出答辩状。人民法院应当在收到答辩状之日起五日内，将答辩状副本发送原告。”应当及时提交答辩状。

(2)确定行政应诉人员，认真查阅案件材料。被告接到起诉状副本后应及时确定本单位的行政应诉人员，以便尽快掌握材料，吃透案情，并做好应诉的材料准备工作。

2. 庭审过程中需要注意的事项

一是积极履行举证义务；二是认真进行法庭辩论。

3. 判决后应当注意的问题

(1)依法行使上诉权。《行政诉讼法》第八十五条规定：“当事人不服人民法院第一审判决的，有权在判决书送达之日起十五日内向上一级人民法院提起上诉。当事人不服人民法院第一审裁定的，有权在裁定书送达之日起十日内向上一级人民法院提起上诉。逾期不提起上诉的，人民法院的第一审判决或者裁定发生法律效力。”因此，第一审程序中的原告与作为被告的行政机关，在行政诉讼中具有实体权利义务，享有上诉权，可以提起上诉。

(2)及时正确申诉。《行政诉讼法》第九十条规定：“当事人对已经发生法律效力的判决、裁定，认为确有错误的，可以向上一级人民法院申请再审，但判决、裁定不停止执行”。申诉权利是当事人的一项重要的诉讼权利，如果认为已经生效的判决确有错误，应当及时正确地进行申诉。

(六)行政诉讼的审判与执行

1. 行政诉讼的判决、裁定与决定

行政诉讼判决。是指人民法院代表国家，对被诉具体行政行为是否合法作出的具有法律约束力的判定，以及对被诉具体行政行为的效力作出的权威性处理。

行政诉讼裁定。是指人民法院在审理行政案件过程中，为解决本案的程序问题所作出的对诉讼参与人发生法律效果的司法意思表示。

行政诉讼决定。是指人民法院为了保证行政诉讼的顺利进行，对诉讼中发生的某些特殊事项所作的司法意思表示。

2. 行政诉讼执行与非诉执行

行政诉讼执行，是指人民法院和有执行权的行政机关因负有义务的一方当事人逾期拒不履行生效行政判决书、行政裁定书、行政赔偿判决书和行政赔偿调解书确定的义务，依对方当事人申请采取强制措施使生效裁决书所确定的义务得以履行的活动。

行政诉讼非诉执行，是指行政相对人在法定期限内既不申请行政复议或不提起行政诉讼又不履行具体行政行为确定的义务，行政机关或行政裁决行为确定的权利人向人民法院提出强制执行申请，由人民法院强制执行使具体行政行为确定的内容得以实现的活动。

## 五、国家赔偿

### （一）国家赔偿的概念

国家赔偿是指国家机关或国家机关工作人员违法行使国家权力的行为，造成公民、法人或者其他组织的损失，由国家承担的赔偿责任。

### （二）国家赔偿责任的构成要件

国家赔偿责任的构成要件主要包括侵权行为主体要件、侵权行为要件、损害结果要件、侵权行为与损害结果之间具有因果关系。

### （三）国家赔偿的范围

国家赔偿的范围根据《国家赔偿法》的相关规定，我国国家赔偿的范围只限于公民人身自由权、生命健康权以及公民、法人和其他组织的财产权。我国国家赔偿的范围包括行政赔偿和司法赔偿。针对行政赔偿适用于行政机关，以下主要介绍行政赔偿的范围：

（1）侵犯人身权的行政赔偿范围。对人身权的行政赔偿有如下几个方面：①违法拘留或者违法采取限制公民人身自由的行政强制措施的；②非法拘禁或者以其他方法非法剥夺公民人身自由的；③以殴打、虐待等暴力行为或者唆使、放纵他人以殴打、虐待等暴力行为造成公民身体伤害或者死亡的；④违法使用武器、警械造成公民身体伤害或者死亡的；⑤造成公民身体伤害或者死亡的其他违法行为。

（2）侵犯财产权的行政赔偿范围。对财产权的行政赔偿有如下几个方面：①违法实施罚款、吊销许可证和执照、责令停产停业、没收财产等行政处罚的；②违法对财产采取查封、扣押、冻结等行政强制措施的；③违反国家规定征收、征用财物、摊派费用的；④造成财产损害的其他违法行为。

# 第二章　安全生产执法检查

## 第一节　安全生产年度执法计划的制定

安全生产年度执法计划（以下简称“年度执法计划”）是各级安全生产监督管理部门依据本部门执法人员数量、装备配备、执法区域范围和生产经营单位的数量、分布、生产规模以及安全生产状况等因素，科学、合理地分配执法力量，确定执法频次的依据。

### 一、制定依据

《中华人民共和国安全生产法》第五十九条第二款、经《国家安全监管总局关于修改〈生产安全事故报告和调查处理条例〉罚款处罚暂行规定等四部规章的决定》（国家安监总局令第77号）修改的《安全生产监管监察职责和行政执法责任追究的规定》第六条第一款规定，安全生产监督管理部门应当制定年度安全监管执法工作计划，并按照年度执法计划进行监督检查，发现事故隐患，应当及时处理。《安全生产监管年度执法工作计划编制办法》（安监总政法〔2010〕183号）对年度执法计划的编制作了具体的规定。

### 二、制定原则及考量因素

#### （一）编制原则

安全生产监督管理部门应当按照“统筹兼顾、突出重点、量力而行、提高效能”的原则，编制本部门的年度执法计划。

#### （二）考量依据

安全生产监督管理部门编制年度执法计划，应当综合考虑下列因素：

（1）行政执法人员的数量；

（2）负责直接监管的生产经营单位的数量、分布、生产规模及其安全生产状况；

（3）道路交通状况、执法车辆和技术装备配备情况；

（4）必需的工作经费；

（5）重点监督检查的地区、领域、行业和企业等事项；

（6）影响执法计划执行的其他因素。

### 三、执法日测算

安全生产监督管理部门编制年度执法计划，应当测算本部门总法定工作日、执法检查工作日、其他执法工作日和非执法工作日。

#### （一）总法定工作日

总法定工作日是指国家规定的法定工作日和本机关行政执法人员总数的乘积。执法人员的计算按照本机关在册人员按比率纳入。

省级安全生产监督管理部门不得低于在册人数的60%，设区的市级安全生产监督管理部门不得低于在册人数的70%，县(区)级安全生产监督管理部门不得低于在册人数的80%；授权、委托开展行政执法的组织或者机构不得低于在册人数的90%。

### (二)执法检查工作日

执法检查工作日是指安全生产监督管理部门依照《安全生产监管监察职责和行政执法责任追究的规定》第八条规定，对直接监管的生产经营单位开展执法检查活动的工作日，其数额为总法定工作日减去其他执法工作日和非执法工作日所剩余的工作日。

### (三)其他执法工作日

其他执法工作日是指下列工作预计所占用的工作日：

(1)实施行政许可；

(2)生产安全事故调查和处理；

(3)安全生产举报查处；

(4)参与地方人民政府及有关部门、上级安全监管执法机关组织的安全生产执法行动；

(5)重大安全生产隐患排查报告的受理、登记建档、跟踪监控、督促整改等；

(6)有关报告、制度、安全措施的备案；

(7)开展机动执法；

(8)听证、行政复议、行政应诉；

(9)上级安全监管机关安排的工作任务。

### (四)非执法工作日

非执法工作日是指下列工作预计所占用的工作日：

(1)机关值班；

(2)学习、培训、考核、会议；

(3)病假、事假；

(4)检查指导下级安全监管执法机关工作；

(5)公务员法定年休假、探亲假、婚(丧)假；

(6)参加党群活动。

其他行政执法工作日、非行政执法工作日，按照本机关前3年实际统计平均数测算。

## 四、执法检查的频次

安全生产监督管理部门应当根据执法检查工作日确定本年度需要开展执法检查的生产经营单位数量和次数。按照“分级负责、属地监管”的原则，对直接监管的重点行业(领域)生产经营单位，应当每年至少覆盖1次；其他直接监管的生产经营单位，应当每两年至少覆盖1次。

除负责直接监管的生产经营单位外，安全生产监督管理部门还应当按照一定比例对下级安全生产监督管理部门所负责的生产经营单位进行抽查。

## 五、执法计划的主要内容

年度执法计划应当包括下列内容：

(1)指导思想、工作目标和主要任务：指导思想是开展安全生产执法检查所必须遵循的总原则、总要求、总体方略；工作目标要具体、可行；主要任务是指根据国家、本级人民政府及上级安全监管执法机关的安全生产工作总体部署，结合本区域安全生产特点确定，包括执法检查、专项整治、打击非法违法、法制宣传等。

(2)行政执法人员数量和执法工作日测算：制定年度执法计划的安全生产监督管理部门应当按照部门的级别、实际在册人员的情况，科学测算本部门总法定工作日、执法检查工作日、其他执法工作日和非执法工作日。

(3)直接监管的生产经营单位：直接监管的生产经营单位应当列出名称，并作为年度执法计划的附录。涉及中央企业的，应当列出中央企业的分公司、子公司以及下属企业名称。

(4)执法检查：执法检查除包括检查各类生产经营单位落实安全生产法律法规的情况外，应当列出本年度执法检查的重点领域、重点区域、重点单位和重点事项。列为重点单位的，应当明确执法检查的次数及检查时间。

(5)行政许可：行政许可应当包括行政许可的种类、实施行政许可的内设机构名称和负责人等。

(6)安全生产宣传教育培训：安全生产宣传教育培训应当包括安全生产万里行、安全生产月等重点宣传事项以及安全生产教育培训的安排、重点内容等。

(7)综合监管事项：综合监管事项是指安全监管部门履行安全生产综合监管职能的各相关事项，包括沟通、协调、督导等内容。

(8)本级人民政府和上级安全生产监督管理部门规定的其他内容。

年度执法计划内容应当明确、具体，具有可操作性，并落实到各内设机构及负责人。

## 六、编制程序

### (一)年度执法计划的编制

安全生产监督管理部门应当指定一个内设机构专门负责编制年度执法计划。在年度执法计划编制过程中，负责编制年度执法计划的机构应当充分收集相关资料，广泛听取本机关其他内设机构及其行政执法人员的意见和建议；各内设执法机构根据其职责提出具体执法计划，由负责编制年度执法计划的机构统一审核编制。

市、县(区)两级安全生产监督管理部门初步拟订年度执法计划后，应当分别抄报省、市两级安全生产监督管理部门征求意见。省级安全生产监督管理部门机关制定年度执法计划时，应当听取市、县(区)级安全生产监督管理部门的意见。

### (二)年度执法计划的备案

安全生产监督管理部门编制的年度执法计划，应当经本部门领导集体讨论通过后，于每年 1 月份报本级人民政府批准。年度执法计划经本级人民政府批准后，应当于每年 3 月 31 日前报上一级安全生产监督管理部门备案。

授权或者委托开展行政执法的组织或者机构编制的年度执法计划，应当经本组织或者机构领导集体讨论通过后，报授权、委托的人民政府或者安全生产监督管理部门批准。

年度执法计划作出重大调整的，应当在作出决定之日起 30 日内按照本办法规定重新履行报批和备案手续。

上述重大调整是指有下列情形之一的：

(1)对执法检查的重点领域、重点区域、重点单位和重点事项作出变更。

(2)执法检查的生产经营单位数量增减幅度超过原计划的 20%以上。

(3)本级人民政府、上级安全监管执法机关和编制年度执法计划的安全监管执法机关认为需要报批的其他情形。

年度执法计划作出重大调整的，应当同时核定相应的工作量。年度执法计划进行部分调整或者变更的，安全生产监督管理部门应当及时制作有关文件，以存档备查。

## 七、其他要求

安全生产监督管理部门内设执法监察机构要根据安全生产监督管理部门制定的年度执法计划，制定本部门的执法计划并严格执行。执法监察机构对生产经营单位开展行政执法专项检查时，还应当根据部门执法计划的要求编制具体的现场检查方案。现场检查方案应当明确检查的区域、内容、重点及方式等。

## 八、年度执法计划范例

### (一)安全生产监督管理部门年度执法计划范例

### ×××安全生产监督管理局××××年度安全生产行政执法计划

根据《安全生产法》、国家安全监管总局《安全生产监管监察职责和行政执法责任追究的暂行规定》(国家安监总局令第24号)和《安全生产监管年度执法工作计划编制办法》(安监总政法〔2010〕183号)的规定，按照《××××年××市安全生产工作要点》，特制定本计划。

一、指导思想

(略)

二、工作目标

紧紧围绕××市安全生产中心工作，紧密结合《××××年××市安全生产工作要点》，依法执法、科学执法，以实现提升企业安全生产管理水平为核心，以“零事故、零死亡”为追求目标，倒逼各项执法措施落实，为逐步实现安全生产形势根本好转做出积极贡献。

三、工作任务

(一)总体任务

以贯彻落实新《安全生产法》为主线，以“零事故、零死亡”为总体目标，紧紧围绕推进生产经营单位主体责任落实，认真检查生产经营单位各项安全生产和职业病防治主体责任落实情况，全面提高本质安全水平，防范各类生产安全事故发生。全年××市局直接执法检查(包括直接执法检查、观摩执法检查和重点协同执法检查)生产经营单位332家，其中观摩执法41家；直接执法检查中介机构30家；间接执法检查(包括监督执法和参加观摩执法检查)生产经营单位636家，其中参加观摩执法生产经营单位334家。

(二)重点任务

(1)非煤矿山：地下矿山重点对领导带班、防排水、防灭火、矿井提升、供电、通风、通信联络、顶板管理、空区管理、井下爆破、安全避险“六大系统”建设等方面进行执法检查。露天矿山重点对分台阶(分层)开采、边坡稳定、爆破作业、场内运输、防洪设施、特种设备检验检测、排土场稳定等方面进行执法检查。尾矿库重点对新建、整改和增高扩容尾矿库履行安全设施“三同时”情况、生产运行库的筑坝方式、堆积坝外坡比、最小安全超高、最小干滩长度、浸润线埋深、排洪排水设施、坝体稳定性观测、冬季放矿安全措施和尾矿库在线监测系统等方面进行执法检查。

(2)危险化学品：重点检查涉氯、涉氨、涉煤气等重点危化企业安全距离符合情况，自动化控制系统、紧急停车系统(ESD)安装、运行情况，岗位安全操作规程编制及修订情况，动火、进入受限空间作业等特殊作业安全管理情况，应急救援演练情况等。对化工园区(化工集中区)开展专项执法检查，重点检查园区内化工医药建设项目安全许可履行情况。

(3)烟花爆竹：重点检查防雷、防静电设施和视频监控设施的配备及维护使用情况；烟花爆竹产品的标识、登记流向情况；是否存在超量储存、超范围经营或经营超标、非标产品等违法违规行为。对烟花爆竹经营(零售)网点，重点检查是否具备经营资质并在有效期内，是否实行专店或专柜销售，是否超量储存、超范围经营，是否违规经销超标、非法烟花爆竹产品，是否在销售场所违规试放烟花爆竹等问题，特别要检查是否存在“下店上宅”“前店后宅”等与居住场所设置在同一建筑物内等重大隐患。

(4)涉爆粉尘：以金属粉尘、木料粉尘企业为执法检查重点对象，重点检查涉爆粉尘场所防爆情况，防爆电气、防爆设备、防爆工具配置及维护保养情况，作业现场粉尘控制情况，防爆管理各项制度和技术措施落实情况和作业人员按照防爆作业规程作业情况等方面。

(5)职业卫生：以矿山开采、水泥制造、家具制造、箱包制造、宝石和石材加工等行业企业为执法检查重点。重点检查职业病危害项目申报及建设项目职业卫生“三同时”情况，职业危害防护设施设置、检修与维护情况，作业场所职业卫生现场急救用品及冲洗设施的设置情况，职业病危害因素日常监测、检测和评价情况，配备并督促指导作业人员正确佩戴个人防护用品情况，防护用品检修与维护情况，职业健康监护、职业病危害告知情况等。

四、组织实施

(一)重要敏感时期集中开展督导执法

根据××××年重点工作安排，在党和国家重要政治活动及重要节假日期间，配合全市安全生产督导检查工作集中开展督导执法，全年分五个阶段实施：

第一时段：全国“两会”时段(3月份)。重点对安全风险较高、易发生群死群伤的重点企业和节后复工复产企业“两会”期间各项防范措施落实情况、作业现场安全管理情况和复工前安全培训情况进行执法检查。

第二时段：“安全生产月”时段(6月份)。对企业贯彻实施新《安全生产法》情况进行专项督导执法，重点检查企业学习贯彻新《安全生产法》情况，企业主要负责人履职尽责情况，以及安全生产标准化、诚信体系、承诺制、隐患排查治理体系建设情况等。

第三时段：暑期(汛期)时段(7—8月份)。针对汛期强降水、洪水、台风、泥石流、雷电、高温等自然灾害对安全生产工作带来的不利影响，重点对矿山企业采空区、塌陷、积水区及周边地表水系情况；尾矿库企业落实“四个一律”“五个到位”度汛措施情况，危险化学品装置和管道的防爆、防雷、防静电、防泄漏情况，烟花爆竹储存库区防雷、防水、排水等设施维护情况，露天作业场所和高温作业岗位夏季防暑降温措施情况等进行督导执法。

第四时段：纪念中国人民抗日战争胜利70周年和国庆时段(9—10月份)。对重点行业、重点区域和重点企业，采取“四不两直”方式实施突击检查，重点检查企业各项安全防范措施落实情况，重要设备设施完好状况，作业现场管理情况。

第五时段：元旦、春节时段(12月至次年1月份)。重点对烟花爆竹销售企业进行执法检查，对危化企业，易燃、易爆、有毒、有害物品生产、经营和使用、储存企业进行督导执法检查。

(二)在行业企业集中的区域开展观摩执法

按照提高执法效率，拟组织矿山、危险化学品、冶金企业及职业危害企业实施观摩执法。组织实施的具体方式：

(1)研究制定观摩执法方案。针对被查企业现状，按照全面细致解剖式执法的要求，聘请行业权威专家，共同研究确定执法检查的重点环节和部位、检查的具体内容和标准、检查的实施程序等。

(2)确定参加观摩执法检查企业。选择有一定规模、安全管理工作有一定基础、近两年发生过生产安全事故的企业作为被检查企业，组织本地区政府主管负责人、行业主管部门、安全监管监察人员和辖区内同行业其他企业的负责人、安全管理机构负责人参加观摩。

(3)组织实施观摩执法检查。按照执法方案细致检查，参加人员现场观摩执法过程。检查结束后通报检查情况和隐患查处情况，以案说法、现场施教。针对检查发现的问题，向参加观摩的企业提出开展自查和整改的要求。

(4)对参加观摩企业进行抽查执法。检查参加观摩的企业(不少于总数的30%)是否开展自查自纠，对没有开展自查自纠或依然存在同类隐患和问题的，依法从严、高限处罚。

(三)会同县(区)及乡镇(街道)执法机构组织开展协同执法

协同执法按照区域组织实施，市、县(区)、乡镇(街道)三级执法机构混编成组，按照统一的方法、步骤和标准开展检查。组织实施的具体要求，一是组织开展执法前培训。每次组织协同执法，都要根据检查企业情况，组织参加执法的市、县(区)、乡镇(街道)执法人员、专家学习相关技术标准、技术规范，分析可能遇到的问题，研究确定检查的重点环节和重点内容。二是统筹安排执法计划实施。列入市执法计划检查的同类企业，市局可选择一家企业进行示范执法，其他企业在市局指导下由县(区)执法机构实施检查，检查结果反馈市局。县(区)、乡镇(街道)执法机构也可以推荐协同执法的重点企业。三是集体研究处罚意见并按期组织复查。对企业检查结束后，市局要组织县(区)、乡镇(街道)执法人员进行集体讨论，确定处罚意见，并指定部门负责按期复查工作。

五、保障措施

(1)强化执法人员业务培训，适应新常态下执法监察工作需要。坚持抓队伍建设与抓执法业务相结合，组织市、县(区)、乡镇(街道)执法人员全面系统地学习新《安全生产法》，熟悉并掌握新《安全生产法》确立的各项法律制度及其内涵，在执法实践中做到活学活用。各级安监执法机构要结合执法工作实际建立执法人员学习制度，通过内部讲学、现场施教、“走出去、请进来”等多种方式，加强执法人员政治理论和业务知识培训。建立案卷评查制度，各级执法监督委员会对所有执法案卷全年至少进行2次全面评查，发现问题及时纠正。建立执法前学习培训制度，每次集中执法前，都要进行学习培训，针对不同类型的企业，对执法程序、执法内容、执法重点等提出具体要求。

(2)确定检查标准细则，为执法检查工作开展提供详细依据。各级安监执法机构结合工作实际，对照新《安全生产法》及相关法律法规和标准规程的规定，研究制定执法检查标准细则，针对不同行业、不同类型企业，确定执法检查的内容及检查标准、处罚原则等，明确依法重点查处的违法行为以及自由裁量原则，确保执法检查的内容、检查标准、行政处罚标准、复查标准基本一致，上下协调配合形成执法合力。

(3)完善专家参与执法检查工作机制，保障执法检查工作质量。引导督促下级安监部门结合自身实际，完善专家参与执法检查的工作机制，探索通过政府购买服务的方式，委托安全技术服务机构承担隐患排查任务。加强各级安监执法机构的协调配合，科学合理安排专家参与执法检查，形成专家积极参与执法活动的良性循环，不断提高执法检查工作质量。

**附件1：**

## ×××安全生产监督管理局执法工作日安排

按照《安全生产监管年度执法工作计划编制办法》(安监总政法〔2010〕183号)的规定和×××安全生产监督管理局实际情况，我局在编人员××人，按规定纳入执法工作日计算的行政执法人员总数为44人(占百分之××)，总法定工作日为11000个，其具体测算如下：

(1)个人国家法定工作日=365-104-11=250个工作日。

其中：①全年总天数365日；

②双休日=52周×2日/周=104日；

③元旦、春节、劳动、端午、清明、中秋、国庆节等共计11个法定假日。

(2)总法定工作日=250日×44人=11000个工作日。

(3)执法检查工作日=40日×44人=1760个工作日。

执法检查工作日是指开展现场执法检查活动所占用的工作日。

(4)其他执法工作日=120日×44人=5280个工作日。

其他执法工作日，是指实施行政许可、参加生产安全事故调查处理、参与安全生产信访举报的核实与查处、办理安全生产行政处罚案件、听证、行政复议与行政应诉、参与安全生产联合执法行动、受理重大事故隐患排查报告和跟踪监控及督促整改、有关制度和安全措施的备案、开展机动执法等所占用的工作日。

(5)非执法工作日=90日×44人=3960个工作日。

非执法工作日，是指参加党群活动、参加或者组织学习、培训、会议、机关值班值守、个人病假、事假及法定年休假、探亲假、婚丧假等所占用的工作日。

×××安全生产监督管理局××××年安全生产监管执法工作计划各执法机构占用工作日测算表见表2-1。

表 2－1　×××安全生产监督管理局××××年安全生产监督执法工作计划各执法机构占用工作日测算表

| 执法机构 | 列入测算执法人员数量 | 法定工作日 | 执法检查工作日（1760 个工作日） | 其他执法工作日(5280 个工作日) | | | | | 非执法工作日(3960 个工作日) | | | |
|---|---|---|---|---|---|---|---|---|---|---|---|---|
| | | | | （按实际具体工作项目所需占用工作日预测填写） | | | | | （按实际具体工作项目所需占用工作日预测填写） | | | |
| （内设机构名称） | | | | | | | | | | | | |
| | | | | | | | | | | | | |
| | | | | | | | | | | | | |
| | | | | | | | | | | | | |
| | | | | | | | | | | | | |
| | | | | | | | | | | | | |
| 全局测算情况（内设机构名称） | | | | | | | | | | | | |

注：……（需要说明的事项）

附件2：

## ×××安全生产监督管理局2015年度执法检查企业名单

(839家)

一．非煤矿矿山行业及有关中介机构(212家)

(1)直接执法(包括直接执法检查、观摩执法检查和重点协同执法检查)52家。其中企业45家(45家企业详细名单)，中介机构7家(7家中介机构详细名单)。

(2)间接执法(包括监督执法和参加观摩执法检查企业)160家，其中组织参加观摩执法80家，分别在×××、×××、×××和×××开展观摩执法，每市(县)20家露天矿山和尾矿库企业参加观摩；监督执法80家。

二、危险化学品、烟花爆竹行业及有关中介机构(208家)

(1)直接执法(包括直接执法检查、观摩执法检查和重点协同执法检查)87家。其中企业80家(80家企业详细名单)；中介机构7家(7家中介机构详细名单)。

(2)间接执法(包括监督执法和参加观摩执法检查企业)121家。

三、冶金(有色)、建材、机械、电力、轻工、纺织、烟草、商贸等行业及有关中介机构(239家)

(1)直接执法(包括直接执法检查、观摩执法检查和重点协同执法检查)77家，其中企业71家(71家企业详细名单)；中介机构6家(6家中介机构详细名单)。

(2)间接执法(包括监督执法和参加观摩执法检查企业)162家。

四、职业健康领域及有关技术服务机构(180家)

(1)直接执法(包括直接执法检查、观摩执法检查和重点协同执法检查)60家。其中企业50家(50家企业详细名单)；职业卫生技术服务机构10家(10家中介机构详细名单)。

(2)间接执法(包括监督执法和参加观摩执法检查企业)120家。

### (二)内设执法监察机构年度执法计划范例

## 执法监察机构××××年度安全生产执法工作计划

为进一步强化安全生产监管，规范执法行为，提高执法效率，防范和减少生产安全事故的发生，根据新修订的《安全生产法》、国家安全监管总局《安全生产监管监察职责和行政执法责任追究的规定》等规定，结合本单位“三定”方案和执法监察机构的工作职能、人员数量等实际，编制执法监察机构××××年安全生产执法工作计划。

一、指导思想

以党的十八届四中全会精神为指导，以新修改的《安全生产法》实施为契机，牢固树立“发展不能以牺牲人的生命为代价”的红线意识，以严厉打击违反安全生产法律法规生产经营建设行为为主线，以执法监察标准化建设为抓手，按照统筹兼顾、突出重点、量力而行、提高效能的原则，扎实推进安全生产执法监察工作，进一步提升安全生产执法监察水平，为确保安全生产形势稳定提供保障。

二、工作目标

进一步强化执法专项行动，增强执法监察的目的性、有效性和针对性，督促企业落实安全生产主体责任。进一步规范执法监察行为，确保严格规范公正文明执法，有效履行政府安全生产监管职责。进一步完善执法监察保障机制，加强执法监察装备建设，不断提升执法监察效能。

三、执法工作日的确定

(一)总法定工作日 1 750 个工作日

目前，执法监察机构到位 9 人，实际纳入执法工作日计算的执法人员为 7 人。2015 年全年共 365 天，有 52 周，国家法定节假日 11 天(其中，国家法定工作日 = 全年总天数 - 双休日天数 - 法定节假日 = 365 - 52 × 2 - 11 = 250 天)。

总法定工作日 = 国家法定工作日 × 执法人员数量 = 250 × 7 = 1 750(个工作日)。

(二)执法检查工作日 125 个工作日

《×××安全生产监督管理局××××年度安全生产监管行政执法工作计划》确定××××年执法监察机构法定检查工作日为 125 日。根据实际，具体计划如下：

1. 专项执法检查行动 96 个工作日

执法监察机构拟在 2015 年分时段、分类别开展“危险化学品专项执法检查行动”“非煤矿山专项执法检查行动”“烟花爆竹专项执法检查行动”“职业卫生专项执法检查行动”和“安全生产执法警示活动”“执法监察回头查”等 6 项执法检查行动。每次专项执法检查行动的时间、企业名单及检查人员由检查前制定的检查方案确定。平均每次有 4 名执法人员参加，历时 4 个工作日。

专项执法检查行动工作日 = 参加次数 × 参与人数 × 执法工作历时 = 6 × 4 × 4 = 96(个工作日)。

2. 日常执法检查行动 29 个工作日

执法监察机构拟在 2015 年度选择××××有限公司和××××经营公司开展日常执法检查行动，并根据检查情况，适当抽查部分下属企业，合计 29 个工作日。具体检查时间为 2015 年 5 月、9 月。

(三)其他执法 930 个工作日

根据执法监察机构“三定”规定所确定的工作职责和 2015 年的工作任务，纳入其他执法工作日计算的工作包括如下内容：

1. 参与生产安全事故调查和处理 40 个工作日

经统计，前 3 年执法监察机构平均每年参与了 2 起生产安全事故的调查和处理，每次安排 1 名执法人员参与，历时约 20 个工作日(据相关处室提供材料)。

生产安全事故调查和处理工作日 = 参与事故起数 × 参与人数 × 调查和处理工作历时 = 2 × 1 × 20 = 40(个工作日)。

2. 安全生产举报查处 100 个工作日

执法监察机构平均每年现场查处了各类安全生产举报投诉 10 宗，每次有 5 名执法人员参与查处，历时约 2 个工作日。

安全生产举报查处工作日 = 查处宗数 × 参与人数 × 查处工作历时 = 10 × 5 × 2 = 100(个工

作日)。

3. 开展机动执法40个工作日

执法监察机构平均每年参与了5次的临时性、突发性联合执法或配合相关业务处室的执法查处工作，每次平均有4名执法人员参加，执法工作历时约2个工作日。

开展机动执法工作日＝参加次数×参与人数×执法工作历时＝5×4×2＝40(个工作日)。

4. 案件办理200个工作日

三年来执法监察机构平均每年负责办理了5宗行政处罚案件的立案、调查取证、审理、送达、执行、备案等工作，每宗案件由4名执法人员办理，办理时间为10天。

案件办理工作日＝案件宗数×参与人数×办理历时＝5×4×10＝200个(工作日)。

5. 出台规章制度100个工作日

执法监察机构拟在2015年出台安全生产执法监察工作规范，并作为地方标准颁布实施。具体由2名执法人员负责，包括资料收集、现场考察、分析研究、专题研究、草案起草、领导审批报送法制部门审核、报送标准委等工作，历时约100个工作日。

6. 落实上级机关安排任务20个工作日

经核算，每年执法监察机构参加了5次政府、上级安全监管机关及本局组织的各类会议、活动和行动，平均每次有2名执法人员参与，历时约2天。

落实上级机关安排任务的工作日＝参加次数×参与人数×参与时间＝5×2×2＝20(个工作日)。

7. 执法统计180个工作日

执法监察机构负责安全生产行政执法监察工作的统计、分析、上报工作，每月需15个工作日，合计约180个工作日。

8. 制定印发材料250个工作日

据统计，执法监察机构每年处理下级执法监察机构报送、局内相关处室移交、其他部门转交的征求意见稿、会签稿、联合发文稿等各类文件150宗，负责100宗以上各地行政处罚案件的备案审查工作，平均每份文件办理时间为1个工作日，合计250个工作日。

(四)非执法工作日695个工作日

非执法工作日指下列工作预计所占用的工作日，根据执法监察机构前三年实际统计数字计算。

1. 机关值班42个工作日

执法监察机构平均每人每年值班6天，合计42个工作日。

2. 学习、培训、考核、会议140个工作日

执法监察机构平均每人每年参加学习、培训、考核、会议等工作共20天，合计140个工作日。

3. 病假、事假35个工作日

预计执法监察机构每人每年请事、病假5天，合计35个工作日。

4. 检查指导下级安全监管执法机关工作283个工作日

检查指导下级工作主要包括调研、督查和工作会、研讨会及培训班等事项，具体工作日为：

(1)2015年度执法监察机构计划开展7次对各地安全生产执法监察工作开展情况的检查、督查工作，每次历时约5个工作日，每次7名执法人员参加，合计245个工作日。

(2)执法监察机构拟在2015年度分批组织相关人员到外地学习、考察，预计为18个工作日。

(3)筹办、召开执法统计培训会议，预计为20个工作日。

5. 参加各类调研活动20个工作日

6. 法定年休假、探亲假、婚(丧)假70个工作日

根据局统一安排，执法监察机构2015年年休假、探亲假和婚(丧)假共70天。

7. 参加局其他会议、集体活动及党群活动105个工作日

预计执法监察机构每年参加15次局其他会议、集体活动及党群活动，合计105个工作日。

四、执法检查的重点内容

执法检查的内容为《安全生产监管监察职责和行政执法责任追究的暂行规定》第八条规定的内容。根据直接监管对象的行业领域分布特点、安全生产条件及危险程度等不同情况，确定执法监察机构2015年度执法检查重点内容为：

一是依法取得有关安全生产行政许可的情况；

二是建立和落实安全生产责任制、安全生产规章制度和操作规程的情况；

三是从业人员受到安全生产教育、培训，取得有关安全资格证书的情况；

四是组织安全生产检查、排查治理事故隐患的情况；

五是新建、改建、扩建工程项目的安全设施与主体工程同时设计、同时施工、同时投入生产和使用，以及按规定办理设计审查和竣工验收的情况；

六是应急预案制定、备案及演练情况；

七是职业健康监护制度建立情况；

八是为从业人员提供符合国家标准或者行业标准的劳动防护用品，并监督、教育从业人员按照使用规则正确佩戴和使用的情况；

九是职业病危害因素检测情况；

十是现场劳动者上岗前、在岗期间、离岗时职业健康检查情况；

十一是劳动者职业健康监护档案建立及管理情况。

××××××

××××年××月××日

## 第二节　安全生产行政执法监察联合行动

安全生产行政执法监察联合行动(以下简称“联合行动”)是凝集执法力量、提高执法效率、强化执法作用的有效途径，是形成各负有安全生产监督管理职责部门“各司其职、各负其责”执法监管局面的有效抓手，是最大限度地查处安全生产违法违规行为、减少事故隐患、遏制生产安全事故发生的必然要求。

### 一、联合行动的概念

联合行动是指两个或者两个以上负有安全生产监督管理职责的部门以各自名义、按照各

自法定职责，联合对行政相对人涉嫌违反相关安全生产法律、法规、规章等规定的行为开展的行政执法监察行动。

## 二、联合行动的分类

(1)综合执法行动：是指由各级安委会或安委办牵头，协调组织多个负有安全生产监督管理职责的部门参加的行政执法监察行动。

(2)专项执法行动：是指由负有安全生产监督管理职责的部门根据上级安排或工作需要，牵头组织、协调其他有关部门参加的行政执法监察行动。

## 三、联合行动的实施

### (一)联合行动联席会议(以下简称"联席会议")的召开

(1)联席会议的组成：由安委办主任担任召集人、负有安全生产监督管理职责的部门负责人为成员组成。各成员单位需指定一名相对固定人员为联席会议联络人。

(2)联席会议的主要职责：总结上一年度联合行动工作情况，研究审定联合行动工作计划和阶段性任务；研究解决联合行动中的重大问题，提出解决问题的对策措施；协调各部门按照职责分工，组织联合执法行动；研究联合行动中发现的重大违法违规案件，提出处理意见；研究审定向社会发布的联合行动工作重要信息，审定提交政府的报告；完成政府交办的其他事项等。

(3)联席会议办公室的职能：联席会议办公室设在安委办，主任由安全监管局分管领导兼任，成员由安全监管局相关职能部门负责人组成。

联席会议办公室负责联席会议的日常工作。主要职责：负责成员单位的沟通协调；承办联席会议会务工作，做好议题收集、会议记录、会议纪要起草等工作；汇总联合行动工作方案并征求相关单位意见；负责收集汇总文件资料，跟踪联合行动等议定事项的落实情况；及时通报、发布相关信息。

(4)联席会议的形式和内容：

①全体会议。全体会议由召集人主持召开，联席会议全体成员参加，联席会议办公室成员列席。主要内容：学习贯彻上级有关会议、文件精神，审议通过联席会议有关工作制度和重大措施建议，议定联席会议年度工作任务和阶段性工作安排，协调解决联合行动的重大问题，研究提出联合行动的工作措施和建议意见等。

②专题会议。专题会议由召集人或召集人委托联席会议办公室主任主持召开，与会议议题有关的联席会议成员参加，也可根据需要邀请其他有关部门(单位)参加。主要内容：制定专项联合行动工作计划、方案，通报有关专项联合行动工作情况，研究解决专项联合行动中的困难和问题等。

(5)联席会议的启动：全体会议原则上每年举办一次，由安委办负责联席会议的协调、议题收集、会议纪要起草等事宜，成员单位相关人员参加。因常规启动、突发启动联合行动需要召开的专题会议可一年多次，由发起单位致函安委办，安委办经研究认为确有必要的，协调相关成员单位参加，由发起单位负责联席会议的相关工作。

联席会议以会议纪要形式明确议定事项。联席会议难以达成一致意见的重大问题和决策建议，由会议召集人负责协调。协调后仍不能形成一致意见的，将有关意见和理由报安委会决定。

（二）联合行动的启动

联合行动的启动分为常规启动和应急启动两种方式。

（1）常规启动。适用于开展常规的以及上级要求开展的联合行动。由牵头单位制订联合行动方案，并协调组织有关部门依法实施。联合行动前，牵头单位应成立联合行动工作组，制订工作方案，明确联合行动的时间、地点、参加单位、内容和步骤等事项，并至少提前3个工作日将行动方案送达参加单位，必要时可提请召开临时联席会议。

（2）突发启动。适用于突发事件或其他紧急事件的联合行动。牵头单位应及时协调有关部门共同制订联合行动方案，并协调组织相关部门实施。

（三）联合行动的开展

联合行动的牵头单位负责联合行动中的综合协调工作，各联合行动参加单位要积极配合，并指派具有行政执法资格的人员参加联合行动。需临时更换参加人员的，应提前告知牵头单位。参加单位如对参与联合行动存在异议的，应及时报请本级安委办协调解决。

联合行动中各参加单位要密切配合、协调行动，各司其职、各负其责，严格依照法律法规的规定，查明违反安全生产法律、法规的生产经营建设行为事实。对联合行动中发现的安全生产非法违法行为，各参加单位应当按照各自的法定职责，严格依照相关法律、法规和规章的规定，及时制止和查处。

（1）对发现的安全生产违法行为，应当场予以纠正或者要求限期改正；对依法应当给予行政处罚的行为，依照有关法律、行政法规等规定作出行政处罚决定。

（2）对发现的事故隐患，应当责令立即排除；重大事故隐患排除前或者排除过程中无法保证安全的，应当责令从危险区域内撤出作业人员，责令暂时停产、停业或者停止使用相关设施、设备。重大事故隐患排除后，经审查同意，方可恢复生产经营和使用；经停产、停业整顿仍不具备安全生产条件的，依法报请县级以上人民政府按照国务院规定的权限决定予以关闭。

（3）对有根据认为不符合保障安全生产的国家标准或者行业标准的设施、设备、器材以及违法生产、储存、使用、经营、运输的危险物品予以查封或者扣押，对违法生产、储存、使用、经营危险物品的作业场所予以查封，并依法作出处理决定。

（4）发现存在的安全问题涉及有关地方人民政府或其他部门的，牵头单位或其他执法部门应当及时向有关地方人民政府或有关部门通报；发现存在的安全问题应当由其他有关部门进行处理的，牵头单位或其他执法部门应当及时移送有关部门并形成记录备查，接受移送的部门应当及时进行处理。参与联合行动的单位对行政执法管辖有争议的，应当报请共同的上一级行政机关协调决定。

（四）联合行动的信息通报和发布

联席会议各成员单位要加强信息沟通和配合，及时通报日常监管信息、工作动态和重大案件线索及查处情况，发布重大安全生产与职业健康违法案件和日常监管信息。

1. 信息通报

信息通报分为定期通报和随时通报。

（1）定期通报。联席会议办公室应定期向各成员单位通报年度联合行动开展情况，各成员单位应综合汇总本年度联合行动开展情况，形成年度工作报告报安委办。信息通报主要内容包括：一是年度内组织开展联合行动次数，组织检查组，出动人数（次），执法检查企业数，检查发现事故隐患数(含职业危害隐患数)，对安全生产领域非法违法、违规违章行为实施行政处罚情况；二是本年度开展联合行动的主要做法、工作经验、存在问题、工作建议和下一年度的工作计划；三是其他重要的安全生产行政执法监察联合行动信息。

(2)随时通报。联席会议办公室和各成员单位应向其他成员随时通报有关领导同志批示、重大事件和联合行动工作中发现涉及其他成员单位安全生产职责的问题等重要信息。

各有关成员单位接到联合行动信息通报后，应当及时进行处理，对重大、紧急信息应当立即进行处理，并将处理结果反馈给相关成员单位。

2. 信息发布

信息发布分为联席会议统一发布、相关成员单位联合发布和成员单位单独发布等三种形式。联席会议确定的需要统一发布的信息由联席会议办公室统一发布。涉及两个以上成员单位职责的信息由相关成员单位联合发布。其他有关信息按照成员单位职责分工和法定权限单独发布。

(五)联合行动的考核

各级安委会应尽量将各联合行动成员单位组织开展、参加联合行动等相关工作指标纳入各单位年度安全生产目标责任考核体系，并对其定期进行考核。考核内容应包括出席联席会议、开展联合行动、通报行动信息等方面。

## 第三节　重点行业企业检查要点

### 一、执法检查要点表格的使用说明

开展现场执法检查是实施安全生产行政执法监察的重要内容，是行政处罚的前提和基础。为了进一步规范现场执法检查行为，提高安全生产执法检查质量，依据《安全生产法》《职业病防治法》等相关法律规定，编制了《企业通用执法检查要点》《金属非金属地下矿山执法检查要点》《金属非金属露天矿山执法检查要点》《排土场执法检查要点》《尾矿库执法检查要点》《石油天然气企业执法检查要点》《危险化学品生产企业执法检查要点》《危险化学品经营企业执法检查要点》《烟花爆竹批发、仓储企业执法检查要点》《烟花爆竹零售企业执法检查要点》《职业病防治执法检查要点》等11个行业企业的检查要点表格。由于安全生产现场执法检查内容广泛，涉及的法律法规及标准规程众多且更新频繁，故本节各行业企业执法检查要点表格中内容只作为安全监管部门进行现场执法检查时的参考，各地可根据执法检查的实际需要参照使用或者选择使用，也可根据需要自行制定执法检查要点。

安全监管部门在执法检查时，应根据《安全生产法》《职业病防治法》等相关法律、法规、规章和国家标准或者行业标准的规定进行。使用本执法检查要点有关内容时，如发现执法检查要点的表述与相关法律法规、标准规范的表述不一致的，以相关法律法规、标准规范为准；在执法检查过程中如发现生产经营单位存在非法违法行为或者安全事故隐患，依法应当采取行政强制、现场处理措施、实施行政处罚的，本执法检查要点有关表格不能替代安全生产行政执法文书使用，应依法按照国家安全监管总局安全生产行政执法文书(式样)制作相应的行政执法文书。

## 二、各行业企业主要标准规程目录

安全生产执法检查的法律依据是国家的法律、法规、规章和各相关行业企业的标准规程等。国家的法律、法规和规章已在本书第一章有所描述，不再赘述。执法检查中经常用到非煤矿山、危险化学品、烟花爆竹和职业卫生等行业(领域)的标准规程，下面就以上四个行业(领域)的主要标准规程作一个目录介绍，供执法人员在工作中查阅、参考。

### (一)非煤矿山安全生产主要标准规程目录

1. 金属非金属矿山安全规程(GB16432—2006)
2. 爆破安全规程(GB6722—2014)
3. 矿山安全标志(GB14161—2008)
4. 矿山电力设计规范(GB50070—2009)
5. 地质勘探安全规程(AQ2004—2005)
6. 尾矿库安全技术规程(AQ2006—2005)
7. 金属非金属矿山排土场安全生产规则(AQ2005—2005)
8. 竖井罐笼提升信号系统安全技术要求(GB16541—2010)
9. 罐笼安全技术要求(GB16542—2010)
10. 矿井提升机和矿用提升绞车安全要求(GB20181—2006)
11. 建筑设计防火规范(GB50016—2014)
12. 尾矿设施施工及验收规程(GB50864—2013)
13. 企业职工伤亡事故分类标准(GB6441—1986)
14. 作业场所空气中粉尘测定方法(GBZ192.1—2007)
15. 高处作业分级(GB/T3608-2008)
16. 特低电压(ELV)限值(GB/T3805—2008)
17. 粉尘作业场所危害程度分级(GB/T5817—2009)
18. 起重机械安全规程(GB6067.1—2010)
19. 高温作业分级(GB/T4200—2008)
20. 体力劳动强度分级(GB3869—1997)
21. 安全带(GB6095—2009)
22. 安全网(GB5725—2009)
23. 手持式电动工具的管理、使用、检查和维修安全技术规程(GB/T3787—2006)
24. 工业防护栏杆及钢平台(GB4053.3—2009)
25. 金属非金属地下矿山通风安全技术规范(AQ2013—2008)
26. 石膏矿地下开采安全技术规范(AQ2015—2008)
27. 金属非金属矿山竖井提升系统防坠器安全性能检测检验规范(AQ2019—2008)
28. 金属非金属矿山在用缠绕式提升机安全检测检验规范(AQ2020—2008)
29. 金属非金属矿山在用摩擦式提升机安全检测检验规范(AQ2021—2008)
30. 金属非金属矿山在用提升绞车安全检测检验规范(AQ2022—2008)
31. 安全色(GB2893—2008)
32. 金属非金属矿山安全标准化规范导则(AQ2007.1—2006)
33. 金属非金属矿山安全标准化规范地下矿山实施指南(AQ2007.2—2006)

34. 金属非金属矿山安全标准化规范露天矿山实施指南(AQ2007.3—2006)
35. 金属非金属矿山安全标准化规范尾矿库实施指南(AQ2007.4—2006)
36. 金属非金属矿山安全标准化规范小型露天采石场实施指南(AQ2007.5—2006)

## (二)危险化学品安全生产主要标准规程目录

1. 建筑设计防火规范(GB50016—2014)
2. 爆炸和火灾危险环境电力装置设计规范(GB50058—2014)
3. 建筑物防雷设计规范(GB50057—2010)
4. 常用化学危险品贮存通则(GB15603—1995)
5. 压缩空气站设计规范(GB50029—2014)
6. 危险化学品经营企业开业条件和技术要求(GB18265—2000)
7. 氯气安全规程(GB11984—2008)
8. 汽车加油加气站设计与施工规范(GB50156—2012)
9. 石油库设计规范(GB50074—2014)
10. 石油天然气工程设计防火规范(GB50183—2004)
11. 乙炔站设计规范(GB50031—1991)
12. 氧气站设计规范(GB50030—2013)
13. 易燃易爆性商品储藏养护技术条件(GB17914—2013)
14. 腐蚀性商品储藏养护技术条件(GB17915—2013)
15. 毒害性商品储藏养护技术条件(GB17916—2013)
16. 危险化学品重大危险源辨识(GB18218—2009)
17. 工业企业照明设计标准(GB50034—1992)
18. 光气及光气化产品生产安全规程(GB19041—2003)
19. 光气及光气化产品生产装置安全评价通则(GB13548—1992)
20. 石油化工企业设计防火规范(GB50160—2008)
21. 工业企业总平面设计规范(GB50187—2012)
22. 危险货物品名表(GB12268—2012)
23. 剧毒物品品名表(GA58—1993)
24. 危险货物分类和品名编号(GB6944—2012)
25. 危险货物命名原则(GB/T7694—2008)
26. 危险货物包装标志(GB190—2009)
27. 危险货物运输包装通用技术条件(GB12463—2009)
28. 危险化学品运输包装类别划分原则(GB/T15098—2008)
29. 化学品安全标签编写规定(GB15258—2009)
30. 危险化学品从业单位安全标准化通用规范(AQ3013—2008)
31. 液氯使用安全技术要求(AQ3014—2008)
32. 氯气捕消器技术要求(AQ3015—2008)
33. 电镀化学品运输、储存、使用安全规程(AQ3019—2008)
34. 化学品生产单位吊装作业安全规范(AQ3021—2008)
35. 化学品生产单位动火作业安全规范(AQ3022—2008)
36. 化学品生产单位动土作业安全规范(AQ3023—2008)

37. 化学品生产单位断路作业安全规范(AQ3024—2008)
38. 化学品生产单位高处作业安全规范(AQ3025—2008)
39. 化学品生产单位设备检修作业安全规范(AQ3026—2008)
40. 化学品生产单位盲板抽堵作业安全规范(AQ3027—2008)
41. 化学品生产单位受限空间作业安全规范(AQ3028—2008)
42. 危险化学品目录(2015 版)(国家安全监管总局等 10 部门 2015 年第 5 号公告)
43. 化学品分类和危险性公示通则(GB13690—2009)
44. 工业企业厂内铁路、道路运输安全规程(GB4387—2008)
45. 生产过程安全卫生要求总则(GB/T12801—2008)
46. 化学品安全技术说明书内容和项目顺序(GB/T16483—2008)
47. 化学品危险性评价通则(GB/T22225—2008)
48. 加油站作业安全规范(AQ3010—2007)
49. 危险化学品储罐区作业安全通则(AQ3018—2008)
50. 涂料生产企业安全技术规程(AQ5204—2008)

(三)烟花爆竹安全生产主要标准规程目录

1. 烟花爆竹安全与质量(GB10631—2013)
2. 烟花爆竹工程设计安全规范(GB50161—2009)
3. 烟花爆竹作业安全技术规程(GB11652—2012)
4. 焰火晚会烟花爆竹燃放安全规程(GA183—2005)
5. 烟花爆竹企业安全监控系统通用技术条件(AQ4101—2008)
6. 烟花爆竹流向登记通用规范(AQ4102—2008)
7. 烟花爆竹烟火药认定方法(AQ4103—2008)
8. 烟花爆竹烟火药安全性指标及测定方法(AQ4104—2008)
9. 烟花爆竹烟火药 TNT 当量测定方法(AQ4105—2008)
10. 烟花爆竹作业场所接地电阻测量方法(AQ4106—2008)
11. 烟花爆竹机械引线机(AQ4108—2008)
12. 烟花爆竹机械爆竹插引机(AQ4109—2008)
13. 烟花爆竹机械结鞭机(AQ4110—2008)
14. 烟花爆竹作业场所机械电器安全规范(AQ4111—2008)
15. 烟花爆竹出厂包装检验规程(AQ4112—2008)
16. 烟花爆竹企业安全评价规范(AQ4113—2008)

(四)现行职业卫生主要标准规程目录

1. 工业企业设计卫生标准(GBZ 1—2010)
2. 工作场所有害因素职业接触限值　第 1 部分：化学有害因素(GBZ 2.1—2007)
3. 工作场所有害因素职业接触限值　第 2 部分：物理因素(GBZ 2.2—2007)
4. 个体防护装备选用规范(GB/T 11651—2008)
5. 呼吸防护用品的选择、使用与维护(GB/T 18664—2002)
6. 职业病危害评价通则(AQ/T 8008—2013)
7. 建设项目职业病危害预评价导则(AQ/T 8009—2013)

8. 建设项目职业病防护设施设计专篇编制导则(AQ/T 4233—2013)
9. 建设项目职业病危害控制效果评价导则(AQ/T 8010—2013)
10. 防尘防毒基本术语(GB/T 29053—2012)
11. 粉尘作业场所危害程度分级(GB/T 5817—2009)
12. 有毒作业场所危害程度分级(AQ/T 4208—2010)
13. 粉尘物性试验方法(GB/T 16913—2008)
14. 粉尘采样器技术条件(AQ 4217—2012)
15. 呼吸性粉尘个体采样器(AQ 4204—2008)
16. 矿山个体呼吸性粉尘测定方法(AQ 4205—2008)
17. 作业场所空气中呼吸性岩尘接触浓度管理标准(AQ 4203—2008)
18. 袋式除尘器技术要求(GB/T 6719—2009)
19. 排风罩的分类及技术条件(GB/T 16758—2008)
20. 石英砂(粉)厂、滑石粉厂防尘技术规程(GB/T 13910—2008)
21. 陶瓷生产防尘技术规程(GB 13691—2008)
22. 耐火材料企业防尘规程(GB 12434—2008)
23. 石材加工工艺防尘技术规范(AQ 4220—2012)
24. 电子工业防尘防毒技术规范(AQ 4201—2008)
25. 家具制造业防尘防毒技术规范(AQ 4211—2010)
26. 革类加工制造业防尘防毒技术规范(AQ 4210—2010)
27. 城镇污水处理厂防毒技术规范(AQ 4209—2010)
28. 氧化铝厂防尘防毒技术规程(AQ/T 4212—2011)
29. 铝加工厂防尘防毒技术规程(AQ/T 4218—2012)
30. 焊接工艺防尘防毒技术规范(AQ 4214—2011)
31. 焦化行业防尘防毒技术规范(AQ/T 4219—2012)
32. 粮食加工防尘防毒技术规范(AQ 4221—2012)
33. 酒类生产企业防尘防毒技术规范(AQ 4222—2012)
34. 自来水生产供应企业防尘防毒技术规范(AQ 4223—2012)
35. 仓储业防尘防毒技术规范(AQ 4224—2012)
36. 印刷企业防尘防毒技术规范(AQ 4225—2012)
37. 城镇燃气行业防尘防毒技术规范(AQ 4226—2012)
38. 毛皮生产安全卫生规程(GB/T 14442—2008)
39. 铅作业安全卫生规程(GB 13746—2008)
40. 制革职业安全卫生规程(AQ 4215—2011)
41. 碳素生产安全卫生规程(GB 15600—2008)
42. 钢铁冶炼企业职业健康管理技术规范(AQ/T 4216—2011)
43. 汽车制造企业职业危害防护技术规程(AQ/T 4227—2012)
44. 铅冶炼防尘防毒技术规程(GB/T 17398—2013)

## 三、各行业企业执法检查要点表

各行业企业执法检查要点见表 2－2～表 2－12。

**表2－2　企业通用执法检查要点**

| 序号 | 检查项目 | 检查标准及要求 | 检查情况 |
| --- | --- | --- | --- |
| 1 | 主要负责人职责 | 建立、健全并组织落实安全生产责任制 | |
| | | 组织制定本单位安全生产规章制度和操作规程 | |
| | | 组织制定并实施本单位安全生产教育和培训计划 | |
| | | 保证本单位安全生产投入的有效实施 | |
| | | 督促、检查本单位的安全生产工作，及时消除生产安全事故隐患 | |
| | | 组织制定并实施本单位的生产安全事故应急救援预案及时、如实报告生产安全事故 | |
| 2 | 安全生产管理机构及安全生产管理人员职责 | 一般生产经营单位从业人员超过一百人的，设置安全生产管理机构或者配备专职安全生产管理人员；从业人员在一百人以下的，配备专职或兼职安全生产管理人员 | |
| | | 组织或者参与拟订本单位安全生产规章制度、操作规程 | |
| | | 组织或者参与本单位安全生产教育和培训，如实记录安全生产教育和培训情况 | |
| | | 督促落实本单位重大危险源的安全管理措施 | |
| | | 组织或者参与拟订本单位生产安全事故应急救援预案，组织或者参与本单位应急救援演练 | |
| | | 检查本单位的安全生产状况，及时排查生产安全事故隐患，提出改进安全生产管理的建议 | |
| | | 制止和纠正违章指挥、强令冒险作业、违反操作规程的行为 | |
| | | 督促落实本单位安全生产整改措施 | |
| 3 | 安全生产责任 | 主要负责人、其他负责人的安全生产责任 | |
| | | 职能部门及其负责人的安全生产责任 | |
| | | 车间班组(分公司、场、站)及其负责人的安全生产责任 | |
| | | 其他岗位及从业人员的安全生产责任 | |
| | | 层层签订安全生产责任书 | |
| 4 | 规章制度及操作规程 | 安全生产工作例会 | |
| | | 安全生产的教育和培训 | |
| | | 安全生产检查及事故隐患的整改 | |
| | | 设施、设备的维护、保养、检测 | |
| | | 危险作业的现场管理 | |
| | | 劳动防护用品的管理 | |
| | | 安全生产责任和奖惩 | |
| | | 安全生产台账的管理 | |
| | | 应急救援措施 | |

续表 2－2

| 序号 | 检查项目 | 检查标准及要求 | 检查情况 |
| --- | --- | --- | --- |
| 4 | 规章制度及操作规程 | 生产安全事故的报告和调查处理 | |
| | | 安全生产投入及安全生产费用的提取和使用 | |
| | | 安全标准化管理 | |
| | | 重大危险源检测、监控、管理 | |
| | | 特种作业人员管理 | |
| | | 不同工种和岗位的操作规程 | |
| 5 | 安全生产资金投入 | 保障具备安全生产条件所必需的资金投入，保证和改善安全生产条件 | |
| | | 依法参加工伤保险，为从业人员缴纳工伤保险费用 | |
| | | 新建、改建、扩建项目的安全设施，应当与主体工程同时设计、同时施工、同时投入生产和使用；安全设施投入费用应当纳入建设项目概算 | |
| | | 为从业人员提供符合国家标准或者行业标准的劳动防护用品，并教育、督促从业人员正确使用；禁止以现金或者其他物品替代劳动防护用品的提供 | |
| 6 | 安全生产教育培训 | 主要负责人、安全管理人员应具备本单位生产经营活动相应的安全生产知识和管理能力 | |
| | | 特种作业人员必须按照国家有关规定，经过专门的安全作业培训取得特种作业操作证 | |
| | | 新员工三级安全教育 | |
| | | 变换工种教育 | |
| | | 转岗、复工教育 | |
| | | 实施新工艺、新技术、新材料、新设备的安全教育 | |
| | | 从业人员应当接受安全培训，熟悉有关安全生产规章制度和安全操作规程，具备必要的安全生产知识，掌握本岗位的安全操作技能，增强预防事故、控制职业危害和应急处理的能力 | |
| | | 建立健全安全培训工作制度 | |
| | | 将安全培训工作纳入本单位年度工作计划，并保证安全培训工作所需资金 | |
| | | 安排从业人员进行安全培训期间，应当支付工资和必要的费用 | |
| | | 建立健全从业人员安全培训档案，详细、准确地记录培训考核情况 | |
| 7 | 安全生产管理 | 与从业人员订立的劳动合同应载明有关保障从业人员劳动安全的事项 | |
| | | 生产、生活、储存区域设置以及周边防护安全距离应当符合国家标准、行业标准或者地方标准 | |
| | | 生产经营场所和员工宿舍应当设有符合紧急疏散要求、标志明显、保持畅通的出口 | |
| | | 定期组织开展安全检查，对检查出的问题应当立即整改；不能立即整改的，应当制定相应的防范措施和整改计划，限期整改 | |

续表 2-2

| 序号 | 检查项目 | 检查标准及要求 | 检查情况 |
|---|---|---|---|
| 7 | 安全生产管理 | 进行爆破、吊装、悬吊、挖掘、建设工程拆除等作业，或者临近高压输电线路、输油(气)管线、通信光(电)缆作业，或者有限空间内作业，应当执行危险作业管理规定，安排专门人员进行现场安全管理；并确认现场作业条件符合安全作业要求，确认作业人员的上岗资质、身体状况及配备的劳动防护用品符合安全作业要求；向作业人员说明危险因素、作业安全要求和应急措施 | |
| | | 开展安全生产标准化建设，提高安全生产基础管理水平 | |
| | | 加强重大危险源管理，建立运行管理档案，定期对设施、设备进行检验、检测，定期检查重大危险源的安全状况，制定应急预案并定期组织演练，告知从业人员和相关人员在紧急情况下应当采取的应急措施，至少每半年向负有安全生产监督管理职责的部门报告重大危险源监控措施的实施情况 | |
| | | 将生产经营项目、场所、设备发包或者出租的，应当与承包单位、承租单位签订专门的安全生产管理协议，或者在承包合同、租赁合同中约定有关的安全生产管理事项 | |
| | | 对承包单位、承租单位的有关安全生产条件或者资质进行审查，并对承包、承租单位的安全生产工作统一协调、管理 | |
| | | 持续改进安全生产管理，积极采用信息化等先进的安全管理方法和手段，落实各项安全措施 | |
| 8 | 隐患排查治理 | 建立健全事故隐患排查治理和建档监控等制度，逐级建立并落实从主要负责人到每个从业人员的隐患排查治理和监控责任制 | |
| | | 定期组织安全生产管理人员、工程技术人员和其他相关人员排查本单位的事故隐患 | |
| | | 建立健全事故隐患信息档案，对排查发现的隐患，应当按照隐患的等级进行分类登记，并按照职责分工实施监控治理 | |
| | | 对排查发现的一般隐患，应当立即组织治理；对排查发现的重大隐患，应当组织制定并实施治理方案 | |
| | | 隐患排除前或者排除过程中无法保证安全的，应当从危险区域内撤出作业人员，并疏散可能危及的其他人员，设置警戒标志，暂时停产停业或者停止使用；对暂时难以停产或者停止使用的相关生产储存装置、设施、设备，应当加强维护和保养，防止事故发生 | |
| | | 加强对自然灾害的预防，对于因自然灾害可能导致事故灾难的隐患，应当按照有关法律、法规、标准的要求，采取可靠的预防措施，制定应急救援预案 | |
| | | 每季、每年对本单位事故隐患排查治理情况进行统计分析，向有关部门报送书面统计分析表 | |
| | | 建立事故隐患报告和举报奖励制度 | |

续表 2－2

| 序号 | 检查项目 | 检查标准及要求 | 检查情况 |
| --- | --- | --- | --- |
| 9 | 应急救援预案及事故报告 | 结合实际，制定生产安全事故应急救援预案，每年至少组织一次综合演练 | |
| | | 危险物品的生产、经营、储存单位以及矿山、建筑施工单位应当建立应急救援组织，配备相应的应急救援器材和设备，并定期进行演练。生产经营规模较小的企业，应当指定兼职的应急救援人员，并与就近的应急救援组织签订应急救援协议。应急救援组织在进行应急救援演练时，应当吸纳与其签订应急救援协议的生产经营单位参加 | |
| | | 发生生产安全事故后，事故现场有关人员应当立即向本单位负责人报告；单位负责人接到报告后应当于 1 小时内向事故发生地县级以上人民政府安全生产监督管理部门和负有安全生产监督管理职责的有关部门报告。情况紧急时，事故现场有关人员可以直接向事故发生地县级以上人民政府安全生产监督管理部门和负有安全生产监督管理职责的有关部门报告 | |
| | | 生产经营单位负责人接到事故报告后，应当立即启动事故相应应急预案，迅速采取有效措施，组织抢救，防止事故扩大，减少人员伤亡和财产损失 | |
| | | 在事故调查期间不擅离职守，随时接受事故调查组询问，如实提供有关情况 | |
| | | 依法妥善处理事故的善后工作，按国家有关规定向事故伤亡人员支付赔偿金 | |

**表 2－3　金属非金属地下矿山执法检查要点**

| 序号 | 检查项目 | 检查标准及要求 | 检查情况 |
| --- | --- | --- | --- |
| 1 | 依法办矿 | 依法立项审批，履行建设项目审批、核准或备案手续 | |
| | | 可行性研究阶段，由具有资质的安全评价机构进行安全预评价 | |
| | | 初步设计应按规定编制安全专篇；安全设施的设计应由具有资质的设计单位承担，并经安全生产监督管理部门审查同意；有重大变更的，应经原设计单位同意，并报原审查部门审查同意 | |
| | | 安全设施应由具有相应资质的施工单位施工 | |
| | | 投入生产或使用前，由具有资质的安全评价机构进行安全验收评价 | |
| | | 建设项目竣工投入生产或者使用前，必须依照有关法律、行政法规的规定对安全设施进行验收，验收合格后，方可投入生产和使用 | |
| 2 | 证照齐全 | 具有采矿许可证、安全生产许可证、工商营业执照、民用爆炸物品使用许可证、爆破作业单位许可证 | |
| | | 生产经营单位主要负责人、安全管理人员安全生产知识和管理能力考核合格证明、各类特种作业人员的资格证书 | |

续表 2-3

| 序号 | 检查项目 | 检查标准及要求 | 检查情况 |
|---|---|---|---|
| 3 | 规章制度 | 矿山企业应当建立健全的行政领导岗位安全生产责任制、职能机构安全生产责任制、岗位人员的安全生产责任制 | |
| | | 矿山企业应建立健全的安全活动日制度、安全目标管理制度、安全奖惩制度、安全技术审批制度、危险源监控和安全隐患排查制度、安全检查制度、安全教育培训制度、安全办公会议制度、安全费用提取制度 | |
| | | 矿山企业应建立爆破作业规程、装运作业规程、主要机械设备(提升机、岩石电钻、排水泵及风机等)操作规程 | |
| 4 | 管理机构 | 应设置安全生产管理机构或者配备专职安全生产管理人员 | |
| | | 安全生产管理人员的任免，应当有书面文件或者其他资料证实，告知主管部门 | |
| 5 | 基本图纸 | 矿山必须具备：矿区地形地质和水文地质图，井上、井下对照图，中段平面图，通风系统图，提升运输系统图，风、水管网系统图，充填系统图，井下通信系统图，井上、井下配电系统图和井下电气设备布置图、井下避灾路线图 | |
| | | 矿山所具备的各种图纸经矿山企业技术负责人审查，并根据矿井发展情况和采掘活动及时修改、填绘 | |
| 6 | 教育培训 | 新进矿山的井下作业职工，接受安全教育、培训的时间不得少于 72 小时，考试合格后，方可上岗作业 | |
| | | 所有生产作业人员，每年接受在职安全教育、培训的时间不少于 20 小时 | |
| | | 矿山采用新工艺、新技术、新材料、新设备，必须了解、掌握其主要安全技术特性，采取有效的安全防护措施，对从业人员进行专门的安全生产教育和培训 | |
| | | 矿山特种作业人员必须按照国家有关规定经过专门的安全作业培训，取得特种作业操作资格证书，方可上岗 | |
| 7 | 安全投入 | 矿山企业应当及时、足额提取安全费用，并按规定使用。在年度财务会计报告中，企业应当披露安全费用提取和使用具体情况 | |
| | | 矿山企业应按有关规定足额存储风险抵押金 | |
| 8 | 隐患排查与处理 | 矿山安全生产管理人员应当根据本单位的生产经营特点，对安全生产状况进行经常性检查；对检查中发现的安全问题，应当立即处理；不能立即处理的，应当及时报告本单位有关负责人。检查及处理情况应当记录在案 | |
| | | 对重大危险源应当登记建档，进行定期检测、评估、监控，并制定应急预案，告知从业人员和相关人员在紧急情况下应当采取的应急措施 | |

续表 2－3

| 序号 | 检查项目 | 检查标准及要求 | 检查情况 |
|---|---|---|---|
| 9 | 应急救援 | 生产经营单位应当根据有关法律、法规和技术标准，结合本单位的危险源状况、危险性分析情况和可能发生的事故特点，制定相应的应急预案 | |
| | | 矿山企业应当组织专家对本单位编制的应急预案进行评审。评审应当形成书面纪要并附有专家名单 | |
| | | 生产经营单位应当制定本单位的应急预案演练计划，根据本单位的事故预防重点，每年至少组织一次综合应急预案演练或者专项应急预案演练，每半年至少组织一次现场处置方案演练 | |
| 10 | 事故处理 | 事故发生单位应当按照负责事故调查的人民政府的批复，对本单位负有事故责任的人员进行处理 | |
| | | 事故发生单位应当认真吸取事故教训，落实防范和整改措施，防止事故再次发生 | |
| 11 | 劳动保护 | 矿山企业必须为从业人员提供符合国家标准或者行业标准的劳动防护用品，并监督、教育从业人员按照使用规则佩戴、使用。矿山企业应与从业人员签定劳动合同，说明有关保障从业人员劳动安全、防止职业危害的事项，以及依法为从业人员办理社会保险事项 | |
| 12 | 安全出口 | 每个矿井至少应有 2 个独立的直达地面的安全出口，安全出口的间距应不小于 30m | |
| 13 | 矿井通风 | 地下矿山必须安装主扇，形成完整的机械通风系统，并有通风系统图 | |
| | | 掘进工作面和通风不良的采场，应安装局部通风设备 | |
| | | 井下炸药库及储存动力油的硐室要有独立的回风道 | |
| | | 矿山企业应设立通风安全管理部门，按要求配备适应工作需要的专职通风技术人员和测风、测尘人员，并定期进行培训 | |
| 14 | 防排水 | 水害地质条件复杂的矿山企业，应成立防治水专门机构 | |
| | | 每年雨季前，应由主管矿长组织一次防水检查，并编制防水计划 | |
| | | 竖井、斜井、平硐等井口的标高，应高于当地历史最高洪水位 1m 以上 | |
| | | 井下主要排水设备，至少应由同类型的 3 台泵组成。井筒内应装设两条相同的排水管，一条工作，一条备用 | |
| | | 矿山的主要泵房，进口应装设防水门 | |
| 15 | 防灭火 | 井下消防供水水池容积应不小于 $200m^3$ | |
| | | 木材场、有自燃发火危险的排土场，应布置在距离进风口常年最小频率风向上风侧 80m 以外 | |
| | | 在井下进行动火作业，应制定经主管矿长批准的防火措施 | |
| 16 | 矿井提升 | 提升系统必须符合设计要求，必须使用符合国家标准、行业标准要求的设备、设施 | |

续表 2-3

| 序号 | 检查项目 | 检查标准及要求 | 检查情况 |
|---|---|---|---|
| 16 | 矿井提升 | 过卷保护装置和信号装置必须安装到位；升降人员的单绳提升罐笼必须有安全可靠的防坠器 | |
| | | 提升矿车的斜井，必须安装常闭式防跑车装置；斜井上部和中间车场，必须设置阻车器或挡车栏；斜井下部车场要建有躲避硐室，并有明显的标志 | |
| | | 提升司机必须持特种作业证上岗 | |
| | | 建立定期检查维修制度，每天应由专职人员对提升系统检查一次，每月应由企业组织有关人员检查一次 | |
| 17 | 矿井供电 | 由地面到井下中央变电所或主排水泵房的电源电缆，至少应敷设两条独立线路，并应引自地面主变电所的不同母线段。其中任何一条线路停止供电时，其余线路的供电能力应能担负全部负荷 | |
| | | 矿山企业应备有地面、井下供(配)电系统图，井下变电所、电气设备布置图 | |
| 18 | 矿井通信 | 矿井应有完善可靠的通信系统图，保持矿内外、井上下和重要场所、作业地点通信畅通 | |
| | | 地表调度室至井下各中段采区、马头门、装卸矿点、井下车场、主要机电硐室、井下变电所、主要泵房和主扇风机房等，应设有可靠的通信系统 | |
| 19 | 顶板管理 | 应建立顶板分级管理制度。对顶板不稳固的采场，应有监控手段和处理措施 | |
| | | 采用全面采矿法、房柱采矿法采矿，应根据顶板稳定情况，留出合适的矿柱 | |
| 20 | 放炮管理 | 矿山爆破后，经通风吹散炮烟、检查确认井下空气合格后、等待时间超过 15 min，方准许作业人员进入爆破作业地点 | |
| 21 | 安全避险“六大”系统 | 严格按照监测监控、人员定位、压风自救、供水施救、紧急避险及通信联络系统 6 个建设规范完成安全避险“六大系统”按期完成建设 | |

**表 2-4　金属非金属露天矿山执法检查要点**

| 序号 | 检查项目 | 检查标准及要求 | 检查情况 |
|---|---|---|---|
| 1 | 依法办矿 | 依法立项审批，履行建设项目审批、核准或备案手续 | |
| | | 可行性研究阶段，由具有资质的安全评价机构进行安全预评价 | |
| | | 初步设计应按规定编制安全专篇；安全设施的设计应由具有资质的设计单位承担，并经安全生产监督管理部门审查同意；有重大变更的，应经原设计单位同意，并报原审查部门审查同意 | |
| | | 安全设施应由具有相应资质的施工单位施工 | |
| | | 投入生产或使用前，由具有资质的安全评价机构进行安全验收评价 | |

续表 2－4

| 序号 | 检查项目 | 检查标准及要求 | 检查情况 |
|---|---|---|---|
| 1 | 依法办矿 | 建设项目竣工投入生产或者使用前，必须依照有关法律、行政法规的规定对安全设施进行验收，验收合格后，方可投入生产和使用 | |
| 2 | 证照齐全 | 具有采矿许可证、安全生产许可证、工商营业执照、民用爆炸物品使用许可证 | |
| | | 生产经营单位主要负责人、安全管理人员安全生产知识和管理能力考核合格证明、各类特种作业人员的资格证书 | |
| 3 | 规章制度 | 矿山企业应当建立健全的行政领导岗位安全生产责任制、职能机构安全生产责任制、岗位人员的安全生产责任制 | |
| | | 矿山企业应建立健全的安全活动日制度、安全目标管理制度、安全奖惩制度、安全技术审批制度、危险源监控和安全隐患排查制度、安全检查制度、安全教育培训制度、安全办公会议制度、安全费用提取制度 | |
| | | 矿山企业应建立爆破作业规程及爆破说明书、装运作业规程、主要机械设备(钻车、挖掘机、装载机、凿岩机、排水泵等)操作规程 | |
| 4 | 管理机构 | 应设置安全生产管理机构或者配备专职安全生产管理人员 | |
| | | 安全生产管理人员的任免，应当有书面文件或者其他资料证实，告知主管部门 | |
| 5 | 基本图纸 | 矿山必须具备：地形地质图、采剥工程年末图、防排水系统及排水设备布置图 | |
| | | 矿山所具备的各种图纸经矿山企业技术负责人审查，并根据矿井发展情况和采掘活动及时修改、填绘 | |
| 6 | 教育培训 | 新进矿职工，接受安全教育、培训的时间不得少于 40 小时，经考试合格后，方可上岗作业 | |
| | | 所有生产作业人员，每年接受在职安全教育、培训的时间不少于 20 小时 | |
| | | 矿山特种作业人员必须按照国家有关规定经过专门的安全作业培训，取得特种作业操作资格证书，方可上岗 | |
| 7 | 安全投入 | 矿山企业应当及时、足额提取安全费用，并按规定使用。在年度财务会计报告中，企业应当披露安全费用提取和使用具体情况 | |
| | | 矿山企业应按有关规定足额存储风险抵押金 | |
| 8 | 隐患排查与处理 | 矿山安全生产管理人员应当根据本单位的生产经营特点，对安全生产状况进行经常性检查；对检查中发现的安全问题，应当立即处理；不能处理的，应当及时报告本单位有关负责人。检查及处理情况应当记录在案 | |
| | | 对重大危险源应当登记建档，进行定期检测、评估、监控，并制定应急预案，告知从业人员和相关人员在紧急情况下应当采取的应急措施 | |

续表 2－4

| 序号 | 检查项目 | 检查标准及要求 | 检查情况 |
|---|---|---|---|
| 9 | 应急救援 | 生产经营单位应当根据有关法律、法规和技术标准，结合本单位的危险源状况、危险性分析情况和可能发生的事故特点，制定相应的应急预案 | |
| | | 矿山企业应当组织专家对本单位编制的应急预案进行评审。评审应当形成书面纪要并附有专家名单 | |
| | | 生产经营单位应当制定本单位的应急预案演练计划，根据本单位的事故预防重点，每年至少组织一次综合应急预案演练或者专项应急预案演练，每半年至少组织一次现场处置方案演练 | |
| 10 | 事故处理 | 事故发生单位应当按照负责事故调查的人民政府的批复，对本单位负有事故责任的人员进行处理 | |
| | | 事故发生单位应当认真吸取事故教训，落实防范和整改措施，防止事故再次发生 | |
| 11 | 劳动保护 | 矿山企业应向从业人员如实告知作业场所和工作岗位存在的危险因素、防范措施以及事故应急措施 | |
| | | 矿山企业必须为从业人员提供符合国家标准或者行业标准的劳动防护用品，并监督、教育从业人员按照使用规则佩戴、使用 | |
| | | 矿山企业应与从业人员签定劳动合同，说明有关保障从业人员劳动安全、防止职业危害的事项，以及依法为从业人员办理社会保险事项 | |
| 12 | 开采技术 | 露天开采应遵循自上而下的开采顺序，分台阶开采，并坚持“采剥并举，剥离先行”的原则 | |
| | | 不能采用台阶式开采的，应当自上而下分层顺序开采 | |
| | | 实施浅眼爆破时，分层高度不得超过 6m；实施中深孔爆破时，分层高度不得超过 20m，最终边坡角由设计确定，但最大不得超过 60 度 | |
| 13 | 边坡稳定 | 对边坡坡体表面和内部位移、地下水位动态、爆破震动等定点定期进行观测 | |
| | | 对采场工作帮应每季度检查一次，高陡边帮应每月检查一次，不稳定区段在暴雨过后应及时检查 | |
| | | 每班作业前，必须对坡面进行安全检查，发现工作面有裂痕，或者在坡面上有浮石、危石和伞檐体可能塌落时，相关人员应当立即撤离至安全地点，采取措施处理。处理完毕前，严禁任何人员在边坡底部停留 | |
| 14 | 爆破作业 | 爆破作业应由专职爆破员进行，并设置爆破警戒范围，实行定时爆破制度 | |
| 15 | 机械装运 | 小型露天采石场企业应使用机械化铲装作业 | |
| | | 定期对挖掘设备和运输车辆进行维护、检修，保证正常运行 | |
| | | 矿区运输道路按设计参数施工，设置合格的路挡，转弯处必须设立明显警示标志 | |

续表 2-4

| 序号 | 检查项目 | 检查标准及要求 | 检查情况 |
|---|---|---|---|
| 16 | 防洪设施 | 作业单位应当有完善的防洪措施。对开采境界上方汇水影响安全的，应当设置截水沟；有可能滑坡的，应当采取防洪排水措施 | |
| | | 深凹露天矿山应设置专用的防洪、排洪设施 | |
| 17 | 安全距离 | 与相邻的采石场范围之间最小距离(采矿许可证边界距离)必须大于 300 米；爆破安全允许距离由设计确定，但最低不小于 200 米；距工作台阶坡底线 50 米范围内不得从事碎石加工作业 | |
| 18 | 二次破碎 | 对爆破后产生的大块矿岩应当采用机械方式进行破碎，不得使用爆破方式进行二次破碎 | |
| 19 | 警示标志 | 露天矿边界应设可靠的围栏或醒目的警示标志，防止无关人员误入 | |
| 20 | 人行通道 | 露天采场应有人行通道，并应有安全标志和照明 | |
| 21 | 电气设备 | 电气设备应当有接地、过流、漏电保护装置 | |
| | | 变电所应当有独立的避雷系统和防火、防潮及防止小动物窜入带电部位的措施 | |
| 22 | 塌陷控制 | 开采境界内和最终边坡邻近地段的废弃巷道、采空区和溶洞，应及时标在矿山平面图上，并随着采掘作业的进行，及时设置明显的警示标志 | |
| | | 开采境界内的废弃巷道、采空区和溶洞，应至少超前一个台阶进行处理。处理前应编制施工方案，并报主管矿长审批 | |
| 23 | 采场供电 | 采矿场的供电线路不宜少于两回路。每回路的供电能力不应小于全部负荷的 70%。 | |
| | | 有淹没危险的采矿场，主排水泵的供电线路应不少于两回路 | |

**表 2-5　排土场执法检查要点**

| 序号 | 检查项目 | 检查标准及要求 | 检查结果 |
|---|---|---|---|
| 1 | 依法建设 | 可行性研究阶段，由具有资质的安全评价机构进行安全预评价 | |
| | | 初步设计应按规定编制安全专篇；安全设施的设计应由具有资质的设计单位承担，并经安全生产监督管理部门审查同意；有重大变更的，应经原设计单位同意，并报原审查部门审查同意 | |
| | | 安全设施应由具有相应资质的施工单位施工 | |
| | | 投入生产或使用前，由具有资质的安全评价机构进行安全验收评价 | |
| 2 | 证照齐全 | 具有各类特种作业人员的资格证书 | |
| 3 | 规章制度 | 建立健全的排土场安全目标管理制度，排土场安全生产责任制度，排土场安全生产检查制度，排土场安全隐患治理制度，排土场抢险及险情报告制度，排土场安全技术措施实施计划，排土场安全技术规程，排土场安全事故调查、分析、报告、处理制度，排土场安全培训、教育制度，排土场安全评价制度等 | |

续表 2－5

| 序号 | 检查项目 | 检查标准及要求 | 检查结果 |
|---|---|---|---|
| 4 | 管理机构 | 应设置安全生产管理机构或配备专职安全生产管理人员 | |
| | | 主要负责人、安全生产管理人员应由有关主管部门对其安全生产知识和管理能力考核合格 | |
| 5 | 设计规范 | 矿山排土场应由有资质的中介机构进行设计 | |
| | | 设计中应明确规定排土场排土工艺、排土顺序、排土场的阶段高度、总堆置高度、安全平台宽度、总边坡角、废石滚落时可能的最大距离以及相邻阶段同时作业的超前堆置距离 | |
| 6 | 管理到位 | 严禁个人在排土场作业区或排土场危险区内从事捡矿石、捡石材和其他活动 | |
| | | 未经设计或技术论证，任何单位不应在排土场内回采低品位矿石和石材 | |
| 7 | 排土作业 | 汽车排土作业时，作业区应设置一定数量的限速牌等安全标志牌 | |
| 8 | 排洪防震 | 排土场周围应修筑可靠的截洪和排水设施 | |
| | | 汛期应对排土场和下游泥石流拦挡坝进行巡视，发现问题应及时修复 | |
| | | 处于地震烈度高于6度地区的排土场，应制订相应的防震和抗震的应急预案 | |
| 9 | 关闭复垦 | 矿山企业在排土场结束时，应整理排土场资料、编制排土场关闭报告 | |
| | | 矿山企业在排土场生产作业过程中，应制定切实可行的复垦规划 | |
| 10 | 监测系统 | 矿山应建立排土场监测系统，定期进行排土场监测 | |
| 11 | 警示标志 | 排土场滚石区应设置醒目的安全警示标志 | |
| 12 | 安全评价 | 应由有资质的中介技术服务机构每3年对排土场进行一次安全评价，报省级安全生产监督管理部门备案 | |

**表2－6　尾矿库执法检查要点**

| 序号 | 检查项目 | 检查标准及要求 | 检查情况 |
|---|---|---|---|
| 1 | 依法建设 | 依法立项审批，履行建设项目审批、核准或备案手续 | |
| | | 尾矿库的勘察、设计、安全评价、施工及施工监理等应当由具有相应资质的单位承担 | |
| | | 可行性研究阶段，由具有资质的安全评价机构进行安全预评价 | |
| | | 初步设计应按规定编制安全专篇；尾矿库建设项目应当进行安全设施设计并经审查合格，方可施工。安全设施的设计应由具有资质的设计单位承担，并经安全生产监督管理部门审查同意；有重大变更的，应经原设计单位同意，并报原审查部门审查同意 | |
| | | 投入生产或使用前，由具有资质的安全评价机构进行安全验收评价 | |

续表 2－6

| 序号 | 检查项目 | 检查标准及要求 | 检查情况 |
| --- | --- | --- | --- |
| 1 | 依法建设 | 建设项目竣工投入生产或者使用前，必须依照有关法律、行政法规的规定对安全设施进行验收，验收合格后，方可投入生产和使用 | |
| | | 尾矿库应当每三年至少进行一次安全评价 | |
| 2 | 证照齐全 | 生产经营单位应当按照《非煤矿矿山企业安全生产许可证实施办法》的有关规定，为其尾矿库申请领取安全生产许可证。未依法取得安全生产许可证的尾矿库，不得生产运行 | |
| | | 生产经营单位主要负责人、安全管理人员安全生产知识和管理能力考核合格证明、各类特种作业人员的资格证书 | |
| 3 | 规章制度 | 生产经营单位负责组织建立、健全尾矿库安全生产责任制，制定完备的安全生产规章制度和操作规程，实施安全管理。规章制度主要包括：安全奖惩制度、安全隐患排查治理制度、安全检查制度、安全教育培训制度、工伤事故上报与事故调查制度 | |
| 4 | 管理机构 | 生产经营单位应当配备相应的安全管理机构或者安全管理人员，并配备与工作需要相适应的专业技术人员或者具有相应工作能力的人员 | |
| | | 车间应设置专职或兼职安全员；班组应设置兼职安全员 | |
| 5 | 工程档案资料 | 生产经营单位应当建立尾矿库工程档案，特别是隐蔽工程的档案，并长期保管。尾矿库施工应当执行有关法律、法规和国家标准、行业标准的规定，严格按照设计施工，做好施工记录，确保工程质量。尾矿库工程建设档案包括：地形测量、工程地质及水文地质勘查、设计、施工及竣工验收、监理、安全预评价及安全验收评价、审批等文件、图纸、资料 | |
| | | 尾矿库生产运行档案包括：年度计划、生产记录(入库尾矿量、堆坝高程、库内水位)、坝体位移及浸润线观测记录、安全隐患检查记录及处理、事故及处理、安全现状评价等 | |
| | | 尾矿库初步设计应编制安全专篇，并包括：尾矿库区存在的安全隐患及对策；尾矿库初期坝和堆积坝的稳定性分析；尾矿库动态监测和通信设备配置的可靠性分析；尾矿库的安全管理要求 | |
| | | 编制年、季作业计划和详细运行图表，统筹安排和实施尾矿输送、分级、筑坝和排洪的管理工作 | |
| 6 | 教育培训 | 生产经营单位应当对从业人员进行安全生产教育和培训，保证从业人员具备必要的安全生产知识，熟悉有关的安全生产规章制度和安全操作规程，掌握本岗位的安全操作技能。未经安全生产教育和培训合格的从业人员，不得上岗作业 | |
| | | 从事尾矿库放矿、筑坝、排洪和排渗设施操作的专职作业人员必须取得特种作业人员操作资格证书，方可上岗作业 | |
| 7 | 安全投入 | 生产经营单位应当保证尾矿库具备安全生产条件所必需的资金投入 | |

续表 2-6

| 序号 | 检查项目 | 检查标准及要求 | 检查情况 |
| --- | --- | --- | --- |
| 8 | 隐患排查与处理 | 做好日常巡检和定期观测，并进行及时、全面的记录，发现安全隐患时，应及时处理并向企业主管领导报告 | |
| | | 尾矿坝的位移监测每年不少于4次，位移异常变化时应增加监测次数；尾矿坝的水位监测包括库水位监测和浸润线监测；水位监测每月不少于1次，暴雨期间和水位异常波动时应增加监测次数 | |
| 9 | 应急救援 | 生产经营单位应当针对垮坝、漫顶等生产安全事故和重大险情制定应急救援预案，并进行预案演练 | |
| | | 应急救援预案种类：a）尾矿坝垮坝；b）洪水漫顶；c）水位超警戒线；d）排洪设施损毁、排洪系统堵塞；e）坝坡深层滑动；f）防震抗震；g）其他 | |
| | | 应急救援预案内容：a）应急机构的组成和职责；b）应急通信保障；c）抢险救援的人员、资金、物资准备；d）应急行动；e）其他 | |
| | | 生产经营单位应当制定本单位的应急预案演练计划，根据本单位的事故预防重点，每年至少组织一次综合应急预案演练或者专项应急预案演练，每半年至少组织一次现场处置方案演练 | |
| | | 应急预案演练结束后，应急预案演练组织单位应当对应急预案演练效果进行评估，撰写应急预案演练评估报告，分析存在的问题，并对应急预案提出修订意见 | |
| 10 | 事故处理 | 事故发生单位应当按照负责事故调查的人民政府的批复，对本单位负有事故责任的人员进行处理 | |
| | | 事故发生单位应当认真吸取事故教训，落实防范和整改措施，防止事故再次发生 | |
| 11 | 劳动保护 | 生产经营单位应向从业人员如实告知作业场所和工作岗位存在的危险因素、防范措施以及事故应急措施 | |
| | | 生产经营单位必须为从业人员提供符合国家标准或者行业标准的劳动防护用品，并监督、教育从业人员按照使用规则佩戴、使用 | |
| 11 | 劳动保护 | 生产经营单位与从业人员签定劳动合同，说明有关保障从业人员劳动安全、防止职业危害的事项，以及依法为从业人员办理社会保险事项 | |
| 12 | 库区环境 | 未经尾矿库管理单位同意、技术论证及原尾矿库建设审批的安全生产监督管理部门批准，任何单位和个人不得在库区从事爆破、采砂等危害尾矿库安全的活动 | |
| | | 矿山企业应当根据国家有关规定，按照不同作业场所的要求，设置矿山安全标志 | |

续表 2-6

| 序号 | 检查项目 | 检查标准及要求 | 检查情况 |
|---|---|---|---|
| 13 | 尾矿坝 | 初期坝上下游坡比应满足规程要求，同时不陡于设计规定的坡度 | |
| | | 坝下渗水量正常，水质清澈，无浑水渗出 | |
| | | 堆积坡比符合设计要求，不应陡于设计规定 | |
| | | 下游坡面无严重冲沟、裂缝、塌坑和滑坡等不良现象 | |
| | | 尾矿坝下游坡面上不得有积水坑 | |
| | | 堆积坝下游坡面上宜用土石覆盖或用其他方式植被绿化，并可结合排渗设施每隔 6～10m 高差设置排水沟 | |
| | | 尾矿堆积坝下游坡与两岸山坡结合处应设置截水沟 | |
| | | 严格按设计要求控制坝体浸润线埋深 | |
| | | 4 级以上尾矿坝应设置坝体位移和坝体浸润线观测设施 | |
| | | 副坝坝高、坝型、上下游坡比应满足设计要求 | |
| | | 建设单位应组织施工、监理、设计等单位的人员组成交工验收机构，进行初期坝、副坝、观测设施等工程验收，并编写验收报告 | |
| | | 尾矿初期坝与堆积坝坝坡的抗滑稳定性系数应满足规程关于抗滑稳定安全系数要求 | |
| 14 | 排洪防汛 | 根据设计或尾矿库安全生产年度计划，应保证在洪水来临并达到最高洪水水位时，滩顶安全超高和干滩长度满足规程和设计要求 | |
| | | 防洪标准应满足规程中有关不同等别尾矿库防洪标准的要求 | |
| | | 排洪系统现状能够满足设计要求的泄水能力，当 24 小时洪水总量小于调洪库容时，洪水排出时间不宜超过 72 小时 | |
| | | 在排水构筑物上或尾矿库内适当地点，应设置清晰醒目的水位标尺，标明正常运行水位和警戒水位 | |
| | | 汛期前应对排洪设施进行检查、维修和疏浚，确保排洪设施畅通。根据确定的排洪底坎高程，将排洪底坎以上 1.5 倍调洪高度内的挡板全部打开，清除排洪口前水面漂浮物 | |
| | | 洪水过后应对排洪构筑物进行全面认真的检查与清理，发现问题及时修复，同时，采取措施降低库水位，防止连续降雨后发生垮坝事故 | |
| | | 尾矿库排水构筑物停用后，必须严格按设计要求及时封堵，并确保施工质量。严禁在排水井井筒顶部封堵 | |
| 15 | 排放筑坝 | 上游式筑坝法，应于坝前均匀放矿，维持坝体均匀上升，不得任意在库后或一侧岸坡放矿 | |
| | | 坝体较长时应采用分段交替作业，使坝体均匀上升，应避免滩面出现侧坡、扇形坡或细粒尾矿大量集中沉积于某端或某侧 | |
| | | 每期子坝堆筑完毕，应进行质量检查，检查记录需经主管技术人员签字后存档备查 | |

**表2-7 石油天然气企业执法检查要点**

| 序号 | 检查项目 | 检查标准及要求 | 检查情况 |
|---|---|---|---|
| 1 | 硫化氢防护 | 在含硫化氢油气田进行施工作业和油气生产前，所有生产作业人员应接受有资质的培训机构硫化氢防护的培训。对临时人员和其他非定期派遣人员进行硫化氢防护知识的教育 | |
| | | 含硫化氢生产作业现场应安装硫化氢监测系统，进行硫化氢监测。含硫化氢作业环境应配备固定式和携带式硫化氢监测仪；重点监测区应设置醒目的标志、硫化氢监测探头、报警器；硫化氢监测仪应定期校验，并进行检定 | |
| | | 在含硫化氢环境中生产作业时应配备防护装备。在钻井过程，试油(气)、修井及井下作业过程，以及集输站、水处理站、天然气净化厂等含硫化氢作业环境，应配备正压式空气呼吸器及与其匹配的空气压缩机；配备的硫化氢防护装置应落实人员管理，并处于备用状态；进行检修和抢险作业时，应携带硫化氢监测仪和正压式空气呼吸器 | |
| | | 在有可能形成硫化氢和二氧化硫聚集处应有良好的通风、明显清晰的硫化氢警示标志，使用防爆通风设备，并设置风向标、逃生通道及安全区 | |
| | | 在含硫化氢环境中生产作业时应制定防硫化氢应急预案，钻井、井下作业防硫化氢预案中，应确定油气井点火程序和决策人 | |
| | | 应对天然气处理装置的腐蚀进行监测和控制，对可能的硫化氢泄漏进行检测，制定硫化氢防护措施 | |
| 2 | 石油物探 | 地震队营地应设置在地势开阔、平坦，避免洪水、泥石流、滑坡、雷击等自然灾害的影响；交通便利，易于车辆进出；远离噪声、剧毒物、易燃易爆场所和当地疫源地；保证与临时民爆器材库、临时加油点的安全距离；营区设置标志旗(灯)，设有“紧急集合点”，设置应急报警装置 | |
| | | 在炎热季节施工，做好防暑降温措施；在严寒地区施工，应有防冻措施；雷雨、暴风雨、沙暴等恶劣天气不应施工作业；在苇塘、草原、山林等禁火地区施工，禁止携带火种，严禁烟火，车辆应装阻火器。放炮点周围无障碍物，25m 内无高压电线，8m 内无闲杂人员，炮点与附近的重要设施要有足够的安全距离；雷雨、暴风雨和沙暴等恶劣天气要停止一切钻井作业，并放下井架 | |
| | | 涉爆人员应经过单位安全部门审查，接受民用爆破器材安全管理知识、专业技能的培训，经考核合格取得公安机关核发的相关证件，持有效证件上岗 | |
| | | 民用爆破器材的长途运输单位，应持政府主管部门核发相应证件；运输设备设施达到安全要求后按有关部门指定的路线和时间及安全要求运输。中途停宿时，须经当地公安机关许可，按指定的地点停放并有专人看守；到达规定地点后，按民用爆破器材装卸搬运安全要求和程序装卸搬运 | |

续表 2－7

| 序号 | 检查项目 | 检查标准及要求 | 检查情况 |
|---|---|---|---|
| 2 | 石油物探 | 临时炸药库与营区、居民区的距离应符合国家现行标准关于地震勘探民用爆破器材安全管理的要求，并设立警戒区，周围加设禁行围栏和安全标志，配备足够的灭火器材；库区内无易燃物品、无杂物堆放，炸药、雷管分库存放且符合规定的安全距离；爆破器材不超量、超高存放，雷管应放在专门的防爆保险箱内，脚线应保持短路状态，有严格的安全制度、交接班制度和24h值班制度；严格执行爆破器材进出账目登记、验收和检查制度，做到账物相符；严禁宿舍与库房混用或将爆破器材存放在宿舍内 | |
| 3 | 钻井 | 应提供区域地质资料、本井地层压力、漏失压力、破裂压力、坍塌压力、地层应力、地层流体性质等的预测及岩性剖面资料 | |
| | | 应提供邻井的油、气、水显示和复杂情况资料，并特别注明含硫化氢、二氧化碳地层深度和预计含量 | |
| | | 应对高压天然气井、新区预探井及含硫化氢气井拟定井位周围5 000m、探井周围3000m、生产井周围2000m范围内的居民住宅、学校、公路、铁路和厂矿等进行勘测，在设计书中标明其位置，并调查500m以内的人口分布及其他情况 | |
| | | 探井、气井和高压及高产油气井，现场应储备一定数量的高密度钻井液和加重材料，储备的钻井液应经常循环、维护<br>防喷器组合、节流管汇及压井管汇的压力等级和组合形式满足压力要求，含硫化氢的井要选相应压力级别的抗硫井口装置及控制管汇 | |
| | | 高压天然气井、新区预探井、含硫化氢天然气井应安装剪切闸板防喷器 | |
| | | 高压天然气井的放喷管线应不少于两条，夹角不小于120°，出口距井口应大于75m；含硫化氢天然气井放喷管线出口应接至距井口100m以外的安全地带，放喷管线应固定牢靠，排放口处应安装自动点火装置 | |
| | | 井控装置防喷器四通两翼应各装两个闸阀，紧靠四通的闸阀应处于常开状态；蓄能器完好，压力达到规定值，并始终处于工作压力状态 | |
| | | 钻具内防喷工具的额定工作压力应不小于井口防喷器额定工作压力；应使用方钻杆旋塞阀，并定期活动；钻台上配备与钻具尺寸相符的钻具止回阀或旋塞阀；钻台上准备一根防喷钻杆单根（带与钻铤连接螺纹相符合的配合接头和钻具止回阀） | |
| | | 落实24h轮流值班制度和“坐岗”制度，指定专人、定点观察溢流显示和循环池液面变化，检查所有井控装置、电路和气路的安装及功能是否正常，按设计要求储备足够的加重钻井液和加重材料，并对储备加重钻井液定期循环处理 | |

续表 2－7

| 序号 | 检查项目 | 检查标准及要求 | 检查情况 |
| --- | --- | --- | --- |
| 4 | 测井施工作业中的安全措施 | 从事放射性的测井人员每人应配备个人放射性剂量计，定期检查并记录 | |
| | | 测井队应配押源工；配备运源专用车；运源车应按指定路线行驶 | |
| | | 放射源的专用贮源箱应设有“当心电离辐射”标志；施工返回后，应直接将放射源送交源库，并与保管员办理入库手续；测井作业完后应将污染物带回指定地点进行处理 | |
| | | 配备专门的护炮工；押运员负责火工品从库房领出、押运、使用、现场保管及把剩余火工品交还库房；押运员领取雷管时应使用手提保险箱，由保管员直接将雷管导线短路后放入保险箱内；运输射孔弹和雷管时，应分别存放在不同的保险箱内，分车运输，并由专人监护。运输火工品的保险箱，应固定牢靠；火工品应采用专车运输；运输火工品的车辆应按指定路线行驶，不许无关人员搭乘；火工品运输途中遇有雷雨时，车辆应停放在离建筑物 200m 以外的空旷地带 | |
| | | 检测雷管时应使用爆破欧姆表测量；不应在大雾、雷雨、七级风以上(含七级)天气及夜间开始射孔和爆炸作业；施工结束返回后，应直接将剩余火工品送交库房，并与保管员办理交接手续 | |
| | | 试油(气)和井下作业的井均应安装井控装置，高压高产油(气)井应安装液压防喷器及(或)高压自封防喷器，并配置高压节流管汇 | |
| | | 含硫化氢、二氧化碳井，井控装置、变径法兰应具有抗硫化氢、抗二氧化碳腐蚀的能力 | |
| | | 井控装置(除自封防喷器外)、变径法兰、高压防喷管的压力等级应与油气层最高地层压力相匹配，按压力等级试压合格 | |
| | | 在钻台上应配备具有与正在使用的工作管柱相适配的连接端和处于开启位置的旋塞球阀 | |
| 5 | 试油(气)和井下作业 | 油、气井场内应设置明显的防火防爆标志及风向标；施工中进出井场的车辆排气管应安装阻火器。施工车辆通过井场地面裸露的油、气管线及电缆，应采取防止碾压的保护措施；井场的计量油罐应安装防雷防静电接地装置；井场、井架照明应使用低压防爆灯具或隔离电源；井场应设置危险区域、逃生路线、紧急集合点以及两个以上的逃生出口，并有明显标识 | |
| | | 井下作业中，对有工业油(气)流的高温、高压、高产及含硫化氢井应安装井下安全阀等井下作业工具、地面安全控制系统和井口测温装置 | |
| | | 压裂作业中的地面与井口连接管线和高压管汇，应按设计要求试压合格，各部阀门应灵活好用；压裂施工时，井口装置应用钢丝绳绷紧固定 | |
| | | 高压、含硫化氢及二氧化碳的气井应有自动关井装置 | |
| | | 油气井站投产前，应对抽油机、管线、分离器、储罐等设备、设施及其安全附件进行检查和验收 | |

续表 2－7

| 序号 | 检查项目 | 检查标准及要求 | 检查情况 |
|---|---|---|---|
| 6 | 采油采气 | 运行的压力设备、管道等设施设置的安全阀、压力表、液位计等安全附件齐全、灵敏、准确，应定期校验 | |
| | | 油气井井场、计量站、集输站、集油站、集气站应有醒目的安全警示标志，建立严格的防火防爆制度 | |
| | | 井口装置及其他设备应完好不漏，油气井口阀门应开关灵活，油气井进行热洗清蜡、解堵等作业用的施工车辆施工管线应安装单流阀；施工作业的热洗清蜡车、污油（水）罐应距井口 20m 以上 | |
| 7 | 油气处理 | 投产前应扫净管道内杂物、泥沙等残留物，并按投产方案进行试压和预热；投油时应统一指挥并按程序和操作规程进行操作，并确保泄压装置完好，对停用时间较长的管线应采取置换、扫线和活动管线等措施；计量站和管线各阀门、容器不渗不漏 | |
| | | 集输管线不得超压运行。管线解堵时不应用明火烘烤 | |
| | | 原油计量工作人员不应穿钉鞋和化纤衣服上罐；上罐应用防爆手电筒，且不应在罐顶开闭；每次上罐人数不应超过 5 人；雨雪天后应及时排放浮顶罐浮船盘面上的积水 | |
| | | 原油稳定装置不应超温、超压运行；压缩机应有完好可靠的启动及事故停车安全联锁装置和防静电接地装置；压缩机吸入管应有防止空气进入的安全措施；压缩机间应有强制通风设施及安全警示标志 | |
| | | 输油泵房内不应存放易燃、易爆物品，泵和不防爆电机之间应设防火墙 | |
| | | 储油罐安全附件应经校验合格后方可使用；储油罐液位检测应有自动监测液位系统，放水时应有专人监护；储油罐应有溢流和抽瘪预防措施，装油量应在安全液位内，应单独设置高、低液位报警装置；浮顶罐的浮顶与罐壁之间应有两根截面积不小于 $25mm^2$ 的软铜线连接；储油罐应有符合设计的防雷、防静电接地装置 | |
| | | 油罐区阀门应编号挂牌，必要时上锁；防火堤与消防路之间不应植树；防火堤内应无杂草、无可燃物 | |
| | | 压缩机的吸入口应有防止空气进入的措施；分离器应有排液、液位控制和高液位报警及放空等设施；压缩机应有完好的启动及事故停车安全联锁并有可靠的防静电装置；压缩机间宜采用敞开式建筑结构，当采用非敞开式结构时，应设可燃气体检测报警装置或超浓度紧急切断联锁装置；机房底部应设计安装防爆型强制通风装置，门窗外开，并有足够的通风和泄压面积；压缩机间电缆沟宜用砂砾埋实，并应与配电间的电缆沟严密隔开；压缩机间应有醒目的安全警示标志和巡回检查点和检查卡 | |

续表 2－7

| 序号 | 检查项目 | 检查标准及要求 | 检查情况 |
| --- | --- | --- | --- |
| 7 | 油气处理 | 天然气原料气进脱水器之前及天然气容积式压缩机和泵的出口管线上，截断阀前应设置安全阀；天然气脱水装置中，气体应选用全启式安全阀，液体应选用微启式安全阀。安全阀弹簧应具有可靠的防腐蚀性能或必要的防腐保护措施 | |
| | | 酸性天然气脱硫、脱水作业中，要落实防冻伤、防中毒和防化学伤害等措施；设备、容器和管线与高温硫化氢、硫蒸气直接接触时，应有防止高温硫化氢腐蚀的措施；进脱硫装置的原料气总管线和再生塔均应设安全阀；连接专门的卸压管线引入火炬放空燃烧；液硫储罐最高液位之上应设置灭火蒸汽管，储罐四周应设防火堤和相应的消防设施；在含硫容器内作业，应进行有毒气体测试，并备有正压式空气呼吸器 | |
| 8 | 应急管理 | 编制应急预案应系统地识别和确定潜在突发事件，并充分考虑作业内容、环境条件、设施类型、应急救援资源等因素 | |
| | | 建立应急组织，配备专职或兼职应急人员或与专业应急组织签定应急救援协议，配备相应的应急救援设施和物资等资源 | |
| | | 进行应急培训，员工应熟悉相应岗位应急要求和措施；定期组织应急演习，并根据实际情况对应急预案进行修订 | |

**表 2－8　危险化学品生产企业执法检查要点**

| 序号 | 检查项目 | 检查标准及要求 | 检查情况 |
| --- | --- | --- | --- |
| 1 | 证件证照 | 工商营业执照 | |
| | | 安全生产许可证 | |
| | | 安全评价报告、消防验收意见书、防雷检测合格证、特种设备检测合格证、危险化学品登记证 | |
| 2 | 人员资质 | 企业主要负责人、安全生产管理人员有安全生产知识和管理能力考核合格证明 | |
| | | 特种作业操作证 | |
| 3 | 安全机构 | 设置安全生产管理机构、配备专职安全生产管理人员 | |
| | | 安全生产管理人员的任免，应当有书面文件或者其他资料证实，告知主管部门 | |
| 4 | 安全生产费用提取 | 按不低于其销售总额的 2% 提取 | |
| 5 | 安全生产责任制 | 主要负责人安全生产责任制 | |
| | | 分管负责人安全生产责任制 | |
| | | 安全生产管理人员安全生产责任制 | |

续表 2－8

| 序号 | 检查项目 | 检查标准及要求 | 检查情况 |
|---|---|---|---|
| 5 | 安全生产责任制 | 职能部门安全生产责任制 | |
| | | 层层签订安全生产责任书 | |
| | | 各岗位人员安全生产责任制 | |
| 6 | 规章制度 | 安全生产例会等安全生产会议制度 | |
| | | 安全投入保障制度 | |
| | | 安全生产奖惩制度 | |
| | | 安全培训教育制度 | |
| | | 领导干部轮流现场带班制度 | |
| | | 特种作业人员管理制度 | |
| | | 安全检查和隐患排查治理制度 | |
| | | 重大危险源评估和安全管理制度 | |
| | | 变更管理制度 | |
| | | 应急管理制度 | |
| | | 生产安全事故或者重大事件管理制度 | |
| | | 防火、防爆、防中毒、防泄漏管理制度 | |
| | | 工艺、设备、电气仪表、公用工程安全管理制度 | |
| | | 动火、进入受限空间、吊装、高处、盲板抽堵、动土、断路、设备检查维修等作业安全管理制度 | |
| | | 危险化学品安全管理制度 | |
| | | 职业健康相关管理制度 | |
| | | 劳动防护用品使用维护管理制度 | |
| | | 承包商管理制度 | |
| | | 安全管理制度及操作规程定期修订制度 | |
| 7 | 安全教育 | 制定安全生产教育和培训计划 | |
| | | 从业人员接受安全生产培训和教育，并经考试合格，有记录 | |
| | | 对新从业人员进行“三级”安全教育培训，并经考核合格，有记录 | |
| | | 主要负责人、安全管理人员接受安全生产教育和培训，并经安全监管部门考核合格，持有安全资格证书。特种作业人员必须按照国家有关规定经过专门的安全作业培训，取得特种作业操作证 | |
| | | 建立、健全从业人员安全生产教育和培训档案 | |
| 8 | 权益保障 | 与从业人员依法签订劳动合同，并明确安全生产责任 | |
| | | 为从业人员缴纳社会工伤保险 | |
| | | 为从业人员配备合格的劳动保护用品 | |
| 9 | 操作规程 | 制定各工种操作规程，并公布上墙 | |

续表 2-8

| 序号 | 检查项目 | 检查标准及要求 | 检查情况 |
|---|---|---|---|
| 10 | 安全检查 | 进行了安全检查，并有记录 | |
| | | 对检查发现安全隐患进行了整改，并有记录 | |
| 11 | 职业预防 | 对有职业危害的场所进行定期检测 | |
| | | 有防治职业危害的具体措施和安全技术保障 | |
| | | 作业场所的作业人员按规定穿戴劳动防护用具 | |
| | | 定期为职工进行体检，并建立职工健康档案 | |
| 12 | 应急救援 | 制定企业生产安全事故应急救援预案，并根据具体情况进行修改 | |
| | | 建立应急救援组织，配备必要的应急救援器材、设备 | |
| | | 每半年组织一次应急救援演练，并有记录 | |
| 13 | 建设项目“三同时” | 新建、改建、扩建工程项目的安全设施必须与主体工厂同时设计、同时施工、同时投入使用 | |
| | | 新建、改建、扩建的企业，应由具备相应资质的单位进行设计 | |
| 14 | 警示标志和“一书一签” | 安全警示标志牌、告知牌、安全色（含消防安全标志和职业危害警色）的设置应齐全、醒目 | |
| | | 构成重大危险源的场所应设置安全警示标志牌、告知牌 | |
| | | 生产的危险化学品应附有与危险化学品完全一致的化学品安全技术说明书，并在外包装上加贴或拴挂与包装内危险化学品完全一致的化学品安全标签 | |
| 15 | 安全台账 | 建立了危险化学品安全生产日志 | |
| | | 建立了重大危险源检测检查档案 | |
| | | 危险化学品销售台账 | |
| | | 建立了特种设备台账和档案，定期检测 | |
| 16 | 运输安全管理 | 从事运输的人员应经过安全知识培训考核，持证上岗 | |
| | | 运输岗位必须制定严格的安全操作规程、安全运行记录、安全管理台账 | |
| | | 有设备维修、检修和使用制度 | |
| | | 定期对从事运输的人员进行思想教育、安全技术培训，有教育记录台账 | |
| 17 | 装卸运输 | 轻拿轻放，防止碰撞、拖拉和倾倒 | |
| | | 容易引起燃烧、爆炸或造成其他危险的危险化学品，以及化学性质或防护、灭火方法相互抵触的危险化学品，不许混合装运 | |
| 18 | 装载要求 | 装运危险化学品时不得客货混运 | |
| | | 载人的船舶、汽车不得装运危险化学品 | |
| | | 禁止无关人员搭乘装运危险化学品的车厢、船舶 | |
| | | 装运危险化学品的车辆通过市区时，应当遵守所在地公安机关规定的行车时间和路线，中途不得随意停车 | |

续表 2-8

| 序号 | 检查项目 | 检查标准及要求 | 检查情况 |
|---|---|---|---|
| 19 | 装卸易燃易爆品 | 在装车、装船前，应将车厢、船舱打扫干净，不准留有残留物 | |
| | | 搬运时，轻拿、轻放，不准拖、拉、抛、滚，吊运时防止高空散落 | |
| | | 不得使用电瓶车装卸 | |
| | | 如遇雷雨闪电应停止作业，夜间作业不准使用明火，应使用防爆灯 | |
| | | 在装卸可燃液体、气体时，其管道、设备上应安装导静电装置 | |
| | | 装卸完毕后，应将车厢、船舱内和现场的残留物彻底清扫干净 | |
| 20 | 装运工具要求 | 装运危险化学品的交通工具和包装物必须符合国家标准和行业标准 | |
| | | 交通工具和包装物上要有醒目的标志、标签，并有产品安全技术说明 | |
| | | 使用定点企业生产的化工产品包装物、容器 | |
| 21 | 厂区环境 | 厂区道路平坦、畅通、路灯明亮，坑壕、池应有围栏或盖板 | |
| | | 原材料、成品、半成品和废料应整齐堆放 | |
| | | 厂区保持清洁，定期疏通排水沟渠 | |
| | | 建筑物、工棚等建筑设施坚固安全 | |
| | | 生产区、库区与办公区、生活区分开 | |
| | | 工作场所的设备、工作面等应便于操作 | |
| 22 | 库房管理 | 建立严格的出入库登记管理制度 | |
| | | 出入库前应按规定对数量、包装、警示标志进行检查验收、登记 | |
| | | 必须配备有专业知识的技术人员专人管理 | |
| | | 仓库管理人员必须配备必要的个人安全防护用品 | |
| 23 | 库房要求 | 应根据贮存物料的性质、货流出入方向、供应对象、贮存面积、运输方式等因素，按不同类别相对集中布置，并为运输、装卸、管理创造有利条件，且应符合国家现行的防火、安全、卫生标准的有关规定 | |
| | | 不得存在混放、超高超量存放等现象，顶距、灯距、墙距、柱距、堆距应符合要求 | |
| | | 不得有地下室或其他地下建筑，其耐火等级、层数、占地面积、安全疏散和防火间距，应符合国家有关规定 | |
| | | 必须安装通风设备，并注意设备的防护措施；建筑通排风系统应设有导除静电的接地装置；通风管应采用非燃烧材料制作 | |
| | | 进入化学危险品贮存仓库的人员、机动车辆和作业车辆，必须采取防火措施 | |
| | | 清扫或装卸时，应使用不产生火花的铜制、合金制或其他物品 | |
| | | 火灾危险性属于甲、乙、丙类液体燃料罐区的布置，应远离明火或散发火花的地点，且严禁架空供电线跨越罐区 | |

续表 2－8

| 序号 | 检查项目 | 检查标准及要求 | 检查情况 |
| --- | --- | --- | --- |
| 23 | 库房要求 | 化学危险品露天堆放，应符合防火、防爆的安全要求，爆炸物品、一级易燃物品、遇湿燃烧物品、剧毒物品不得露天堆放 | |
| | | 根据危险品特性和仓库条件，必须配置相应的消防设备、设施和灭火药剂；并配备经过培训的兼职和专职的消防人员 | |
| 24 | 生产场所要求 | 不得采用国家明令淘汰、禁止使用和危及安全生产的工艺、设备 | |
| | | 涉及危险化工工艺的，应按规定设置自动化控制系统、安全联锁或紧急停车系统 | |
| | | 有超压爆炸危险的设备应按要求安装用于泄压的设施 | |
| | | 生产设备、设施应按规定安装压力、温度、液位、流量、浓度等检测或报警设施，并处于适用状态 | |
| | | 危险化学品生产、储存场所应按规定安装易燃易爆、有毒有害介质泄漏报警等安全设施，并处于正常状态 | |
| | | 各种电气设备、管线敷设和仪器仪表应符合防爆要求 | |
| | | 不得采用易产生静电和撞击易产生火花的工器具 | |
| | | 防雷、防静电、电气安全等安全措施应齐备，并处于适用状态 | |
| | | 生产场所不得堆放过多的物料（一般不得超过一昼夜使用量），生产、储存装置不得存在“跑、冒、滴、漏”现象 | |

**表 2－9　危险化学品经营企业执法检查要点**

| 序号 | 检查项目 | 检查标准及要求 | 检查情况 |
| --- | --- | --- | --- |
| 1 | 证件证照 | 危险化学品经营许可证 | |
| | | 工商营业执照 | |
| | | 安全评价报告、消防验收意见书 | |
| 2 | 安全管理机构 | 建立健全专职安全管理机构 | |
| | | 配备专职管理人员 | |
| 3 | 管理制度 | 安全检查制度 | |
| | | 职业危害预防制度 | |
| | | 安全教育培训制度 | |
| 4 | 人员资质 | 企业主要负责人、安全生产管理人员有安全生产知识和管理能力考核合格证明 | |
| | | 特种作业操作证 | |
| | | 从业人员取得危险化学品安全资格证 | |
| 5 | 操作规程 | 制定各工种安全操作规程，并公布上墙 | |
| 6 | 应急救援 | 制定事故应急处理和预防措施，并定期组织有关人员学习 | |
| | | 制定各种应急预案并组织演练 | |

续表 2-9

| 序号 | 检查项目 | 检查标准及要求 | 检查情况 |
|---|---|---|---|
| 7 | 采购经营 | 从取得安全生产许可证的企业采购危险化学品 | |
| | | 使用定点企业生产的危险化学品包装物、容器 | |
| | | 不得销售没有安全技术说明书和安全标签的危险化学品 | |
| 8 | 职业病防治 | 对有职业危害的场所进行定期检测 | |
| | | 有防治职业危害的具体措施和安全技术保障 | |
| | | 作业场所的作业人员按规定穿戴劳动防护用具 | |
| | | 定期为职工进行体检，并建立职工健康档案 | |
| 9 | 安全教育 | 制定安全生产教育和培训计划 | |
| | | 主要负责人、安全管理人员接受安全生产教育和培训，并经安全监管部门考核合格，持有安全资格证书。特种作业人员必须按照国家有关规定经过专门的安全作业培训，取得特种作业操作证 | |
| | | 从业人员应当接受安全培训，熟悉有关的安全生产规章制度和安全操作规程，具备必要的安全生产知识，掌握本岗位的安全操作技能，增强预防事故、控制职业危害和应急处理的能力 | |
| | | 建立、健全从业人员安全生产教育和培训档案 | |
| 10 | 权益保障 | 企业与从业人员依法签订劳动合同，并明确安全生产责任 | |
| | | 企业为从业人员缴纳社会工伤保险 | |
| | | 企业为从业人员配备合格的劳动保护用品 | |
| 11 | 警示标志 | 危险区域内设置醒目的安全警示标志 | |
| | | 危险品仓库设置了严禁烟火等标志 | |
| 12 | 剧毒品经营 | 销售剧毒化学品时，应当记录购买单位的名称、地址和购买人员的姓名、身份证号码及所购买的剧毒化学品的品名、数量、用途 | |
| | | 应当每天核对剧毒化学品的销售情况 | |
| | | 不得向个人或者无购买凭证、准购证的单位销售剧毒化学品 | |
| 13 | 经营台账 | 建立了危险化学品的销售台账 | |
| | | 建立了危险化学品的出入库台账 | |

**表 2-10　烟花爆竹批发、仓储企业执法检查要点**

| 序号 | 检查项目 | 检查标准及要求 | 检查情况 |
|---|---|---|---|
| 1 | 证件证照 | 工商营业执照 | |
| | | 烟花爆竹批发许可证 | |
| | | 消防验收意见书、防雷检测合格证、特种设备检测合格证 | |
| | | 安全评价报告 | |

续表 2－10

| 序号 | 检查项目 | 检查标准及要求 | 检查情况 |
| --- | --- | --- | --- |
| 2 | 人员资质 | 企业主要负责人、安全生产管理人员有安全生产知识和管理能力考核合格证明 | |
| | | 特种作业操作证 | |
| | | 从业人员上岗资格证 | |
| 3 | 安全管理机构 | 建立、健全专职安全管理机构 | |
| | | 配备专职管理人员 | |
| 4 | 安全生产费用提取 | 按照不低于销售总额的3%提取 | |
| 5 | 安全生产责任制 | 主要负责人安全生产责任制 | |
| | | 分管负责人安全生产责任制 | |
| | | 安全生产管理人员安全生产责任制 | |
| | | 职能部门安全生产责任制 | |
| | | 层层签订安全生产责任书 | |
| | | 各岗位人员安全生产责任制 | |
| 6 | 规章制度 | 安全检查制度 | |
| | | 安全隐患整改制度 | |
| | | 安全教育培训制度 | |
| | | 特种作业管理制度 | |
| | | 生产安全事故管理制度 | |
| | | 重大危险源监控管理制度 | |
| | | 动火作业管理制度 | |
| | | 设备安全管理制度 | |
| | | 安全档案管理制度 | |
| | | 安全生产奖惩考核制度 | |
| 7 | 安全教育 | 制定安全生产教育和培训计划 | |
| | | 从业人员应当接受安全培训，熟悉有关安全生产规章制度和安全操作规程，具备必要的安全生产知识，掌握本岗位的安全操作技能，增强预防事故、控制职业危害和应急处理的能力 | |
| | | 对新从业人员进行“三级”安全教育培训，并经考核合格，有记录 | |
| | | 主要负责人、安全管理人员接受安全生产教育和培训，并经考试合格，持有资格证书。特种作业人员必须按照国家有关规定经过专门的安全作业培训，取得特种作业操作资格证书，方可上岗作业 | |
| | | 建立、健全从业人员安全生产教育和培训档案 | |

续表 2-10

| 序号 | 检查项目 | 检查标准及要求 | 检查情况 |
|---|---|---|---|
| 8 | 权益保障 | 企业与从业人员依法签订劳动合同，并明确安全生产责任 | |
| | | 企业为从业人员缴纳社会工伤保险 | |
| | | 企业为从业人员配备合格的劳动保护用品 | |
| 9 | 操作规程 | 制定各工种操作规程，并公布上墙 | |
| 10 | 安全检查 | 企业进行了安全检查，并有记录 | |
| | | 企业对检查发现安全隐患进行了整改，并有记录 | |
| 11 | 职业病防治 | 对有职业危害的场所进行定期检测 | |
| | | 有防治职业危害的具体措施和安全技术保障 | |
| | | 作业场所的作业人员按规定穿戴劳动防护用具 | |
| | | 定期为职工进行体检，并建立职工健康档案 | |
| 12 | 应急救援 | 制定企业生产安全事故应急救援预案，并根据具体情况进行修改 | |
| | | 建立应急救援组织，配备必要的应急救援器材、设备 | |
| | | 每半年组织一次应急救援演练并有记录 | |
| 13 | 建设项目“三同时” | 新建、改建、扩建工程项目的安全设施必须与主体工厂同时设计、同时施工、同时投入使用 | |
| 14 | 警示标志 | 危险区域内按要求设置醒目的安全警示标志 | |
| 15 | 安全台账 | 烟花爆竹销售安全日记 | |
| | | 建立重大危险源检测检查档案 | |
| | | 烟花爆竹销售台账，并留存两年备查 | |
| 16 | 运输管理 | 具有烟花爆竹运输许可证 | |
| | | 运输人员应经过安全知识培训，持证上岗 | |
| | | 各运输岗位必须制定严格的安全操作规程、完善安全运行记录及安全管理台账 | |
| | | 有完备的设备维修、检修和使用制度 | |
| | | 定期对从事运输的人员进行安全教育培训，并建立教育培训台账 | |
| 17 | 运输装卸 | 轻拿轻放、防止撞击、拖拉和倾倒，严禁抛掷、拖曳或在包装箱上踩踏跨越 | |
| | | 装运烟花爆竹时不得客货混装，载人的车辆、船舶不得装运烟花爆竹 | |
| | | 装运烟花爆竹的车辆通过市区时，应当遵守所在地公安机关规定的行车时间和路线，中途不得随意停车 | |
| | | 在装车、装船前，应将车厢、船舱打扫干净，不准留有残留物 | |
| | | 搬运时，轻拿、轻放，不准拖、拉、抛、滚，吊运时防止高空散落 | |
| | | 不得使用电瓶车装卸 | |

续表 2－10

| 序号 | 检查项目 | 检查标准及要求 | 检查情况 |
|---|---|---|---|
| 17 | 运输装卸 | 如遇雷雨闪电应停止作业，夜间作业不准使用明火，应使用防爆灯 | |
| | | 装卸完毕后，应将车厢、船舱内和现场的残留物彻底清扫干净 | |
| 18 | 装运工具要求 | 装运烟花爆竹的交通工具和包装物必须符合国家标准和行业标准 | |
| | | 交通工具和包装物上要有醒目的标志、标签，并有产品安全技术说明 | |
| | | 使用定点企业生产的烟花爆竹包装物、容器 | |
| 19 | 库房要求 | 仓库必须经公安等部门批准设置，且贮存的烟花爆竹品种及贮存数量必须经相关部门批准 | |
| | | 存储烟花爆竹的仓库、办公区、生活区应分开设置 | |
| | | 仓库的消防设施、防雷防静电设施应相关部门验收合格 | |
| | | 必须建立严格的出入库管理制度，进入仓库区域的人员、机动车辆和作业车辆，必须采取防火措施 | |
| | | 仓库应根据烟花爆竹的性质、货流出入方向、供应对象、贮存面积、运输方式等因素，按不同类别相对集中布置，且应符合国家现行的防火、安全、卫生标准的有关规定 | |

**表 2－11　烟花爆竹零售企业执法检查要点**

| 序号 | 检查项目 | 检查标准及要求 | 检查情况 |
|---|---|---|---|
| 1 | 证件证照 | 工商营业执照 | |
| | | 烟花爆竹经营许可证 | |
| 2 | 人员资质 | 企业主要负责人、安全生产管理人员有安全生产知识和管理能力考核合格证明 | |
| | | 特种作业操作证 | |
| | | 从业人员上岗资格证 | |
| 3 | 安全管理机构 | 配备兼职安全生产管理人员 | |
| 4 | 规章制度 | 安全检查制度 | |
| | | 安全教育培训制度 | |
| | | 岗位安全责任制度 | |
| 5 | 安全教育 | 主要负责人、安全管理人员接受安全生产教育和培训，并经安全监管部门考核合格，持有安全资格证书 | |
| | | 从业人员接受安全培训与教育，并经考核合格，且有记录 | |
| 6 | 权益保障 | 企业与从业人员依法签订劳动合同，并明确安全生产责任 | |
| | | 企业为从业人员缴纳社会工伤保险 | |
| | | 企业为从业人员配备合格的劳动保护用品 | |

续表 2-11

| 序号 | 检查项目 | 检查标准及要求 | 检查情况 |
|---|---|---|---|
| 7 | 消防设施 | 配备必要的消防设备、设施 | |
| 8 | 警示标志 | 危险区域内按要求设置醒目的安全警示标志 | |
| 9 | 营业场所 | 专店或专柜、专人经营，专柜相对独立，安全通道畅通 | |
| | | 零售场所面积不少于 10 平方米 | |
| | | 存放的烟花爆竹品种不得超过地级以上市安全生产监督管理部门规定，存放数量不得超过 500 公斤(产品的总重量) | |
| | | 周边 50 米范围内没有其他烟花爆竹零售点，并与学校等人员聚集场所和易燃易爆物品生产、储存设施保持足够的安全距离 | |
| 10 | 产品要求 | 经营符合国家标准规定的产品，要从具有批发经营资质的单位进货，产品加贴封签、标签 | |

**表 2-12　职业病防治执法检查要点**

| 序号 | 检查项目 | 检查标准及要求 | 检查情况 |
|---|---|---|---|
| 1 | 职业病危害防治责任制 | 设置或者指定职业卫生管理机构或者组织，配备专职或者兼职的职业卫生管理人员，负责本单位的职业病防治工作 | |
| | | 制定职业病防治计划和实施方案 | |
| | | 建立、健全职业卫生管理制度和操作规程 | |
| | | 建立、健全职业卫生档案和劳动者职业健康监护档案 | |
| | | 建立、健全工作场所职业病危害因素监测及评价制度 | |
| | | 层层签订安全生产责任书 | |
| | | 建立、健全职业病危害事故应急救援预案 | |
| 2 | 职业卫生管理机构设置、人员配备 | 设置或者指定职业卫生管理机构 | |
| | | 配备专职或者兼职的职业卫生管理人员 | |
| 3 | 职业病危害防治规章制度、岗位操作规程 | 职业病危害防治责任制度 | |
| | | 职业病危害警示与告知制度 | |
| | | 职业病危害项目申报制度 | |
| | | 职业病防治宣传教育培训制度 | |
| | | 职业病防护设施维护检修制度 | |
| | | 职业病防护用品管理制度 | |

续表 2－12

| 序号 | 检查项目 | 检查标准及要求 | 检查情况 |
|---|---|---|---|
| 3 | 职业病危害防治规章制度、岗位操作规程 | 职业病危害监测及评价管理制度 | |
| | | 建设项目职业卫生“三同时”管理制度 | |
| | | 劳动者职业健康监护及其档案管理制度，职业病危害事故处置与报告制度 | |
| | | 职业病危害应急救援与管理制度 | |
| | | 岗位职业卫生操作规程 | |
| | | 法律、法规、规章规定的其他职业病防治制度 | |
| 4 | 职业健康体检及职业健康监护档案 | 对从事接触职业病危害的作业的劳动者，用人单位应当规定组织上岗前、在岗期间和离岗时的职业健康检查，并将检查结果如实书面告知劳动者 | |
| | | 用人单位不得安排未经上岗前职业健康检查的劳动者从事接触职业病危害的作业 | |
| | | 不得安排有职业禁忌的劳动者从事其所禁忌的作业 | |
| | | 对在职业健康检查中发现有与所从事的职业相关的健康损害的劳动者，应当调离原工作岗位，并妥善安置 | |
| | | 对未进行离岗前职业健康检查的劳动者不得解除或者终止与其订立的劳动合同 | |
| | | 用人单位应当为劳动者建立职业健康监护档案，并按照规定的期限妥善保存 | |
| | | 职业健康监护档案应当包括劳动者的职业史、职业病危害接触史、职业健康检查结果、处理结果和职业病诊疗等有关个人健康资料 | |
| | | 劳动者离开用人单位时，有权索取本人职业健康监护档案复印件，用人单位应当如实、无偿提供，并在所提供的复印件上签章 | |
| 5 | 职业病危害防治知识培训与教育 | 用人单位的主要负责人和职业卫生管理人员应当具备与本单位所从事的生产经营活动相适应的职业卫生知识和管理能力，并接受职业卫生培训 | |
| | | 用人单位应当对劳动者进行上岗前的职业卫生培训和在岗期间的定期职业卫生培训，普及职业卫生知识，督促劳动者遵守职业病防治法律、法规、规章和操作规程，指导劳动者正确使用职业病防护设备和个人使用的职业病防护用品 | |
| | | 劳动者应当学习和掌握相关的职业卫生知识，遵守职业病防治法律、法规、规章和操作规程，正确使用、维护职业病防护设备和个人使用的职业病防护用品，发现职业病危害事故隐患应当及时报告；劳动者不履行前款规定义务的，用人单位应当对其进行教育 | |

续表 2－12

| 序号 | 检查项目 | 检查标准及要求 | 检查情况 |
|---|---|---|---|
| 6 | 劳动合同及工伤保险 | 用人单位与劳动者订立劳动合同(含聘用合同，下同)时，应当将工作过程中可能产生的职业病危害及其后果、职业病防护措施和待遇等如实告知劳动者，并在劳动合同中写明，不得隐瞒或者欺骗 | |
| | | 劳动者在已订立劳动合同期间因工作岗位或者工作内容变更，从事与所订立劳动合同中未告知的存在职业病危害的作业时，用人单位应当依照前款规定，向劳动者履行如实告知的义务，并协商变更原劳动合同相关条款 | |
| | | 用人单位违反前两款规定的，劳动者有权拒绝从事存在职业病危害的作业，用人单位不得因此解除或者终止与劳动者所订立的劳动合同 | |
| 7 | 职业病危害项目申报 | 用人单位工作场所存在职业病目录所列职业病的危害因素的，应当及时、如实向所在地安全生产监督管理部门申报危害项目，并接受安全生产监督管理部门的监督管理 | |
| | | 进行新建、改建、扩建、技术改造或者技术引进的，在建设项目竣工验收之日起30日内进行申报 | |
| | | 因技术、工艺或者材料发生变化导致原申报的职业病危害因素及其相关内容发生重大变化的，在技术、工艺或者材料变化之日起15日内进行申报 | |
| | | 用人单位名称、法定代表人或者主要负责人发生变化的，在发生变化之日起15日内进行申报 | |
| | | 经过职业病危害因素检测、评价，发现原申报内容发生变化的，自收到有关检测、评价结果之日起15日内进行申报 | |
| | | 用人单位终止生产经营活动的，应当自生产经营活动终止之日起15日内向原申报机关报告并办理注销手续 | |
| 8 | 职业病危害因素的监测、检测和评价以及结果公布情况 | 用人单位应当实施由专人负责的职业病危害因素日常监测，并确保监测系统处于正常运行状态 | |
| | | 存在职业病危害的用人单位，应当委托具有相应资质的职业卫生技术服务机构，每年至少进行一次职业病危害因素检测；职业病危害严重的用人单位，除遵守前款规定外，应当委托具有相应资质的职业卫生技术服务机构，每三年至少进行一次职业病危害现状评价。检测、评价结果应当存入本单位职业卫生档案，并向安全生产监督管理部门报告和劳动者公布 | |
| | | 发现工作场所职业病危害因素不符合国家职业卫生标准和卫生要求时，用人单位应当立即采取相应治理措施，仍然达不到国家职业卫生标准和卫生要求的，必须停止有关职业病危害因素的作业；职业病危害因素经治理后，符合国家职业卫生标准和卫生要求的，方可重新作业 | |

续表 2 - 12

| 序号 | 检查项目 | 检查标准及要求 | 检查情况 |
|---|---|---|---|
| 8 | 职业病危害因素的监测、检测和评价以及结果公布情况 | 国内首次使用或者首次进口与职业病危害有关的化学材料，使用单位或者进口单位按照国家规定经国务院有关部门批准后，应当向有关部门报送该化学材料的毒性鉴定以及经有关部门登记注册或者批准进口的文件等资料 | |
| | | 进口放射性同位素、射线装置和含有放射性物质的物品的，按照国家有关规定办理 | |
| | | 任何单位和个人不得生产、经营、进口和使用国家明令禁止使用的可能产生职业病危害的设备或者材料 | |
| 9 | 职业病危害的告知及职业病危害警示标识 | 产生职业病危害的用人单位，应当在醒目位置设置公告栏，公布有关职业病防治的规章制度、操作规程、职业病危害事故应急救援措施和工作场所职业病危害因素检测结果 | |
| | | 对产生严重职业病危害的作业岗位，应当在其醒目位置，设置警示标识和中文警示说明。警示说明应当载明产生职业病危害的种类、后果、预防以及应急救治措施等内容 | |
| | | 向用人单位提供可能产生职业病危害的设备的，应当提供中文说明书，并在设备的醒目位置设置警示标识和中文警示说明 | |
| | | 向用人单位提供可能产生职业病危害的化学品、放射性同位素和含有放射性物质的材料的，应当提供中文说明书 | |
| | | 产品包装应当有醒目的警示标识和中文警示说明 | |
| | | 贮存上述材料的场所应当在规定的部位设置危险物品标识或者放射性警示标识 | |
| | | 用人单位对采用的技术、工艺、材料，应当知悉其产生的职业病危害，对有职业病危害的技术、工艺、材料而隐瞒其危害并采用的，对所造成的职业病危害后果承担责任 | |
| 10 | 职业病危害防护设施 | 对可能发生急性职业损伤的有毒、有害工作场所，用人单位应当设置报警装置，配置现场急救用品、冲洗设备、应急撤离通道和必要的泄险区 | |
| | | 对放射工作场所和放射性同位素的运输、贮存，用人单位必须配置防护设备和报警装置，保证接触放射线的工作人员佩戴个人剂量计 | |
| | | 对职业病防护设备、应急救援设施和个人使用的职业病防护用品，用人单位应当进行经常性的维护、检修，定期检测其性能和效果，确保其处于正常状态，不得擅自拆除或者停止使用 | |

续表 2－12

| 序号 | 检查项目 | 检查标准及要求 | 检查情况 |
|---|---|---|---|
| 11 | 建设项目职业卫生“三同时”及新材料、新工艺、新技术的使用 | 新建、扩建、改建的建设项目和技术改造、技术引进项目(以下统称建设项目)可能产生职业病危害的，建设单位在可行性论证阶段应当向安全生产监督管理部门提交职业病危害预评价报告 | |
| | | 未提交预评价报告或者预评价报告未经安全生产监督管理部门审核同意的，有关部门不得批准该建设项目 | |
| | | 建设项目的职业病防护设施所需费用应当纳入建设项目工程预算，并与主体工程同时设计、同时施工、同时投入生产和使用 | |
| | | 职业病危害严重的建设项目的防护设施设计，应当经安全生产监督管理部门进行审查，经审查同意后，方可施工 | |
| | | 建设项目在竣工验收前，建设单位应当进行职业病危害控制效果评价。建设项目竣工验收时，其职业病防护设施经有关部门验收合格后，方可投入正式生产和使用 | |
| | | 用人单位应当优先采用有利于防治职业病和保护劳动者健康的新技术、新工艺、新材料，逐步替代职业病危害严重的技术、工艺、材料 | |
| 12 | 职业健康防护用品配备 | 用人单位必须采用有效的职业病防护设施，并为劳动者提供个人使用的职业病防护用品 | |
| | | 用人单位为劳动者个人提供的职业病防护用品必须符合防治职业病的要求；不符合要求的，不得使用 | |
| | | 任何单位和个人不得将产生职业病危害的作业转移给不具备职业病防护条件的单位和个人 | |
| | | 不具备职业病防护条件的单位和个人不得接受产生职业病危害的作业 | |
| 13 | 职业病危害事故的处置及报告情况 | 发生或者可能发生急性职业病危害事故时，用人单位应当立即采取应急救援和控制措施，并及时报告有关部门 | |
| | | 对遭受或者可能遭受急性职业病危害的劳动者，用人单位应当及时组织救治、进行健康检查和医学观察，所需费用由用人单位承担 | |

# 第三章　安全生产行政处罚程序

## 第一节　行政处罚概述

### 一、行政处罚的概念

行政处罚是指行政机关对公民、法人或者其他组织违反行政管理秩序的行为，依法给予的刑罚以外的制裁。其基本含义：一是公民、法人或者其他组织有违反行政管理秩序的行为；二是法律、法规或者规章明确规定公民、法人或者其他组织违反行政管理秩序应当给予行政处罚的，才能给予行政处罚；三是行政处罚只能由行政机关依照法定程序实施。

### 二、行政处罚的种类

行政处罚的种类，主要是指行政处罚机关对违法行为的具体惩戒制裁手段。根据《行政处罚法》第八条规定和其他法律、法规的规定，我国行政处罚的种类：(一)警告；(二)罚款；(三)没收违法所得、没收非法财物；(四)责令停产停业；(五)暂扣或者吊销许可证、暂扣或者吊销执照；(六)行政拘留；(七)法律、行政法规规定的其他行政处罚。可以分为以下几种：人身罚、行为罚、财产罚、申诫罚。

根据《国家安全监管总局关于修改〈生产安全事故报告和调查处理条例〉罚款处罚暂行规定等四部规章的决定》(国家安全监管总局令第 77 号)，自 2015 年 5 月 1 日起施行的《安全生产违法行为行政处罚办法》(国家安全监管总局令第 15 号)规定安全生产违法行为行政处罚的种类有 8 种：(一)警告；(二)罚款；(三)没收违法所得、没收非法开采的煤炭产品、采掘设备；(四)责令停产停业整顿、责令停产停业、责令停止建设、责令停止施工；(五)暂扣或者吊销有关许可证，暂停或者撤销有关执业资格、岗位证书；(六)关闭；(七)拘留；(八)安全生产法律、行政法规规定的其他行政处罚。

### 三、行政处罚的基本原则

行政处罚原则主要包括了处罚法定、处罚公正、处罚公开、处罚与教育相结合、一事不再罚、权利保障和法律救济以及行政处罚不得以罚代刑等原则。

#### (一)行政处罚法定原则

行政处罚法定原则主要包括四个方面内容：第一，实施行政处罚必须有法定依据；第二，实施行政处罚的主体及其职权是法定的；第三，处罚的程序是法定的；第四，没有法定依据或违反法定程序，作出的行政处罚无效。

#### (二)行政处罚公正原则

《行政处罚法》第四条规定了公正原则。这一原则包括处罚设定公正和处罚实施公正。公正是指公平正直，平等对待，没有偏私。

（三）行政处罚公开原则

有关行政处罚的规定要公布，使公民和组织能够知道；实施行政处罚要公开，以便人民群众进行监督。

（四）处罚与教育相结合的原则

《行政处罚法》第五条规定了处罚与教育相结合的原则，它是指处罚主体在实施行政处罚过程中，既要制裁，又要教育违法者，教育以处罚做后盾，教育寓于处罚之中。

（五）一事不再罚原则

一事不再罚原则是指行政相对人的同一个违法行为，不能给予两次以上的罚款。《行政处罚法》第二十四条规定了一事不再罚原则。

（六）权利保障和法律救济原则

被处罚人对行政主体所给予的行政处罚享有陈述权、申辩权、知情权、要求听证权、请求救济权、要求赔偿权。《行政处罚法》第六条规定了权利保障和法律救济的原则。

（七）行政处罚不得以罚代刑原则

《行政处罚法》第七条第二款规定："违法行为构成犯罪的，应当依法追究刑事责任，不得以行政处罚代替刑事处罚。"这是由刑事优先原则决定的，实行行政处罚不得以罚代刑原则。

## 四、管辖与移送

（一）行政处罚的管辖

行政处罚的管辖，是指行政处罚实施主体之间对违法案件实施行政处罚的权限分工。管辖所要解决的问题，是对一个具体的处罚案件确定由哪个享有处罚权的主体实施处罚。

1. 一般原则

（1）职能管辖。行政处罚的职能管辖是依法管理不同事项的行政机关依据各自的法定职权在实施行政处罚上所作的分工。《行政处罚法》第十五条规定："行政处罚由具有行政处罚权的行政机关在法定职权范围内实施。"

（2）地域管辖。地域管辖又称一般管辖或者属地管辖，它是以违法行为发生地作为确定管辖权的依据，以违法行为发生地的行政机关管辖为一般原则，即违法行为发生在何处，就由当地有行政处罚权的行政机关管辖，这样便于及时发现和查处违法行为。《行政处罚法》第二十条规定："行政处罚由违法行为发生地的县级以上地方人民政府具有行政处罚权的行政机关管辖。法律、行政法规另有规定的除外。"我国绝大多数行政处罚适用地域管辖。

（3）级别管辖。行政处罚的级别管辖是根据行政机关的级别确定其管辖范围。《行政处罚法》第二十条规定："行政处罚由违法行为发生地的县级以上地方人民政府具有行政处罚权的行政机关管辖。法律、行政法规另有规定的除外。"据此，县级以上人民政府具有行政处罚权的行政机关有权实施行政处罚，县级以下的行政机关无权实施行政处罚。我国行政机关各职能部门的设置大多在县级以上，县级又是我国按区域实行管理较为基层的单位，这些都为行政处罚的实施提供了保障。如果法律、行政法规对级别管辖有特别规定的，应按特别规定进行管辖。

(4)指定管辖。指定管辖主要是由于共同管辖的存在而产生的，两个以上行政机关对同一违法行为均享有行政处罚权时，为共同管辖，而共同管辖的处理规则一般是由行政机关相互协商或按惯例等方式解决，但当异议无法消除、行政机关管辖权发生争议时，应当报请他们共同的上一级行政机关，由上一级行政机关来确定由谁管辖。《行政处罚法》第二十一条规定："对管辖发生争议的，提请共同的上一级行政机关指定管辖。"

2. 安全生产行政处罚的管辖

(1)管辖的一般原则。根据《行政处罚法》精神，安全生产行政处罚采用职能管辖和地域管辖相结合，即安全生产违法行为的行政处罚，由安全生产违法行为发生地的县级以上安全生产监督管理部门管辖。另外，考虑到关闭和行政拘留行政处罚的特殊性，规定给予关闭的行政处罚，由县级以上安全生产监督管理部门提请县级以上人民政府按照规定的权限决定。给予拘留的行政处罚，由县级以上安全生产监督管理部门建议公安机关依照《中华人民共和国治安管理处罚法》的规定决定。

(2)中央企业的管辖。在我国，考虑到中央企业的特殊性，其安全生产的监管工作由设区的市级以上人民政府安全生产监督管理部门负责。为有利于对中央企业安全生产的监管，防止和减少生产安全事故，实行监管与处罚相统一，对中央企业行政处罚的管辖采用级别管辖的原则。因此，中央企业及其所属企业、有关人员的安全生产违法行为的行政处罚，由安全生产违法行为发生地的设区的市级以上安全生产监督管理部门管辖。

(3)有关证照的管辖。按照谁发证、谁负责的原则，对有关证照的行政处罚由发证机关实施。因此，有关安全生产许可证、安全生产中介机构资质证及主要负责人、安全管理人员、特种作业人员资格证等处罚，由负责发证的安全生产监督管理部门管辖。但规章已规定可以委托下级安全生产监督管理部门或者组织实施的，按照规定实施，但法律责任仍由原负责发证的安全生产监督管理部门承担。

(4)管辖权的异议处理。两个以上安全生产监督管理部门因行政处罚管辖权发生争议的，由其共同的上一级安全生产监督管理部门指定管辖。对报告或者举报的安全生产违法行为，安全生产监督管理部门应当受理；发现不属于自己管辖的，应当及时移送有管辖权的部门。受移送的安全生产监督管理部门对管辖权有异议的，应当报请共同的上一级安全生产监督管理部门指定管辖。安全生产违法行为构成犯罪的，安全生产监督管理部门应当将案件移送司法机关，依法追究刑事责任；尚不够刑事处罚但依法应当给予行政处罚的，由安全生产监督管理部门管辖。

(5)管辖权的上下级处理。上级安全生产监督管理部门可以直接查处下级安全生产监督管理部门管辖的案件，也可以将自己管辖的案件交由下级安全生产监督管理部门管辖。下级安全生产监督管理部门可以将重大、疑难案件报请上级安全生产监督管理部门管辖。上级安全生产监督管理部门有权对下级安全生产监督管理部门违法或者不适当的行政处罚予以纠正或者撤销。

(6)乡镇处罚权的委托。安全生产监督管理部门根据需要，可以在其法定职权范围内委托符合《行政处罚法》第十九条规定条件的组织或者乡、镇人民政府以及街道办事处、开发区管理机构等地方人民政府的派出机构实施行政处罚。受委托的单位在委托范围内，以委托的安全生产监督管理部门名义实施行政处罚。委托的安全生产监督管理部门应当监督检查受委托的单位实施行政处罚，并对其实施行政处罚的后果承担法律责任。

（二）涉罪案件的移送

执法人员在依法查处违法行为过程中，发现违法事实涉及的金额、违法事实的情节、违法事实造成的后果等，根据《中华人民共和国刑法》关于破坏社会主义市场经济秩序罪、妨害社会管理秩序罪等罪的规定和最高人民法院、最高人民检察院关于破坏社会主义市场经济秩序罪、妨害社会管理秩序罪等罪的司法解释以及最高人民检察院、公安部关于经济犯罪案件的追诉标准等规定，涉嫌构成犯罪，依法需要追究刑事责任的，必须严格依照《行政执法机关移送涉嫌犯罪案件的规定》（国务院令第310号）和广东省安全监管局、广东省公安厅、广东省人民检察院《关于印发〈关于在查处安全生产违法犯罪工作中协调配合的暂行规定〉的通知》，及时向公安机关移送涉嫌犯罪案件，并按照《广东省行政执法与刑事司法衔接工作文书格式（样本）》，填制相关法律文书；发现国家工作人员贪污贿赂或者国家机关工作人员渎职等犯罪线索的，应及时向人民检察院移送。

1. 安全生产犯罪类型

目前，《刑法》中有关安全生产犯罪的规定主要有重大责任事故罪、重大劳动安全事故罪、危险物品肇事罪、提供虚假证明文件罪以及妨害公务罪等，共计14项：

（1）非法制造、买卖、运输、邮寄、储存枪支、弹药、爆炸物罪；

（2）非法制造、买卖、运输、储存危险物质罪；

（3）重大责任事故罪；

（4）强令违章冒险作业罪；

（5）重大劳动安全事故罪；

（6）危险物品肇事罪；

（7）不报、谎报安全事故罪；

（8）生产、销售伪劣产品罪；

（9）生产、销售不符合安全标准的产品罪；

（10）非法经营罪；

（11）提供虚假证明文件罪；

（12）出具证明文件重大失实罪；

（13）妨害公务罪；

（14）伪造、变造、买卖国家机关公文、证件、印章罪。

2. 案件移送的交接

安全生产行政执法人员在向有关部门移送涉嫌犯罪案件或者接收不予立案的案件时，应当注意把握以下几点：

一是决定移送案件的交接。根据《行政执法机关移送涉嫌犯罪案件的规定》（国务院令第310号）第五条规定，安全生产监督管理部门决定批准移送的案件，应当在24小时内向同级公安部门移送有关案卷材料，并取得公安部门出具的涉嫌犯罪案件移送书回执。

二是不予立案的案件退回的交接。司法机关认为没有犯罪事实，或者犯罪事实显著轻微，不需要追究刑事责任，依法不予立案的，应当书面通知移送案件的安全生产监督管理部门，相应退回案卷材料。移送双方也应办理交接手续。

三是涉案物品与其他材料的交接。公安机关决定立案的案件，安全生产监督管理部门自接到立案通知书之日起3日内将涉案物品以及与案件有关的其他材料移交公安机关，并办结交接手续。

四是经立案侦查不认为犯罪而退回的案件的交接。公安机关、检察机关立案侦查后认为犯罪事实显著轻微，不需要追究刑事责任，但依法应当追究行政责任的，公安机关或检察机关应当及时书面告知安全生产监督管理部门，同时将案件及与案件相关的全部材料、涉案物品退回。

3. 注意事项

一是违法所得的认定问题。由于司法实践中对违法所得的认定与《安全生产违法行为行政处罚办法》(国家安监总局令第15号)有所区别，广东省安全监管局、广东省公安厅、省检察院联合印发的《关于印发〈安全监管部门移送涉嫌犯罪案件类型及标准〉的通知》(粤安监〔2014〕22号)明确规定，非法经营数额是指行为人在实施非法违法行为过程中，生产、储存、销售物品的价值。已销售物品的价值，按照实际销售的价格计算；生产、储存和未销售的物品的价值，按照标价或者已经查清的物品的实际销售平均价格计算；没有标价或者无法查清其实际销售价格的，按照该类物品的市场中间价格计算。违法所得数额则是指获利数额。

二是涉嫌犯罪案件信息录入问题。对于未达到刑事追诉标准，但接近追诉标准(违法犯罪数额达到追诉标准80%以上)、曾受过两次以上行政处罚的或者具有其他严重情节的案件，安全生产监督管理部门应当在作出行政处罚决定后10日内，将有关案件信息录入"两法衔接"信息共享平台。

## 第二节　行政处罚的程序

### 一、简易程序

#### (一)简易程序的概念

简易程序即当场处罚程序，是指行政机关(例如：安全生产监督管理部门)对案情简单清楚、处罚较轻的安全生产行政违法行为当场给予处罚所采用的程序。

#### (二)简易程序的适用条件

违法事实确凿并有法定依据，对个人处以50元以下罚款、对生产经营单位处以1千元以下罚款或者警告的行政处罚的，安全生产行政执法人员可以当场作出行政处罚决定。

安全生产监督管理部门实施简易程序必须同时具备以下三要件：

(1)对个人处以50元以下罚款、对生产经营单位处以1千元以下罚款或者警告的行政处罚。

(2)违法事实确凿，即有确实、充分的证据证明违法事实的存在、性质及程度，即违法事实符合法律、法规、规章预先设定的事项；有确实、充分的证据证明违法事实确是当事人所为。

(3)有法定依据，即对当事人违法行为实施行政处罚，不仅有法律依据，而且法律依据明确、具体。

当场无法确定法律依据或法律依据不明确的，即使符合上述两个条件，也不适用简易程序。

### (三)简易程序的实施步骤及要求

安全生产行政执法人员适用简易程序当场作出行政处罚决定的，应当严格遵循以下程序：

1. 向当事人出示执法身份证件表明身份

《行政处罚法》没有对执法证件的发放机关、规格等作出统一规定。《广东省〈行政执法证〉管理办法》(广东省人民政府第15号令)第二条规定：《行政执法证》是广东省行政区域内实施行政执法的行政机关、法定授权组织或者行政委托组织以及行政执法队伍的执法人员从事行政执法的身份证明。同时，《安全生产违法行为行政处罚办法》(国家安监总局15号令)第十三条规定：安全生产行政执法人员在执行公务时，必须出示省级以上安全生产监督管理部门或者县级以上地方人民政府统一制作的有效行政执法证件。

2. 告知当事人作出行政处罚决定的事实、理由和根据

在作出行政处罚决定之前，执法人员应当告知当事人将要作出行政处罚决定的事实、理由和根据。

3. 听取当事人的陈述和申辩

执法人员在告知当事人行政处罚决定的事实、理由和根据以后，还应当听取当事人的陈述和申辩。

4. 填写行政处罚(当场)决定书(单位或个人)

《行政处罚决定书》的内容包括：一是载明当事人的基本情况，包括当事人的姓名、住址等有关事项；二是载明当事人的违法行为，包括证据；三是载明行政处罚的依据，包括作出该行政处罚的事实依据和法律依据等；四是载明罚款数额(如果是警告则此项不写)；五是载明违法行为发生的时间及行政处罚的地点；六是载明行政机关的名称，即作出行政处罚决定的执法人员所属行政机关的名称；六是执法人员签名或者盖章。

5. 将行政处罚决定书当场交付当事人

简易程序与其他处罚程序相比较，其最大特点是当场完成以上所有的处罚程序。依据简易程序当场作出行政处罚决定的都应该当场将《行政处罚决定书》交付当事人。

6. 将行政处罚决定报所属行政机关备案

安全生产行政执法人员当场作出行政处罚决定后应当及时报告，并在5日内报所属安全生产监督管理部门备案。

7. 收缴罚款方式

需要当场收缴罚款的，安全生产行政执法人员应当出具财政部门统一制发的罚款收据；当场收缴的罚款，应当自收缴罚款之日起2日内，交至所属安全生产监督管理部门；安全生产监督管理部门应当在2日内将罚款缴付指定的银行。

8. 当事人对简易程序的法律救济途径

当场作出的行政处罚决定，虽然是数额很小的罚款或者警告处罚，但同样属于行政处罚，当事人在事后的法律救济与其他行政处罚相同，当事人不服行政处罚决定的，同样可以依法申请行政复议或者提起行政诉讼。

行政处罚简易程序流程见图3－1。

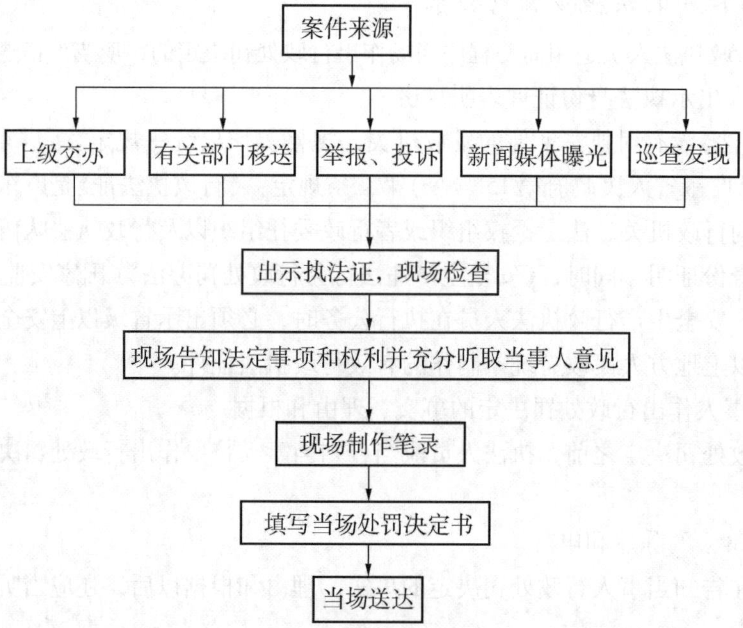


图3－1　行政处罚简易程序流程图

## 二、一般程序

### （一）一般程序的概念与特征

一般程序又称普通处罚程序，是安全生产监督管理部门进行行政处罚所遵循的最基本的程序。除依照简易程序当场作出的行政处罚外，安全生产监督管理部门发现生产经营单位及其有关人员有违反法律规定应当给予行政处罚的行为的，应当按照一般程序进行处罚。

### （二）一般程序的适用条件

一般程序适用于依据简易程序作出的行政处罚以外的其他行政处罚案件。除依照简易程序当场作出的行政处罚外，安全生产监督管理部门发现生产经营单位及其有关人员有应当给予行政处罚的行为的，应当予以立案，填写立案审批表，并全面、客观、公正地进行调查，收集有关证据。

### （三）一般程序的实施步骤及要求

1. 立案

满足以下条件方可申请立案：①有证据初步证明公民、法人或者其他组织有违法行为或者嫌疑；②属于本部门管辖范围；③在法定追诉期限内；④法律、法规、规章规定的其他条件。立案的具体程序包括：受理、呈报、立案决定、交办。

2. 调查取证

调查取证主要包括出示证件、现场控制、现场检查、调查询问及抽样检测、先行登记保存证据等程序。有关调查取证操作的实务，详见本书第四章第二节。

3. 案件审理

凡经采用一般程序的行政处罚案件，均需由集体审议作出行政处理决定。各级安全监管部门应设立案件审理委员会（简称“案审委”）和案件审理委员会办公室（简称“案审办”），对本部门立案查处的案件进行集体审议。案件调查报告经案件调查机构负责人批准后，连同案件有关材料一并移交案审委（办）。案审委（办）召开案审委（办）会议对案件进行审理。在实际操作中，案件审查是最核心的环节，主要包括证据审查、事实认定、自由裁量的审核、提出审理意见等内容。有关操作实务，详见本书第四章第五节。

4. 处罚告知

处罚告知是必须程序，依据《行政处罚法》第四十一条以及《安全生产违法行为行政处罚办法》的规定，履行告知程序是依据一般程序作出的行政处罚决定成立的必要条件。安全生产监督管理部门在调查取证结束后，拟决定给予行政处罚的，应当填写《行政处罚告知书》，依法向当事人告知给予行政处罚决定的事实、理由、依据以及当事人依法享有陈述、申辩等权利。

5. 听取当事人陈述申辩

该程序是行政处罚的非经法定程序，当事人放弃陈述、申辩或者要求听证的权利除外。当事人有权进行陈述和申辩。当事人要求听证的，安全生产监督管理部门应当依照听证程序的规定组织听证，听取当事人、代理人、执法人员的意见。

6. 作出行政处罚决定

案件调查取证结束后，负责承办案件的安全生产行政执法人员应将调查结果和有关证据材料加以整理，提出处理意见，向案件承办机构负责人汇报；案件承办机构负责人对案件办理是否符合法定程序，卷内证据材料是否客观、真实、完整进行审核。需要核实、补证的，由负责承办案件的安全生产行政执法人员继续办理。安全生产监督管理部门负责人应当及时对案件调查结果进行审查，根据不同情况，作出审理决定。

7. 行政处罚决定的送达

按照一般程序作出了行政处罚决定，应当按照《民事诉讼法》所规定的送达方式将《行政处罚告知书》《听证告知书》《行政处罚决定书》等有关法律文书送达给当事人。主要的送达方式有直接送达、留置送达、委托送达、邮寄送达和公告送达五种。

（1）直接送达。安全生产监督管理部门执法人员进行直接送达时，要向当事人宣告，并在宣告后当场交给当事人。直接送达时，应注意以下事项：一是送达时，应当有两名行政执法人员同时送达，并需受送达人在《文书送达回执》上注明收到日期，签名或者盖章。受送达人在《送达回执》上的签收日期即为送达日期。二是受送达人为公民时，本人不在场，可以将有关法律文书交与其同住的成年家属签收，并由其在《文书送达回执》上注明收到日期，签名或者盖章。三是受送达人为法人、经营单位或者其他组织的，应将有关法律文书送交法定代表人或负责人，并由其在《文书送达回执》上注明收到日期，签名或者盖章。

（2）留置送达。如果被处罚当事人或者他的同住成年家属拒绝签收法律文书时，送达人可以采取两种方式：一是邀请当地乡镇政府、街道办事处或居民、村民委员会等有关基层组织或受送达当事人所在单位的代表到场，说明情况，在《文书送达回执》上注明拒收的事由和日期，由送达人、见证人签名或者盖章，并将文书留置在当事人住处；二是把行政处罚决定书留在受送达人的住所，并采用拍照、录像等方式记录送达过程，即视为送达。

(3)委托送达。直接送达有困难时，可以委托当地安全生产监督管理部门进行送达，受委托单位接收委托书后应立即将法律文书直接送达给受送达人，以受送达人在《文书送达回执》上的签收时间为送达时间。

(4)邮寄送达。直接送达有困难时，安全生产监督管理部门可以指派专人将法律文书直接交付邮寄挂号寄给受送达人，在挂号签收回执上注明的时间为送达时间。

(5)公告送达。受送达人下落不明，或者采取上述几种送达方式无法送达的，安全生产监督管理部门可以公告，自公告发布之日起六十日后，即视为送达。

8. 处罚决定执行

安全生产行政执法人员依照法定的程序和方式，将行政处罚决定书送达当事人。行政处罚决定书一经送达，便产生法律效力。行政处罚决定中所确定的义务必须得到履行，实际操作的具体内容可参照本书第四章第七节。

9. 备案

国家安全监管总局第15号令《安全生产违法行为行政处罚办法》对行政处罚案件备案有明确规定，安全监督管理部门应严格遵照执行。

10. 结案

行政处罚案件应当自立案之日起30日内作出行政处罚决定；由于客观原因不能完成的，经安全监管监察部门负责人同意，可以延长，但不得超过90日；特殊情况需进一步延长的，应当经上一级安全监管监察部门批准，可延长至180日。案件执行完毕后，填写《结案审批表》交案件承办机构负责人审核，审核后报主管领导，经主管领导批准后结案归档。

### (四)一般程序与简易程序的主要区别

一般程序与简易程序相比较而言，除了适用范围上存在不同之处外，还有以下主要区别：

(1)在一般程序中，告知程序和听取当事人陈述与申辩程序是行政处罚决定成立的要件；而在简易程序中，这两个程序仅仅是作为在作出行政处罚决定时的一般要求。

(2)在一般程序中，存在两个行政处罚决定，一个是初步行政处罚决定意见，另一个是正式行政处罚决定；而在简易程序中只存在一个行政处罚决定。

(3)在一般程序中，需要通过某种法定方式将《行政处罚决定书》送达当事人；而在简易程序中，行政执法人员是将《行政处罚决定书》当场交付当事人。

(4)在一般程序中，调查取证与作出行政处罚决定是两种分离的权力，前者是由行政执法人员行使，后者是由行政机关负责人行使；而在简易程序中，这两个权力都必须由行政执法人员行使。

(5)根据一般程序作出的罚款决定，通常是由当事人到代收机构去缴纳(除边远、交通不便地区当事人主动提出要求当场缴纳外)；根据简易程序作出的罚款决定，对其中的一部分行政执法人员可以当场收缴，一部分由当事人到代收机构缴纳。

行政处罚一般程序流程见图3－2。

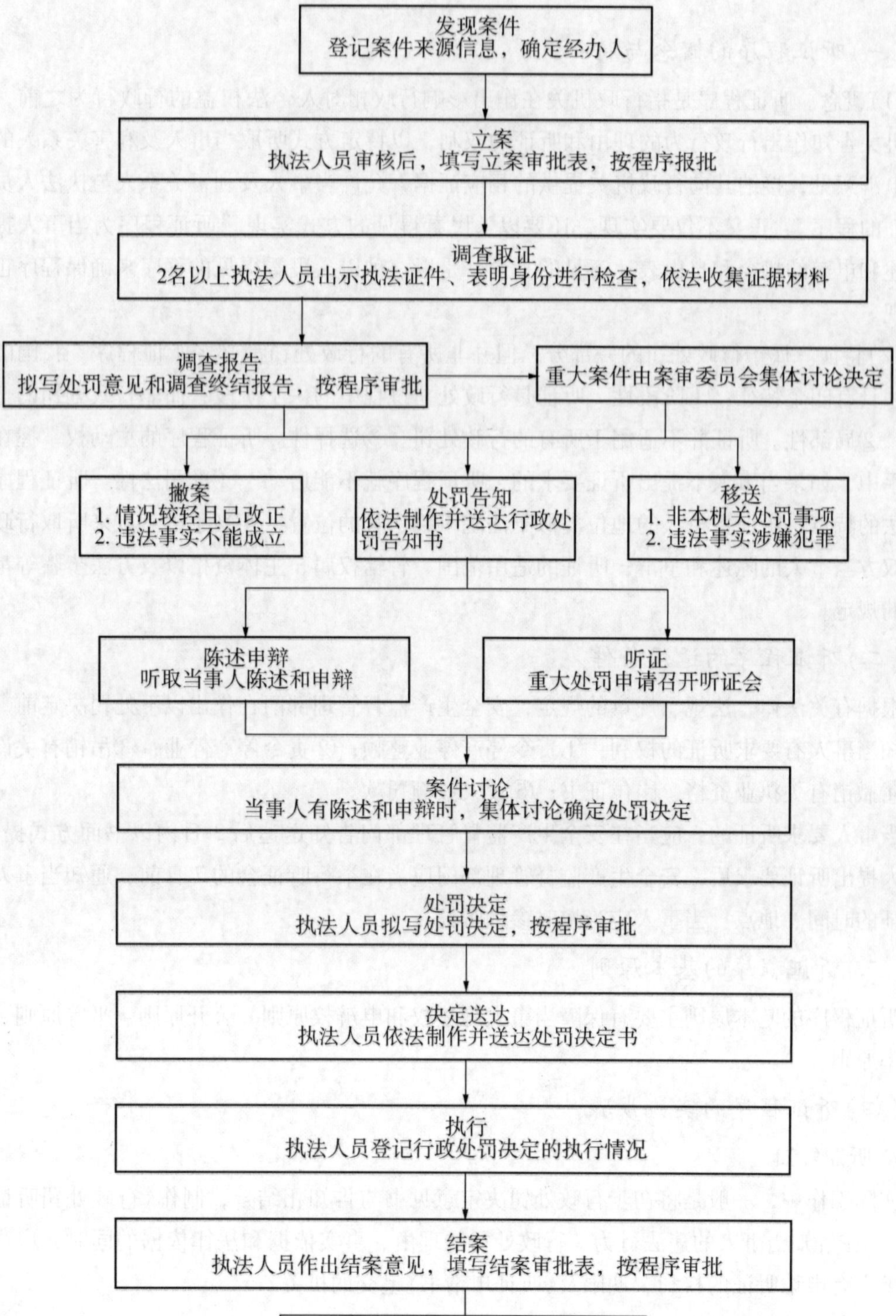


图3－2　行政处罚一般程序流程图

## 三、听证程序

### （一）听证程序的概念与特征

（1）概念。听证程序是指行政机关在作出影响行政相对人合法权益的行政行为之前，由行政机关告知作出行政行为的理由和听证的权利，以特定方式听取当事人及利害关系人的陈述和申辩意见，接纳其向行政机关提供的相应证据，允许当事人及利害关系人与执法人员进行质证的程序。"正义不仅要实现，还要以人民看得见的方式实现。"听证程序为当事人提供了陈述和申辩的机会和自由表达意见的平台，是以一种以人民看得见的程序来确保程序正义的实现。

（2）特征。属于行政处罚的一部分，但并非所有的行政处罚都必经听证程序。我国的听证程序具有四个特征：①阶段性。听证是行政处罚过程中的一个阶段，而非行政处罚的全部过程。②局部性。听证并不适用于所有的行政处罚。③选择性。听证程序的主动权掌握在当事人手中，如果当事人不提出听证要求的，听证程序就不能启动。④准司法性。听证程序具有司法的特点，听证主持人的地位类似于法院审判法官的位置，相当于第三方来听取行政争议的双方当事人的陈述和争辩；听证的适用范围、管辖权属、主体资格以及方法步骤等都有严格的规定。

### （二）听证程序的适用条件

根据有关法律、法规、规章的规定，安全生产监督管理部门在作出以下处罚决定前，应当告知当事人有要求听证的权利：①责令停产停业整顿；②责令停产停业；③吊销有关许可证；④撤销有关执业资格、岗位证书；⑤较大数额罚款。

当事人要求听证的，应当在安全生产监督管理部门告知送达后 3 日内以书面方式提出。当事人提出听证要求后，安全生产监督管理部门应当在举行听证会的 7 日前，通知当事人举行听证的时间、地点。当事人应当按时参加听证。

### （三）听证程序的基本原则

听证程序的基本原则主要有保障当事人陈述权和申辩权原则、公开原则、平等原则、简便效率原则。

### （四）听证程序的实施步骤

1. 听证告知

实际工作中，一般是将初步行政处罚决定意见书与告知相结合，制作《行政处罚听证告知书》。在告知当事人的违法行为、行政处罚的理由、事实依据和法律依据的同时，应当告知当事人有申请听证的权利、期限及《听证申请书》呈交的机关。

2. 发出听证通知书

听证通知对当事人而言是一项重要权利，对行政机关而言则是一项必须履行的法定义务。①通知的时间。必须及时，给当事人留出足够的准备时间。《行政处罚法》规定，举行听证的行政机关应当在听证的 7 日前通知当事人。②通知的内容。《行政处罚法》第四十二条规定，行政机关应当通知听证的时间和地点。

3. 组织听证

一是听证参加人员。听证参加人由案件调查人员、当事人及其代理人、与案件处理结果有直接利害关系的第三人及其代理人、证人、鉴定人、翻译人员以及其他有关的人员组成。

二是当事人在听证中的权利和义务。当事人在听证中的权利和义务包括：要求或者放弃听证；依法申请回避；出席听证会或者委托1至2人代理参加听证，并出具委托代理书，明确代理人权限；进行陈述、申辩和质证；核对听证笔录；如实回答主持人的提问；遵守听证会场纪律，服从听证主持人指挥。

三是听证程序。主要包括：听证开始、听证调查、辩论、当事人最后陈述、听证结束、制作听证笔录。

4. 听证报告

《听证报告》内容包括：一是听证案由；二是听证主持人和听证参加人的基本情况；三是听证会举行的时间、地点和方式；四是听证会的基本情况；五是违法事实认定上各方的共同点与分歧，特别是与拟作出行政处罚决定所认定的违法事实的差异；六是证据上各方的共同点与分歧，特别是拟作出行政处罚决定所依据的证据上的差异，是否需要重新进行调查取证；七是处理意见和建议；八是法律、法规、行政规章上相应的依据，法律、法规、行政规章是否存在冲突。

5. 听证决定

安全生产监督管理部门依据听证情况，分别作出以下决定：确有应受行政处罚的违法行为的，根据情节轻重及具体情况，作出行政处罚决定；违法行为轻微，依法可以不予行政处罚的，不予行政处罚；违法事实不能成立，不得给予行政处罚；违法行为涉嫌犯罪的，移送司法机关处理。

6. 听证的特殊情形

(1)听证的延期。是指出现其他特殊情况使在预先决定的时间无法进行或者无法继续进行听证而需要另行确定举行听证的时间。

(2)听证的中止。是指在听证过程中遇到特殊情况，使听证会不得不完全处于停止状态。

(3) 听证的终结。是指在听证过程中由于出现了某种特殊情况，使听证活动继续进行已经毫无意义而结束听证程序。

行政处罚听证程序流程见图3－3。

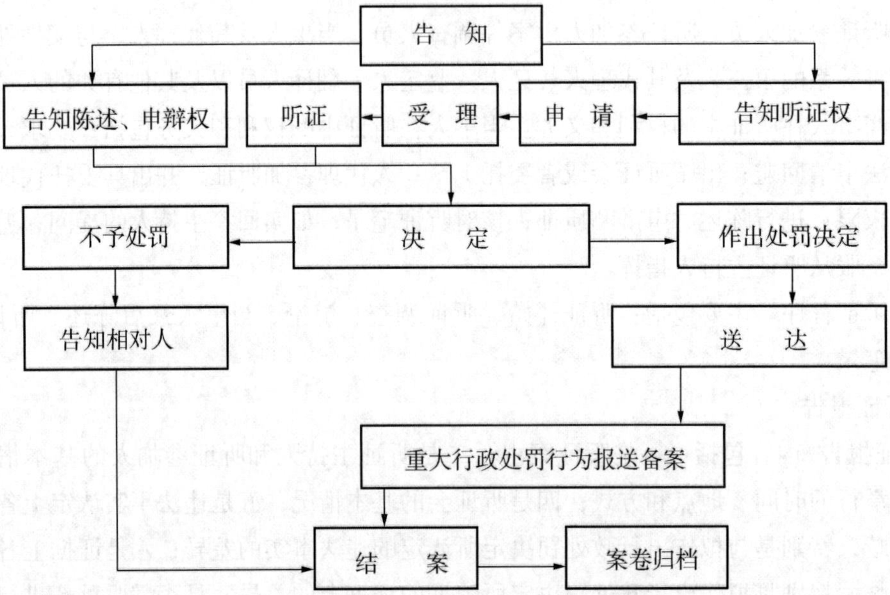


图 3-3 行政处罚听证程序流程图

# 第四章 安全生产行政处罚

## 第一节 调查取证的前期准备

由于安全生产违法行为具有多样性、隐蔽性和复杂性的特点，认真做好调查取证前的各项准备工作，是有效打击安全生产违法行为、确保顺利实施现场调查取证的关键环节。执法人员在准备工作中要考虑到各种可能遇到的障碍和问题，并制定相应的应急预案。调查取证的前期准备主要包括案件来源与受理、明查暗访、分析判断、执法方案的制定和执法准备等。

### 一、案件来源与受理

安全生产违法案件线索是指生产经营单位具有涉嫌违法事实但未充分查证的信息。积极采取有效措施，畅通案件来源渠道，做好安全生产案件受理工作是实施安全生产行政处罚的必要前提。在处理举报投诉信息过程中，要严格执行《国家安全监管总局印发关于保护生产安全事故和事故隐患举报人意见的通知》(安监总政法〔2013〕69 号)的规定，设专人保管举报材料，对举报人的有关信息进行保密。

#### (一)案件来源

在安全生产行政执法实践中，行政处罚案件的来源主要有以下几种形式：

1. 举报投诉

公民、法人或者其他组织采用书信、电子邮件、传真、电话、走访及即时通信软件(如QQ、微信等)向安全生产监督管理部门反映的安全生产违法违规案件。

2. 日常监管

安全生产执法监察人员在对企业进行日常检查、巡查时发现的安全生产违法违规案件。

3. 交办移送报请

根据职责分工，上级领导机关、其他负有安全生产管理职责的部门及下级安全生产监督管理部门交办、移送、报请安全生产监督管理部门办理的安全生产违法违规案件。

4. 其他来源

安全生产行政执法人员通过汇总、分析安全生产资料数据或根据相关当事人的陈述、申辩等方式，从中发现的安全生产违法违规案件。

#### (二)案件受理

受理安全生产举报投诉等案件，是查办违法违规企业的重要环节。在受理举报投诉等案件时，必须有条不紊，分清主次，善抓重点，认真核查，摸清案件性质。要及时公布举报联络方式，并及时更新，保证举报渠道畅通。案件线索受理步骤如下：

1. 受理登记

在受理案件时，要详细记录被举报人的姓名、性别、工作单位、职务、住址等基本情况和被举报企业法定代表人姓名、联系方式(包括手机、固定电话)、企业地点、规模及主要违法违规事实等有关情况。要如实登记举报投诉情况，并将案件线索按年、月、日编排序号登记清楚。

2. 梳理甄别

在受理案件后，要对案件进行全面、细致、深入的梳理甄别，去伪存真，对举报材料由表及里进行综合分析，剔除无关紧要的信息，筛选出举报材料中的关键点，鉴别其真伪、管辖范围和利用价值。主要包括：一是确认案情是否清楚，是否需要举报人补充材料；二是分析案件线索的内容，审查是否存在违法违规行为，确定是否属安全生产监督管理部门管辖；三是分析被举报人(企业)的基本情况和情节，确定属于哪一级安全生产监督管理部门管辖；四是分析了解被举报人有没有逃逸、逃避执法的可能，被举报企业是否存在重大事故隐患及其紧急程度，以便采取必要的紧急措施，防止危害社会和妨碍办案的情况发生。

3. 拟办建议

安全生产行政执法人员要根据对案件的梳理甄别情况，按照管辖范围、权限及分级负责、归口处理的原则，对该案件提出是否进行明查暗访或移送有关部门或交办下级安全生产监管部门等相关拟办建议，及时办理和分流案件。

对交办下级安全生产监管部门办理的案件，要跟踪督办，抓好信息反馈。对不属于安全生产监管部门管辖的案件线索，要及时移送国土、公安、环保、建设、质监、工商等其他负有管辖权的职能部门办理。对移送其他部门的案件，要严格办理交接手续，并实行案件线索移送备案制度。

4. 建档立卷

在受理案件过程中，要及时对案件相关资料进行建档立卷、登记造册，并做好统计工作。归档内容包括举报原件、拟办意见及领导批示、查处情况、回复情况等。

### (三)资料收集

执法人员在受领任务后，应对案件线索进行初步调查。可以通过登录网络了解企业相关情况、与业务部门沟通查阅企业相关资料等方式，进一步收集与案件相关的详细情况，初步了解涉嫌存在的违法事实、可能涉及的法律、法规及处罚规定等。并视情况组织开展对相关企业的暗访工作。

## 二、明查暗访

明查暗访是指根据对案件的初步分析，为进一步核实案件相关情况而进行的调查工作。通过明查暗访，应初步掌握以下几项情况：一是被举报单位基本情况，如地理位置、厂区布局、厂区周边概况、道路交通情况等；二是企业生产经营范围和产品性质，如生产规模、企业产品种类、名称及属性、销售情况、上级主管单位或部门，是否持有安全生产许可证等；三是被举报单位违法事实，如企业是否仍继续进行生产经营活动、举报所列的安全隐患问题是否存在、是否进行整改、企业以前是否被查处等。办理重大案件时，可以向当地政府及安全生产监管部门通报有关案情，并联合开展调查；也可以会同相关职能部门实施联合调查。

### (一)明查暗访的方法

(1)实地暗查。通过寻找比较隐蔽又能比较全面观察到被举报企业整体情况的地点，从外围进行观察。也可以向附近的居民或务工人员了解有关线索。必要时，可伪装身份，如扮成采购人员洽谈业务、求职应聘或以找亲友、老乡的名义等进入企业内部了解情况。

(2)电话查询。在被举报企业地址不详、实地暗查又未能找到该企业的情况下，可以利用假身份通过电话直接与被举报企业取得联系，了解企业详细地址及相关生产经营情况。

(3)蹲点守候。对于一些非法生产企业为了逃避检查，经常在晚上组织生产的，可先派出精干人员，采取在附近高地或租住临近的房屋蹲点守候的方法掌握企业生产规律，守候到企业进行非法生产时进行查访。

(4)跟踪追查。通过跟踪被举报企业人员、车辆的方法，找到该企业的生产经营地点或仓库。

### (二)明查暗访的要点

(1)通过与证照颁发部门沟通联系，核查企业是否获得了安全生产(经营)许可证等相关许可证照。对正处于申办许可证照或技改项目已通过立项审批和安全预评价，正在试生产阶段的企业也须核实和掌握许可证照申办进程。

(2)通过现场观察机器工作声音、排气扇转动、人员车辆进出情况、宿舍阳台晾晒的工作服装等具体细节综合判断企业是否存在生产行为。

(3)对举报中具体地址不明的企业的前期暗查：①联系举报人，请其指路或带路前往。②通过以假身份联系被举报人，让被举报人介绍路径或通过电信局的登记系统查找。③通过互联网搜索到该企业的地址。④通过问询当地居民、的士司机、搭客摩托车司机、政府部门(公安派出所、工商所)等了解到该企业的地址。

(4)利用假身份进行实地暗查。利用假身份伪装成原材料供应商、销售商、民工、老板、路人等，以提供原材料、代销、购买产品、找工、租地租厂房、购物等理由向该厂或邻厂的工人、门卫、保安及附近的商店有关人员了解情况。

### (三)明查暗访情况报告

明查暗访结束后，应根据明查暗访情况，撰写出明查暗访报告，并提出下一步行动建议。明查暗访报告应包括明查暗访时间、企业名称、具体位置、生产经营情况、周边环境及企业情况照片、企业的内部布局及周边环境图、行车路线图、下一步行动计划及建议等。

## 关于对××公司暗访情况的报告

局领导：

按照××的批示精神，我××队对群众举报位于××市的××公司无安全生产许可证违法生产进行了初步调查。调查情况如下：

一、从网站了解的情况

从××公司网站了解到：××公司是一家中外合资企业，占地面积×万平方米，投资规模3000万元(合人民币)。公司专业研制开发应用树脂(××牌)、高分子复合实体面料(××牌系列产品)及新型装饰材料等。其中树脂类产品有×新二型不饱和聚酯树脂、×间苯型不饱和聚酯树脂、×不饱和树脂等产品，主要成分为不饱和聚酯树脂。

二、向专家了解的情况

通过咨询化工专家了解到：××公司生产产品的主要成分——不饱和聚酯树脂，如其闭杯闪点≤60℃就属于危险化学品(在《危险化学品目录(2015版)》的编号为2828)。

三、许可证办理情况

××公司未向××局申办《危险化学品安全生产许可证》。

四、现场暗查的情况

由于该举报是匿名举报，执法人员无法与举报人进一步核实有关情况。根据举报信息提供的企业地址，执法人员于20××年×月×日直接到××市的××公司所在地进行暗查。

××公司位于××路，由于暗查人员到达时已是中午12点多，从工厂围墙外观察车间无人员作业，在工厂生产车间大门口停有一辆货车。在工厂大门的保卫室内有一名保卫员在吃饭。

调查情况表明，要彻底弄清××公司的生产情况，必须组织执法人员进入工厂进行现场执法检查。

五、下一步工作意见

(1)先与××市安全监管局联系，核实是否已批准××公司的设立登记和试生产。

(2)如确定无批准设立和试生产，则组织执法人员和专家，会同××局执法××队对××公司实施现场执法检查，并抽取样品送检，一旦确定属于违法生产危险化学品则立即立案查处。

六、××公司平面分布图及行车线路图(略)

七、从企业外围拍摄的照片(略)

## 三、分析判断

在明查暗访等前期工作完成后，执法人员应对案件线索进行综合分析和判断。根据已掌握的案件线索，运用推理判断的方法分析研究案件中的未知现象，努力掌握案件的本质。

### (一)分析判断的主要内容

对案件分析判断的内容主要包括：

(1)对举报信息的分析判断。

(2)对有关案件情况，如违法违规行为的时间、地点与厂区分布情况、生产原材料与产成品、销售数量与渠道、生产工艺等情况的分析判断。

(3)对案件性质的分析判断。

(4)对案件查处范围、查处途径和各种查处线索的分析判断。

### (二)分析判断的方法

对案件进行分析判断的方法很多，主要包括：

(1)具体分析法，是指对案情一个一个问题或一件一件事情逐一进行具体分析的方法。

(2)综合分析法，是指在逐一具体分析的基础上，把各方面分析的情况综合起来，通过大量的具体形象，分析事物内在联系的一种分析方法。

(3)逻辑分析法，是指以所掌握的案件线索为依据，根据违法违规行为的规律和特点及以往的查处经验，运用逻辑推理的方法分析判断未知案情的一种分析方法。

通过对案件线索的分析判断，对违法违规事实存在、符合立案条件的，及时填写《立案审批表》并提出拟办理意见报分管领导审批。

## 四、执法方案的制定

执法方案是指现场执法查处的内容、方法、措施和步骤。执法方案的制定是在前期明查暗访的基础上，根据拟查处企业的规模、生产设施设备、产品及危害程度等情况，全面深入细致地通盘筹划。制定的执法方案务求细节考虑周密、人员调配得当、应急措施齐备。执法方案通常应包括案情的初步分析和判断、现场检查的方向和范围、现场检查人员的组织和分工、现场控制措施及可能采取的强制措施等。

(一)案情简述

在执法方案中，首先应简要陈述所掌握的案情。要根据案件明查暗访掌握的情况，明确执法检查企业的生产设备、工艺流程、车间、仓库等现场执法检查的重点部位及人员，主要包括企业主要负责人、安全管理负责人、财务部门负责人、涉嫌违法生产、储存的车间、设备、违法储存经营的仓库及产品、财务账簿、产品出入库登记账簿等。

(二)组织分工

1. 执法时间

明确进行现场执法检查的时间。

2. 参加人员及分工

确定参加现场执法查处的人员并进行分工，明确各自承担的工作内容和任务。

在现场执法检查必须指定现场行动指挥员。现场行动指挥员负责统筹组织、指挥、协调全过程的执法行动，处置突发事件，及时向上级领导汇报、请示。针对执法对象的具体情况及执法人员的经验和专业水准，一般将检查人员分为以下3组：

(1)检查取证组。取证组主要负责进行现场检查，包括对财务、仓库账目进行检查，并采用拍照、摄像等方式固化证据。同时，根据检查情况，制作《现场检查记录》。

(2)调查询问组。在现场检查取证结束后，调查询问组开始对相关人员进行调查询问，同时制作《询问笔录》。在调查询问时，至少要有2位以上执法人员在场，其中1人负责主问，1人负责记录。

(3)现场警戒控制组。在执法队伍到达现场后，现场警戒控制组负责迅速控制执法现场和周边环境，防范突发事件发生，确保现场执法查处的顺利进行。主要包括：

①对被查处企业的现场最高职务负责人的控制。控制企业的现场最高职务负责人，防止出现指使其他人串供、转移及毁灭违法证据或召集企业内外人员干扰执法等现象。

②对厂区环境的控制。控制企业门卫等人员，及时掌握执法企业内外人员动态，制止无关人员进入执法现场。

(三)应急措施与注意事项

(1)在执法方案中应明确当地政府、安监、公安、质监、消防、工商等部门的联系方式和联系电话，必要时由行动指挥员与相关单位进行沟通，请求协助或支援。

(2)在执法方案中还应明确执法人员应遵守的保密制度等执法纪律。

(3)制定遇到暴力抗法、受到围攻等突发事件的应急预案。

(四)执法方案范例

## 执法方案

一、案情简介

20××年4月20日后陆续接群众举报反映：位于××市的××涂料厂在没有安全生产许可证的情况下生产销售涂料。据调查，该厂在多次被查处后，将主厂房变更为水性涂料生产车间，而在主厂房附近另一厂房(附图中的1号厂房)内继续生产油性涂料。

根据举报提供的情况并向我局办证大厅了解到：××涂料厂没有办理或申报安全生产许可证的资料。经暗查小组到现场进行暗查后，发现举报情况基本属实，该厂仍然在生产，但无法证实是否生产危险化学品。

此次现场执法查处的重点部位是该厂主厂房附近的另一厂房，具体位置见附图。

二、组织分工

1. 执法时间

××××年×月×日。

2. 参加人员

参加此次现场执法检查的人员共×人，分别是总指挥：×××；执法×队：×××，×××，×××，×××，×××；专家：×××，×××。

3. 工作分工

(1)控制组：负责人：×××；参加人员：×××、×××

工作内容：

①在进入厂区后，负责向门卫和有关负责人出示证件，表明来意。

②分出1人控制企业大门，其余2人前往办公楼，联系企业主要负责人，告知有关事宜，并在其陪同下对厂区进行检查，了解有关生产经营情况。

③对企业主要负责人进行调查询问，并制作《询问笔录》。

④根据现场检查情况，对存在问题提出现场处置措施，并制作有关法律文书，交企业负责人签收。

(2)取证组：负责人：×××；参加人员：×××、×××、×××

工作内容：

①进入厂区后，分成2组，第一组(×××、×××)快速进入主要目标——主厂房附近的另一厂房进行检查。主要检查产品性质、生产制造单据、生产工艺等有关生产情况，对现场进行拍照、录像。

②第二组进入其他生产车间和仓库进行检查，对现场进行拍照、录像，对生产单据等证件材料进行复印。

③根据检查发现的情况，比照《危险化学品目录》，判断企业产品是否属于危险化学品、是否存在违法违规行为，及时向总指挥和其他人员通报检查情况。

④如现场不能确认企业产品性质，对涉嫌属于危险化学品的产品进行抽样，并制作《抽样取证凭证》等法律文书。

⑤制作《现场检查记录》法律文书，对生产单据、出入库记录等证件材料进行复印，打印现场照片，并要求企业主要负责人签字、盖章确认。

(3)询问组：负责人：×××；参加人员：×××

工作内容：

①进入企业厂区后，对企业有关财务账目进行检查，掌握违法违规生产的数据，并对有关证据材料进行复印，同时要求有关人员签字、盖章确认。

②与取证组一起，分别对企业生产负责人、销售负责人、车间负责人、仓库管理人员、从事危险化学品生产的操作人员进行调查询问，并制作《询问笔录》。

三、应急措施与注意的事项

(1)各小组在进入工厂执法前要做好各自小组的具体执法方案。

(2)在×月×日早上×时全体人员在××准时出发，走××高速到××出口与××局的同志会合后直接前往违法企业进行执法。在进入现场后，由×××通知××区的安全监管局有关人员到场协助。进入工厂后视情况再作出人员的相应调整。

(3)全体执法人员穿夏装，佩带标识，带《行政执法证》。

(4)各组安排好人员带齐执法设备、执法文书等相关材料。

(5)现场应急措施：

①进入现场后，控制组人员要严密控制企业大门，司机应将车头调转朝向大门或离开的方向，人员留在车内，随时待命。如遇突发事件，控制组人员与司机要采取适当措施将当事人与围观人群隔开，尽量疏散现场无关人员，防止无关人员卷入。

②在执法现场，执法人员应保持头脑清醒，对现场情况要尽快作出分析判断，在行动上要果断，并适当与当事人保持距离，做到进退有度。

③如当事人有意挑起事端或暴力抗法，现场执法人员要团结一致，做好说服解释工作，采取克制态度，做到骂不还口、打不还手，不图一时之气，不争一时之理。要服从总指挥安排，采取有效措施，摆脱当事人的纠缠，并及时向当地政府(村委会、居委会)和公安机关通报情况，请求支援，防止事态扩大。

④依法采取必要措施，保护涉案物品不受破坏。在现场得到有效控制时，立即对涉案物品进行处理。

⑤应急预案(略)。

(6)当地政府及有关部门、人员的联系电话(略)。

(7)乘车安排(略)。

附：被执法工厂的位置分布图(略)

## 五、执法准备

做好现场执法检查前的各项执法准备，是确保顺利实施检查的关键环节。主要包括如下：

### (一)查阅法律法规

根据执法检查企业涉嫌违法的相关情况，查阅相关法律、法规、标准和规程，熟悉掌握相应条文规定。

### (二)合理搭配执法人员和专家

根据执法检查对象的不同情况选择参加行动的执法人员，力求做到参与的执法人员专业搭配合理、人数能满足需要，必要时可邀请相关专家参与现场执法检查。

### (三)制定检查表和现场执法方案

要依据执法检查对象、范围等情况，制定检查表和现场执法方案。检查表可从现有的检查表中选择，如果现有的检查表不能满足检查需要，则应依据检查内容和有关法律法规、标准规程进行修改或重新编制检查表，以适应现场执法需要。同时，要根据所掌握的情况，结合自身实际，制定现场执法方案。

### (四)准备执法装备、文书和资料

要针对不同企业，准备相应的检查设备和法律文书，通常包括：

(1)照相机、摄像机、录音笔等拍录设备。

(2)可燃气体测爆仪、激光测距仪、罗盘仪、测尘仪、声级计、热指数仪等专业检查设备。

(3)笔记本电脑、便携式打印复印机一体机。

(4)空白法律文书。

(5)检查提纲、检查表等有关资料。

(6)保障安全与健康的安全防护用品。

## 第二节　现场调查取证

证据材料直接涉及违法事实的认定和法律的适用，是安全生产行政处罚的核心内容。现场调查取证是安全生产监管部门在行政执法过程中依法收集、获取证据材料的过程。安全生产行政处罚证据材料的获取途径很多，但基本证据是通过现场调查取证取得的。在调查取证工作中，执法人员如何取得有效的证据至关重要，需要讲究方法和技巧。现场调查取证一般包括出示证件、现场控制、现场检查、调查询问、抽样检测及先行登记保存证据和现场处置等步骤。

### 一、出示证件

进入企业调查取证时，必须有2名以上执法人员进入企业，要主动向企业负责人等有关人员出示执法证件，表明来意，并要求企业派人配合检查。当事人拒绝接受检查的，可通知有关部门协调配合，必要时可提请公安机关介入。

### 二、现场控制

在进入企业后，要控制企业主要负责人、门卫、财务部门和负责人及电源总闸等关键设施、设备，防止企业负责人和其他关键人员擅自离开现场、销毁违法证据或联络串供等情况的出现。

### 三、现场检查

完成对企业负责人和关键设施、设备的控制后，在企业有关人员的陪同下，对企业的生产车间等生产、储存、经营场所和办公室、财务室、销售部进行检查，主要查看资料、记录、操作证、现场安全标志、生产现场环境情况、各类设备设施的安全防护情况、作业人员是否有违章行为等情况，查找企业违法生产的相关证据。同时，对证据材料进行复印，并交企业主要负责人签名盖章确认。现场检查必须全面、细致、客观，坚持实事求是，切忌主观臆断。

现场检查主要包括以下几个方面的内容：

#### (一)生产、储存、经营等场所的检查

根据检查表，重点检查安全操作规程的执行情况、作业环境情况、持证上岗情况、安全警示标志和安全设备、设施、仪器的运转情况等。有针对性地询问现场人员，测量、检测有关设施设备，进行现场拍照、录像、取样，固化企业违法违规的证据，并要求企业负责人在每张照片上面签注“与现场情况相符”字样和签注日期、姓名并盖手印确认。

在检查过程中，对企业生产数据和产品进行测量和检测，是获取企业违法生产证据有效的辅助手段。在现场调查取证的过程中，利用测距仪、罗盘仪等执法装备对企业设备、设施、工艺流程进行测量，核查企业生产工艺流程等数据，进一步核实企业违法违规事实。

在进行拍照、录像时要确定摄像内容、角度、距离和顺序，照片必须清晰真实，主体突

出。正常情况下，先拍摄方位再拍摄概貌、现场中心，最后拍摄涉案物品和主要人员。拍摄内容必须包含执法人员在现场的执法活动，并注明制作方法、制作时间、制作人和制作对象。

### (二)有关证照、资料的检查

根据检查表，重点检查企业的有关证照、安全设施的设计、审查及竣工验收资料、设计报告与安全评价报告、安全管理机构设置、人员配备、责任制落实、规章制度、操作规程、教育培训、主要负责人、安全生产管理人员和特种作业人员持证、建设项目“三同时”、重大危险源监控、应急预案、劳动防护用品使用等有关情况。并对需要保存的资料进行复印，复印件应当注明“经核对与原件无异”的字样和原始凭证存放的单位及地址，并由出具证据的人员或企业负责人签名或者单位盖章。

### (三)财务、仓库账目的检查

检查企业的财务、仓库账目，重点检查企业的进出库账单、生产销售账目、月度、年度利润损益表，核实企业违法生产的数量、利润，计算企业的违法所得，并将有关账目复印作为证据材料。

## 四、调查询问

调查询问，是指执法人员就与安全生产案件有关的问题，依法直接向当事人、证人所作的提问式调查。根据现场检查情况，分组对企业主要负责人、车间操作人员、销售人员、财务人员等有关人员分别进行询问，制作《询问笔录》，并将该笔录交被询问人核对。对没有阅读能力的人员，要当场向其宣读。笔录如有差错，应及时进行更正或补充。经核对无误后，由被询问人逐页在笔录修改处及被询问人签名处签字、盖章，检查人员亦应在笔录上签名。

### (一)调查询问的目的

通过调查询问，执法人员应掌握如下情况：

(1)当事人的基本情况：姓名、性别、出生年月、住址、经营场地、电话号码、证照号码、身份证号码等均应问清，按《询问笔录》的首部要求填写清楚。对被询问人的基本情况不可草率，特别是有可能离开该企业(或逃逸)的，要详细问清楚其住址(原籍和现住址)及联系电话。

(2)违法行为经过：当事人从事安全生产违法行为的起始时间、地点、生产工艺与设备、产品种类与数量等。

(3)违法生产的进销渠道及数量：对涉案物品的来源、堆放地点、保管人员、购销货款、销往地址、违法所得、票证单据等的来龙去脉都要搞清楚。

(4)参与违法生产的人员情况：核查清楚案件涉及人员的家庭地址、通讯联络方式及所从事的工作等有关情况。

### (二)调查询问的要求

(1)询问人应具有一定的语言表达能力和安全生产监管知识，熟悉相关的法律法规条款。

(2)询问人要有一定的办案技巧，熟练使用询问方式方法，讲求询问效果。

(3)记录人要具有相应的文字书写能力，熟悉法律规范用语、字迹工整、记录迅速。

### （三）调查询问的原则

(1)程序合法：执法人员在现场调查询问时必须有2个以上具有行政执法资格的执法人员在场，并向当事人出示执法证件，表明身份。现场制作的《询问笔录》必须当场交当事人阅读后，签名确认并注明时间。

(2)实事求是：执法人员应当实事求是地进行调查询问，不能先入为主，主观武断地带着“框框”去询问。要掌握询问主动权，既要耐心听取被询问人的陈述，又不轻易相信被询问人的申辩。

(3)平等待人：行政执法办案人员在调查询问过程中要保持一颗平常心态，切忌态度生硬、言辞过激，更不能采取暴力刑讯逼供。

(4)分离错开：为避免对同一案件的当事人、证人或其他相关联的涉案人员串供，必须将他们分离错开，逐个单独询问。不得图省事和方便，以开座谈会的形式进行询问，更不能采取当面对证质问的方法。

### （四）调查询问的方法

在调查询问中常使用的方法很多，常用的有以下几种。

1. 开门见山

对违法事实已基本清楚，且证据材料掌握比较充足的案件，询问人员在询问时，可以马上让被询问人了解调查询问的意图，告诉其如实反映案件的基本情况。如果被询问人想采取撒谎的方法蒙混过关，询问人员可将被询问人言语不实之处点出，将案件的基本事实直接摆出来，即可让被询问人无法自圆其说，不得不承认事实。

2. 刚柔并济

询问人员相互密切配合，一个在询问时要加重语气，采取举重罚案件的例子、列举违法行为的严重后果、讲法律对违法行为处罚等言语，使被询问人认识到行为的严重性；另一个则语气柔和，讲重教育、轻处罚的处理原则，举坦白从宽处理的例子，以博取被询问人的信任，使其向后者承认违法事实。

3. 重点突破

针对案件中的某些问题，询问人员在主要违法事实或关键情节上掌握的证据材料确实、充足和有力，在被询问人拒不供认或犹豫不决、吞吞吐吐的情况下，可以发挥证据的威力，直接向被询问人点出要害，追寻其违法事实，迫使其不得不作出正面回答。待打开缺口，突破案情，然后再追寻案件的其他细节。

4. 迂回渐进

对案件中的某些问题，询问人员因掌握的证据材料较少，对证据材料的可靠性尚有疑问，或者一时摸不清被询问人对其违法事实所持的态度，可以采取由浅入深、由表及里、侧面迂回、因势利导和循序渐进的发问。待接近询问目标，完成“包围圈”，造成兵临城下、堵死退路后发起攻势，一举突破被询问人防线，获取口供。

## 五、抽样检测及先行登记保存证据

执法人员对现场不能确定性质的产品需进行抽样取证，并移送有资质的法定检测机构进行检测，进一步核实企业违法违规事实。在进行抽样取证时要制作《抽样取证凭证》，由执法人员和当事人签名或盖章。当事人拒绝到场的，可由在场其他人员见证并签名或盖章。

执法人员在现场检查过程中，在证据可能灭失或者以后难以取得的情况下，经部门主要负责人或者其授权的部门分管领导批准，可以将有关证据先行登记保存。对证据先行登记保存时，应当通知证据的持有人或者见证人对证据的名称、数量、特征进行登记，开具《先行登记保存证据通知书》及《先行登记保存证据清单》。《先行登记保存证据通知书》由执法人员和证据持有人签名。证据持有人拒绝签名的，执法人员应当在《先行登记保存证据通知书》上注明情况，并由有关基层组织或者所在单位的代表签字或盖章。

## 六、现场处置

根据安全生产法律法规的相关规定，检查人员在现场检查时，视实际情况可以采取下列应对措施：一是对发现存在的安全生产违法行为，应当场予以纠正或者要求限期改正；二是对发现存在的事故隐患，应采取相应的措施，能够立即排除的，应当责令立即排除；三是在重大事故隐患排除前或者排除过程中无法保证安全的，应当责令从危险区域内撤出作业人员，并责令暂时停产停业或者停止使用相关设施、设备；四是对有根据认为不符合保障安全生产的国家标准或者行业标准的设施、设备、器材以及违法生产、储存、使用、经营、运输的危险物品予以查封或者扣押，对违法生产、储存、使用、经营危险物品的作业场所予以查封。生产经营单位拒不执行且有发生生产安全事故的现实危险的，在保证安全的前提下，还可以采取停止供电、停止供应民用爆炸物品等措施，强制生产经营单位履行决定。在采取现场措施时，应当制作《现场处理措施决定书》《强制措施决定书》或《责令限期整改指令书》。现场处置措施要视检查情况分别对待，需要注意把握以下几点。

### （一）制作《现场检查记录》

检查人员应当将检查的时间、地点、内容、发现的问题及其处理情况，作出书面记录，并由检查人员和被检查单位的负责人签字确认；被检查单位的负责人拒绝签字的，检查人员应当将情况记录在案，并向负有安全生产监督管理职责的部门报告。即使在检查中未发现存在安全生产违法违规行为，也应及时填写《现场检查记录》，并在检查结束后将有关材料归档装订。

### （二）采取现场处理措施

执法人员在监督检查中，发现生产经营单位存在安全生产违法行为或者事故隐患的，可以视实际情况依法采取下列现场处理措施：一是当场予以纠正；二是责令限期改正、责令限期达到要求；三是责令立即停止作业（施工）、责令立即停止使用、责令立即排除事故隐患；四是责令从危险区域撤出作业人员；五是责令暂时停产停业、停止建设、停止施工或者停止使用相关设备、设施。执法人员在采取现场处理措施的同时，应当场填写《现场处理措施决定书》，对于责令限期改正的，还可以填写《责令限期整改指令书》。上述文书均应交予企业，并由企业现场负责人在《文书送达回执》中签字确认。

### （三）采取强制措施

依据法律、法规、规章的规定，执法人员在监督检查中，发现生产经营单位存在安全生产非法、违法行为，可采取的行政强制措施主要有：一是对有根据认为不符合安全生产的国家标准或者行业标准的在用设施、设备、器材，违法生产、储存、使用、经营、运输的危险物品，以及违法生产、储存、使用、经营危险物品的作业场所予以查封或者扣押，并依法作出处理决定；二是扣押相关的证据材料和违法物品，临时查封有关场所，需要采取强制措施时，执法人员应当场填写《强制措施决定书》，交予企业；对于实施查封、扣押的，则要制作并当场交付查封、扣押决定书和清单。上述文书均需企业现场负责人在《文书送达回执》中签字确认。

需要采取停止供电、停止供应民用爆炸物品等措施，强制生产经营单位履行决定时，安全生产监督管理部门应当及时通知相关职能单位，由其具体实施。

(四)移交其他机关办理

执法人员确认该案件需移交其他职能部门办理，应立刻整理案件材料，报本单位负责人审核同意后，编制《案件移送书》和《案件移送审批表》，经行政机关负责人审批后，及时将案件有关材料和《案件移送书》移交其他机关办理。在移交后，执法人员应注意跟踪反馈，及时向移送机关了解该案件的调查处理进展情况，待案件结案后，将移送机关回复函上报主管领导并办理存档。

(五)立案查处

对检查中发现生产经营单位及有关人员有违反安全生产法律、法规证据的行为，应及时进行立案，按有关程序调查和实施处罚。

## 第三节　案件调查报告

案件调查报告，是负责案件调查的执法人员对立案调查的案件形成表述案件调查经过和已经查清的事实、提出处理意见呈报上级领导或上级机关的书面报告。属内部运转的专用文书，是提请案件审理的基础。

案件调查报告的常用格式可分为安全生产一般违法行为行政处罚案件调查报告和生产安全事故行政处罚案件调查报告两类。撰写要求是结构要合理，层次要清楚，揭示违法事实的证据要充足，引用的法律、法规要恰当，提出的处理建议要合法、公正。

### 一、一般违法行为行政处罚案件

一般违法行为行政处罚案件调查报告，是指安全生产监管部门对生产经营单位涉嫌违反安全生产法律法规的行为依法进行立案调查后，由办案机构的承办人写出反映案件情况和处理意见，呈请有关机构、领导或上级机关审核的书面报告。

调查报告的结构通常由标题、正文和落款三部分组成。

(一)标题

一般由“关于＋生产经营单位＋涉嫌＋案由(违法行为类型)＋案件调查报告”组成。

(二)正文

这是报告的主体部分，反映整个调查报告的核心内容。一般包括以下6个方面：

1. 案件的基本情况

包括受案的经过，立案时间，批准立案的机关，承办案件调查的部门、人员组成等。

2. 生产经营单位的基本情况

涉案单位应写单位的全称，并写明地址、法定代表人(或负责人)、经济性质、经营方式、经营范围、营业场所、持有证照等有关情况。

涉案个人应写明姓名、身份证号码、性别、年龄、民族、籍贯、工作单位、职业、职务、住址等。

3. 调查情况

这是办案人员组织证据、对案件事实进行认定的客观反映。可分为检查取证、调查询问、违法所得认定来表述已查清的违法事实和证据，叙述的事实均应有证据证明。

（1）检查取证。

①生产车间（场所）的检查：涉及违法违规生产的生产工艺、设备、场地、过程，产成品、半成品、原材料名称（危险化学品应写明全称及危险化学品目录编号）和数量，生产现场工人的作业状况等检查取证情况。

对非煤矿山企业的检查中发现不符合矿山开采标准、规程的穿（穿孔打炮眼）、爆（爆破）、装（铲装）、运（运输）、排（排水、排土）、通风防尘、电力设备等方面违法违规行为的情况。

②仓库的检查：涉及违法违规生产储存的产成品、半成品、原材料名称数量以及进出库等情况。

③企业持有的证照检查：营业执照，危险化学品生产、经营企业的安全生产许可证、经营许可证，非煤矿矿山企业的采矿许可证、安全生产许可证，主要负责人、安全生产管理人员和特种作业人员的持证等情况。

④检查取证的参加人员情况：执法人员、被检查单位人员在场参加检查的情况；企业负责人或有关人员对《现场检查记录》、抽样取证、登记保存（封存、扣押）、检验检测等调查取证文书、现场取证的照片以及作为证据的有关资料复印件签名确认的情况。

（2）调查询问。

综合对法定代表人、生产主管、仓库主管、财务人员、违法违规生产现场的工人等相关人员进行调查询问的情况，反映出他们承认企业违反安全生产法律法规的相关事实，并与其他检查取证中发现的证据相吻合。

（3）违法所得认定。

依据《安全生产违法行为行政处罚办法》第58条的规定以及其他法律、法规对违法所得计算的规定，综合调查人员对生产经营单位的财务账目、仓库进出库账目的调查后计算，向法定代表人、财务、销售人员等有关人员调查情况，认定生产经营单位违法所得的金额。

4. 现场处理措施

对现场发现的事故隐患和安全生产违法行为，依法采取的具体强制措施和下达的整改指令，以及强制措施、整改指令的落实情况。

5. 违法事实

综合调查取证情况，认定其具体的违法事实及相应支持证据。应根据违法事实本身和国家的法律、法规、规定来分析认定，即确定的违法事实是属于法律、法规、规定应给予处罚的行为。只有定性准确，才能处理恰当。

6. 处理建议及法律依据

根据被调查生产经营单位的违法事实，指出其违反具体法律、法规、规章的哪一条、哪一款规定，结合考虑危害社会的轻重程度，从重、从轻处罚的情节，依法行使自由裁量权，提出给予具体的处理建议。

提出的处理建议一定要有法可依、具体明确，罚款及没收违法所得的金额要明确表述。对违法单位或个人作何种处罚，是单种处罚还是数罚并处，都要援引有关法律、法规条款，做到罚之有据；减免罚款的意见，也要援引法律、法规条款，明确提出减免罚款的金额。

（三）落款

写明案件调查的部门、承办人、成文时间。

（四）范例

1. 烟花爆竹类案件范例

## 关于××贸易经营部涉嫌未经依法批准擅自销售烟花爆竹案件的调查报告

根据群众举报和前期暗查掌握的情况，经局领导批准，××××年×月×日，××市执法监察支队对××市××区××贸易经营部进行立案调查（案号：×安监管立〔××〕×号）。

调查情况如下：

一、企业基本情况

企业名称：××贸易经营部。

企业个体工商营业执照注册号：×××；负责人：×××，身份证号码：×××；经营范围：日用百货，经营地址：××市××区××街××号。

该经营部无《烟花爆竹经营（零售）许可证》。

二、调查情况

（一）检查取证情况

××××年×月×日，××市执法监察支队会同××公安局××部门，在××区安监局、××街道办事处、××村委会的配合下，对该经营部烟花爆竹经营点和储存仓库进行执法查处。当执法人员到达位于××街的该经营部的门市部时，该门市部人员不配合执法并关锁大门逃离现场。在经过多方努力未能联系到该经营部人员配合调查的情况下，经公安部门办理合法手续，请来开锁专业人员打开门市部和储存仓库门锁，在××街道办、××村委会有关工作人员的共同见证下，执法人员进入现场开展调查取证工作。

(1)门市部的检查情况。该门市部约××平方米，除正常销售的日用百货外，还放有爆竹×箱，共×万头；发现《销售爆竹的记录本》一本，记载有自××××年×月×日至××××年×月×日销售爆竹数量、金额的明细表。

(2)仓库的检查情况。该经营部的仓库约××平方米，存放有的爆竹××箱，共××万头。执法人员对整个调查、取证过程进行了拍照、录像，现场制作了《现场检查记录》。由于××贸易经营部没有人员在场配合调查，执法人员在《现场检查记录》和现场拍摄的照片上注明了情况，并请在现场的××街道办、××村委会工作人员×××、×××签字证明。

（二）调查询问情况

由于该贸易经营部的负责人没有出现以及他的员工不在场，现场未能制作询问笔录。在现场查处后的第三天，该贸易经营部的负责人×××主动向安全监管部门投案，接受处理。执法人员对其进行询问并制作了《询问笔录》，×××承认其未经依法批准，擅自经营、储存爆竹的违法事实，并签名确认执法人员于××××年×月×日现场制作的《现场检查记录》。

（三）违法所得认定情况

负责人×××承认其贸易经营部的销售爆竹情况均全部登记在被执法人员现场发现的销售爆竹的记录本内。经对销售爆竹的记录本销售爆竹收入的金额进行计算，得出爆竹销售的收入合计为×万元。依据《安全生产违法行为行政处罚办法》（国家总局令第15号）第五十八条“本办法所称的违法所得，按照下列规定计算：……（二）销售商品的，以销售收入作为违法所得”的规定，认定××贸易经营部非法经营烟花爆竹的违法所得为×万元。

三、现场采取的处理措施

鉴于××贸易经营部涉嫌非法经营、储存爆竹，存在重大事故隐患。为消除事故隐患，确保安全，经报局领导批准，向××贸易经营部依法下达了《强制措施决定书》（×安监管强措〔××〕×号）：“对××贸易经营部存放在门市部和仓库的全部爆竹予以扣押，并运送至符合安全条件的××烟花爆竹专用仓库储存。”执法人员立即实施了强制措施，全部爆竹当天安全运送到××烟花爆竹专用仓库。

四、违法事实

经调查认定，××贸易经营部自××××年×月×日起至××××年×月×日止，存在未取得《烟花爆竹经营（零售）许可证》，擅自经营销售爆竹××箱，合计××头；获取违法所得×万元的行为。

具体证据如下：(1)企业的主体资格由现场取得的营业执照资料证明；(2)企业非法经营烟花爆竹的违法行为由《现场检查记录》、现场拍摄照片、负责人×××的《询问笔录》及销售记录本等证据证明；(3)企业的违法所得×万元由对销售爆竹的记录本销售爆竹收入的金额进行计算得到。

五、处理建议及法律依据

××贸易经营部的行为违反了《烟花爆竹经营许可实施办法》（国家总局令第65号）第三条第三款“未取得烟花爆竹经营许可证的，任何单位或者个人不得从事烟花爆竹经营活动”的规定。鉴于××贸易经营部不存在从轻或从重的情节，根据《安全生产行政处罚自由裁量适用规则》（国家总局令第31号）第十四、十五条的规定，不应在法定处罚幅度的中档以下或者在法定处罚幅度内选择较高确定处罚标准。故依据《烟花爆竹经营许可实施办法》第三十一条“对未经许可经营、超许可范围经营、许可证过期继续经营烟花爆竹的，责令其停止非法经营活动，处2万元以上10万元以下的罚款，并没收非法经营的物品及违法所得”的规定，建议对××贸易经营部作出如下行政处罚：

（一）责令停止非法经营活动；

（二）处×万元罚款；

（三）没收违法所得×万元；没收非法经营的爆竹××箱，共××头。

××市执法监察支队

调查人员：×××　×××

××××年×月×日

2. 危险化学品类案件范例

# 关于××市××化工有限公司涉嫌未经依法批准擅自生产危险化学品案件的调查报告

根据群众举报和前期暗查掌握的情况，经局领导批准，××××年×月×日，××市执法监察支队对××市××化工有限公司进行立案调查(案号：×安监管立〔××〕×号)。

调查情况如下：

一、企业基本情况

企业名称：××市××化工有限公司(以下简称××公司)。

企业法人营业执照注册号：×××；法定代表人：×××(身份证号码：×××)；成立时间：××××年×月×日；营业期限：至××××年×月×日；经营范围：UV紫外线光固化产品、防电磁波干扰与辐射屏蔽产品、工程塑料表面保护产品、装饰产品、水性环保涂料产品的技术开发、销售(以上不含专营、专控、专买商品及限制项目)；企业注册住所：××区××镇××村××工业城×栋(限办公)。

该公司无危险化学品安全生产许可证和危险化学品经营许可证。

二、调查情况

×月×日，××市安监局执法监察支队在××区安监局执法监察大队、××街道安监办的协助下，对××公司进行现场执法检查。该公司法定代表人×××在××省出差，无法到场接受调查。总经理×××、生产车间主管×××、仓库管理员×××等员工在场协助调查。

×月×日，××公司向执法人员呈交了法定代表人×××签署的委托总经理×××全权处理接受我局执法调查并签收相关执法文书的委托书。

(一)检查取证情况

××公司位于××区××镇××村××工业城×栋，厂内有一栋面积约600平方米呈长方形的单层厂房，铁皮顶棚，内由砖墙间隔成三个部分，分别作为油漆生产车间、原料仓库及成品仓库。

(1)油漆生产车间。油漆生产车间位于厂房的西端，面积约200平方米。检查当天，有3名工人正在操作搅拌机进行油漆生产作业。安装的主要生产设备有：三辊研磨机1台，砂磨机1台，小型搅拌机3台，大型搅拌机3台。

车间内存放的油漆成品、半成品有：未包装的丙烯酸清漆(危险化学品目录顺序号：2828)成品三大缸，约1400公斤；小包装丙烯酸磁漆(危险化学品目录顺序号：2828)10罐，每罐3.5公斤，共35公斤；大包装丙烯酸磁漆3桶，每桶18公斤，共54公斤；各式丙烯酸清漆半成品10桶，每桶180公斤，共1800公斤；各色丙烯酸磁漆半成品3桶，每桶180公斤，共540公斤。

油漆生产工艺为：混合原料(加入天那水、丙烯酸树脂等)→分散→研磨→成品(油漆)。

(2)成品仓库。成品仓库位于厂房的东端，面积超过300平方米。存放的物品主要有：各色大包装丙烯酸磁漆187桶，每桶16公斤，共2 992公斤；各色小包装丙烯酸磁漆150罐，每罐2公斤，共300公斤；各式丙烯酸清漆50桶，每桶15公斤，共750公斤；各式丙烯酸漆稀释剂217桶，每桶13公斤，共2821公斤；小包装固化剂4罐，每罐2.7公斤，共10.8公斤；大包装固化剂15罐，每罐5公斤，共75公斤；铝银浆(危险化学品目录顺序号：2828)37桶，每桶25公斤，共925公斤。

(3)原料仓库。原料仓库位于厂房的中端，面积约80平方米。仓库内存放的物品主要有：丙烯酸树脂45桶，每桶180公斤，共8 100公斤；丙烯酸清漆2桶，共230公斤，以及一些干粉树脂、助剂等化学品。

(4)证照检查情况。该公司总经理×××仅提供了企业法人营业执照(注册号为×××)和税务登记证(×国税登字×××号)。该公司未取得危险化学品安全生产许可证和经营许可证。

执法人员在生产车间、仓库、办公室分别发现了该公司××××年×月×日起到×月×日的部分《生产安排记录》《产品销售结构分析表》《制造流程单》等资料。

执法人员制作了《现场检查记录》，对生产作业、储存仓库等场所分别拍照、摄像取证，并复印了有关涉嫌生产、储存危险化学品的资料，总经理×××及该公司相关人员对执法人员调查取证的文书、资料、照片分别签字确认。

(二)调查询问情况

执法人员在现场分别向该公司总经理×××、生产车间主管×××、仓库管理员×××进行了调查询问，制作了调查询问笔录。×月×日，该公司总经理×××到××市执法支队办公室再次接受调查询问，并制作了调查询问笔录。该公司总经理×××承认，自××××年×月底起，该公司在未经依法批准的情况下，违法生产并销售危险化学品——丙烯酸底漆和丙烯酸磁漆(危险化学品目录顺序号：2828)。生产车间主管×××、仓库管理员×××两人也均承认该公司生产危险化学品——丙烯酸底漆和丙烯酸磁漆事实。

(三)违法所得认定

在××公司办公室现场检查时，未发现该公司的财务收支和产品销售的有关账目。经向该公司总经理×××、生产车间主管×××和仓库管理员×××调查，均表示由于公司规模较小，没有专职的财会人员，一直没有建立正规的财务账目，具体的财务收支由法定代表人×××一人负责，现场无法向执法人员提供账册。×月×日，该公司提供了“关于××市××化工有限公司无证生产经营化学品说明”，承认该公司生产危险化学品的销售收入为×万元；同时，提供了自××××年×月×日起到××××年×月×日公司收支明细账目。经核算，该公司生产属于危险化学品的油漆销售收入共×万元。依据《安全生产违法行为行政处罚办法》第五十八条第(一)项“生产、加工产品的，以生产、加工产品的销售收入作为违法所得”的规定，认定××公司违法所得为×万元。

三、现场处理措施

××公司未经依法批准，擅自生产危险化学品，在非专用仓库储存危险化学品，存在重大事故隐患。经与协助现场执法的××执法监察大队领导研究，并报请市局分管领导同意，依据《中华人民共和国安全生产法》第六十二条的规定，向该公司发出了《现场处理措施决定书》(×安监管现决〔××〕×号):“责令暂时停止危险化学品的生产与经营”;并同时发出《强制措施决定书》(×安监管强措〔××〕×号):“对不具备安全标准的设备设施:三辊研磨机、砂磨机、小型搅拌机、大型搅拌机依法予以查封。”

《强制措施决定书》下达后,执法人员立即对该公司不具备安全标准的设备设施实施了查封;××区安监局派出人员现场监督对××公司其他强制措施的落实,同时加强对该公司的日常安全监管。在××区安监局和××街道安监办的现场监督下,强制措施已经得到落实。

四、违法事实

经调查,××公司存在如下违法事实:未经依法批准,擅自生产危险化学品——丙烯酸底漆和丙烯酸磁漆(危险化学品目录顺序号:2828),违法所得×万元。

具体证据如下:①企业的主体资格由现场取得的营业执照资料证明;②企业非法生产危险化学品的违法行为由《现场检查记录》、现场拍照和摄像资料、《询问笔录》、《生产安排记录》、《产品销售结构分析表》、《制造流程单》等证据证明;③企业的违法所得×万元由企业提供的“关于××市××化工有限公司无证生产经营化学品说明”计算出来。

五、处理建议及法律依据

××公司未经依法批准,擅自生产危险化学品——丙烯酸底漆和丙烯酸磁漆的行为,违反了《安全生产许可证条例》(国务院令第397号)第二条第一款“国家对矿山企业、建筑施工企业和危险化学品、烟花爆竹、民用爆破器材生产企业实行安全生产许可制度”的规定。鉴于××公司不存在从轻或从重的情节,根据《安全生产行政处罚自由裁量适用规则》(国家总局令第31号)第十四、十五条的规定,不应在法定处罚幅度的中档以下或者在法定处罚幅度内选择较高确定处罚标准,故依据《安全生产许可证条例》第十九条“未取得安全生产许可证擅自进行生产的,责令停止生产,没收违法所得,并处10万元以上50万元以下的罚款;造成重大事故或者其他严重后果,构成犯罪的,依法追究刑事责任”的规定,建议对其作出如下行政处罚:

(一)责令停止违法行为;

(二)没收违法所得×万元;

(三)并处××万元罚款。

执法监察×队

调查人员:××× ×××

××××年×月×日

3. 非煤矿山类案件范例

## 关于××区××石场涉嫌安全设施未经验收合格擅自投入生产案件的调查报告

根据群众举报，××××年×月×日上午，××执法监察支队会同××区安监局执法监察大队对××石场进行执法检查，发现该石场涉嫌存在矿山建设项目安全设施未经验收合格、擅自投入生产使用的行为。经××市安全监管局领导批准，××执法监察支队对该石场进行立案调查（案号：××安监管立〔××〕×号）。

调查情况如下：

一、企业基本情况

企业名称：××区××石场（以下简称：××石场）。

个人独资企业营业执照注册号码：×××；投资人：×××，身份证号码×××；注册地址：××区××镇××村；成立时间：××××年×月×日，营业期限：至××××年×月×日；经营范围：建筑用花岗石露天开采（营业执照注明：需取得《安全生产许可证》后方可经营）。

××××年×月取得《采矿许可证》（证号：×××），生产规模为×万立方米/年。

该企业于××××年×月进行了安全预评价，未取得安全生产许可证。

二、调查情况

（一）现场检查取证

×月×日，执法监察支队在××区安监局的配合下，开展现场调查取证。

（1）采场检查情况：采场南北约150米，东西约70米，现该石场已采出4个台阶，上部一、二台阶已并段，约50米高，第三、四台阶为开采花岗岩台阶；生产台阶（第三、四台阶）已开采宽度约40米，台阶坡面角约70度；在第二台阶上有一台液压潜孔钻，有×名工人在维修，钻机旁台阶坡面上有钻孔（掏采钻孔）；第三、四台阶上有1 000～1 500立方米的岩石爆堆；底部形成约200平方米的圆形底。检查当天石场没有生产，但采场已有生产开采的形迹。

（2）加工碎石场检查情况：在石场南面约50米处为该石场的破碎场。场内堆放有成品碎石约5000立方米。碎石生产工艺为采石场取石后由汽车运到加工场→经输送带传送破碎机破碎→再经输送带送到成品碎石堆场。

（3）办公室检查情况：检查当天，员工×××正在登记销售运出的石头数量，在财务×××处找到运送石头车辆出场的登记本，并取得了该企业××××年以来的部分销售产品石料的财务报表和记账凭证，以及相关证照复印件。

（4）对企业证照检查情况：××石场是一个新建的露天采石场，取得了《个人独资企业营业执照》，号码×××；经营范围及方式是建筑用花岗石露天开采（需取得《安全生产许可证》后方可经营）。该石场由××安全评价检测有限公司进行预评价，由××工业设计院有限公司进行工程设计。

××××年×月×日，××市安监局对其申报的安全设施设计进行了审查，并出具了复函（×安监函〔××〕×号）同意其安全设施设计。××××年×月×日经该石场申请，××市安监局组织专家对××石场安全设施进行现场验收，专家提出了《××区××石场露天开采项目安全设施竣工验收意见》，认为该石场还有×项需要整改。该石场安全生产设施设计没有通过验收，因此该石场也一直未取得《安全生产许可证》。

执法人员对采场开采台阶及爆堆、设备、碎石堆场进行了拍照，并制作了《现场检查记录》。检查过程均在××石场投资人×××和当地安监部门人员陪同下完成。

(二)调查询问

(1)执法检查当天，执法人员对石场投资人×××、生产负责人×××、财务×××、钻机工×××、铲车工×××进行了调查询问，并制作了《询问笔录》。他们均承认石场从××××年开始边建设边生产销售的事实。

(2)×月×日，市执法支队对该石场投资人×××进行第二次询问，并制作了《询问笔录》。投资人×××再次承认，石场在建设项目安全生产设施未经安全生产监管部门验收合格的情况下，存在边建设边生产经营的事实。

三、现场处理措施

鉴于××石场存在矿山建设项目安全设施未经验收合格、擅自投入生产使用的行为，存在重大安全隐患，依据《安全生产法》第六十二条的规定，向该石场发出了《现场处理措施决定书》(×安监管现决〔××〕×号)："责令暂时停止生产"。在区安监局的监管下，现场处理措施得到了落实。

四、违法事实

经调查，××石场为新建石场，自××××年×月×日起，该石场存在矿山建设项目安全设施未经验收合格就擅自投入生产使用的违法事实。

具体证据如下：①企业的主体资格由现场取得的营业执照资料证明；②企业在矿山建设项目安全设施未经验收合格就擅自投入生产使用的违法行为由《现场检查记录》、现场拍摄照片、投资人×××的《询问笔录》《××区××石场露天开采项目安全设施竣工验收意见》及部分销售产品石料的财务报表和记账凭证等证据证明。

五、处理建议及法律依据

××石场在矿山建设项目安全设施未经验收合格、未取得《安全生产许可证》的情况下擅自投入生产使用的行为，违反了《矿山安全法》第十二条"矿山建设工程必须按照管理矿山企业的主管部门批准的设计文件施工。矿山建设工程安全设施竣工后，由管理矿山企业的主管部门验收，并须有劳动行政主管部门参加；不符合矿山安全规程和行业技术规范的，不得验收，不得投入生产"的规定。由于××石场不存在从轻或从重的情节，根据《安全生产行政处罚自由裁量适用规则》(国家总局令第31号)第十四、十五条的规定，不应在法定处罚幅度的中档以下或者在法定处罚幅度内选择较高确定处罚标准。故依据《矿山安全法》第四十三条"矿山建设工程的安全设施未经验收或验收不合格擅自投入生产的，由劳动行政主管部门会同管理矿山企业的主管部门责令停止生产，并由劳动行政主管部门处于罚款；拒不停止生产的由劳动行政主管部门提请县级以上人民政府决定由有关主管部门吊销其采矿许可证和营业执照"和《矿山安全法实施条例》第五十三条"依照《矿山安全法》第四十三条规定处于罚款的，罚款幅度为5万元以上10万元以下"的规定；同时，鉴于政府机构职能调整，安全生产监督管理部门已取代劳动行政主管部门成为《矿山安全法》的执法主体，建议我局对××石场作出如下行政处罚：

(一)责令停止生产；

(二)处人民币×万元的罚款。

执法监察支队

调查人员：×××　×××

××××年×月×日

4. 职业健康类案件范例

## 关于××区××家具厂涉嫌
## 未落实职业病防治主体责任案件的调查报告

根据群众举报，××××年×月×日上午，××执法监察支队会同××区安监局执法监察大队对××家具厂进行执法检查，发现××家具厂涉嫌存在违反《中华人民共和国职业病防治法》相关规定、未落实企业职业病防治主体责任的行为。经××市安全监管局领导批准，×执法监察支队对该家具厂进行立案调查(案号：×安监管立[××]×号)。

调查情况如下：

一、企业基本情况

企业名称：××区××家具厂(以下简称：××家具厂)。

个体工商户执照注册号：×××；投资人：王××，身份证号码×××；注册地址：××区××镇××工业区；成立时间：××××年×月×日，营业期限：至××××年×月×日；经营范围：产销家具。

二、调查情况

(一)现场检查取证

执法人员进入厂区时，××家具厂正在进行正常的生产。该厂房占地5 000多平方米，隔为上下两层，一楼生产车间的主要工序是板材开料、分边、排钻、压胶、木磨、贴皮、批灰；二楼车间主要工序是喷油和兼做产品仓库。

1. 开料车间

一楼车间开料、木磨、批灰等工序产生粉尘和噪声等职业病危害因素。现场作业人员共有10多人，部分人员没有佩戴口罩等个体防护用品。产生粉尘、噪声、有机溶剂等职业病危害的作业岗位未在醒目的位置设置警示标识和中文警示说明。

2. 底油房

一楼的底油房有喷油水幕机一台，底油工两名(其一是胡××)，底油房与一楼车间连为一体，属于开放式作业，从业人员只是佩戴普通的纱布面罩，无佩戴防化学品手套和化学品防护服。

3. 面油房

二楼的面油房有喷油水幕机一台，面油工两名(游××、木×)，属于封闭式作业，从业人员有佩带防有机溶剂的防毒面罩，无佩戴防化学品手套和化学品防护服。

执法人员对××家具厂的一楼车间、底油房及二楼面油房进行了拍照，并制作了《现场检查记录》，由××家具厂负责人王××签字确认。

(二)查看档案资料

经查看档案资料，底油工胡××、面油工游××、木×三人均没有上岗前职业健康体检资料。

据××家具厂负责人王××提供并确认的国家涂料产品质量监督检测中心(广东)出具的《检验报告》显示：PU透明哑光面漆的“甲苯、二甲苯、乙苯含量总和”为27.0%、抗刮伤哑光清面漆的“甲苯、二甲苯、乙苯含量总和”为25.6%、特清透明底漆的“甲苯、二甲苯、乙苯含量总和”为25.6%，三种油漆都大量存在甲苯、二甲苯、乙苯的成分。

（三）调查询问

执法人员依法调查询问了××家具厂负责人王××、厂长黄××、底油工胡××、面油工游××、木×等人，并制作了《调查询问笔录》。

（1）负责人王××、厂长黄××均承认××家具厂存在安排未经职业健康检查的劳动者从事接触职业病危害作业的违法事实。

（2）底油工胡××、面油工游××、木×均确认××家具厂在安排其从事喷漆作业前没有进行针对油漆（苯系物）的上岗前职业健康检查。

（3）××家具厂负责人王××、底油工胡××、面油工游××、木×等人确认，喷油（喷漆）岗位所用油漆主要为PU透明哑光面漆、抗刮伤哑光清面漆、特清透明底漆三种。

三、现场处理措施

针对××家具厂现场职业病防治主体责任不落实的情况，根据《中华人民共和国职业病防治法》第六十五条第一款第一项的规定，向该家具厂发出《现场处理措施决定书》（×安监管现决〔××〕×号），“责令立即停止导致职业病危害事故的作业”。在区安监局的监管下，现场处理措施得到了落实。

四、违法事实

经调查，××家具厂存在如下违法事实：安排未经职业健康检查的劳动者从事接触职业病危害的作业；未按照规定在产生严重职业病危害的作业岗位醒目位置设置警示标识和中文警示说明；未指导部分接触职业病危害因素的从业人员正确佩戴个体劳动防护用品。

具体证据如下：①企业的主体资格由现场取得的营业执照资料证明；②企业安排未经职业健康检查的劳动者从事接触职业病危害的作业的违法行为由《现场检查记录》、现场拍摄照片，底油工胡××、面油工游××、木×的《询问笔录》及国家涂料产品质量监督检测中心（广东）出具的《检验报告》等证据证明；③企业未按照规定在产生严重职业病危害的作业岗位醒目位置设置警示标识和中文警示说明、未指导部分接触职业病危害因素的从业人员正确佩戴个体劳动防护用品的违法行为由《现场检查记录》、现场拍摄照片等证据证明。

五、处理建议及法律依据

（1）××家具厂存在安排未经职业健康检查的劳动者从事接触职业病危害的作业的违法事实，违反了《中华人民共和国职业病防治法》第三十六条第二款“用人单位不得安排未经上岗前职业健康检查的劳动者从事接触职业病危害的作业……”的规定，根据《中华人民共和国职业病防治法》第七十六条第（七）项“违反本法规定，有下列情形之一的，由安全生产监督管理部门责令限期治理，并处五万元以上三十万元以下的罚款；情节严重的，责令停止产生职业病危害的作业，或者提请有关人民政府按照国务院规定的权限责令关闭：（七）安排未经职业健康检查的劳动者、有职业禁忌的劳动者、未成年工或者孕期、哺乳期女职工从事接触职业病危害的作业或者禁忌作业的”和《行政处罚法》第二十七条、《广东省规范行政处罚自由裁量权规定》（广东省政府令第164号）第十四条第（二）项“当事人有下列情形之一的，应当依法从轻或者减轻处罚：（二）主动消除或者减轻违法行为危害后果的”的规定，鉴于豫南家具厂主动采取有效措施消除隐患、减轻违法行为危害后果，建议对王××（××市××区××家具厂业主）做出责令立即治理，并处人民币捌万元整（￥80 000.00）罚款的行政处罚。

（2）××家具厂存在未按照规定在产生严重职业病危害的作业岗位醒目位置设置警示标

识和中文警示说明、未指导部分接触职业病危害因素的从业人员正确佩戴个体劳动防护用品的违法行为，分别违反了《中华人民共和国职业病防治法》第二十五条第二款、第三十五条第二款的规定，分别依据《中华人民共和国职业病防治法》第七十三条第(八)项、第七十一条第(四)项的规定，依法应分别对××家具厂做出给予警告、责令限期改正的行政处罚。鉴于该两项违法行为××家具厂已于××年×月××日整改完毕，建议对王××(××市××区××家具厂业主)分别做出警告的行政处罚。

合并以上行政处罚，建议对王××(××市××区××家具厂业主)做出警告、责令立即治理，并处人民币捌万元整(￥80000.00)罚款的行政处罚。

执法监察支队

调查人员：×××　×××

××××年×月×日

## 二、生产安全事故行政处罚案件

《生产安全事故报告和调查处理条例》规定，生产安全事故按事故等级分别由国务院或事故发生地的省、市、县级人民政府负责调查；有关行政机关应当按照人民政府对事故调查报告的批复，依照法律、行政法规规定的权限和程序，对事故发生单位和有关人员进行行政处罚。因此，生产安全事故行政处罚案件，是安全生产监管部门针对发生的生产安全事故，依据人民政府批复同意的事故调查报告，对事故相关责任单位和责任人立案处罚的案件。其案件调查报告与一般违法行为行政处罚案件调查报告的撰写在内容和形式上有所不同。

通常由标题、正文和落款三部分组成。

(一)标题

一般由“关于＋生产经营单位(个人)＋在事故中负有责任＋案件调查报告”组成。

(二)正文

这是报告的主体部分，一般包括以下5个方面：

1. 案件的基本情况

受案的经过，包括事故的简要情况，经人民政府批复同意的事故调查报告的处理建议；批准立案的机关，立案时间，承办案件调查的部门、人员组成等。

2. 涉案单位、人员的基本情况

涉案单位要注明全称、地址、法定代表人(或负责人)、经营方式、经营范围、营业场地、持有证照等有关情况。

涉案人员要注明姓名、性别、身份证号码、年龄、民族、籍贯、工作单位、职务、住址等。

3. 调查情况

(1)政府事故调查组的调查情况。人民政府批复同意的政府事故调查组的调查报告认定事故发生的经过、性质和原因，涉案单位(人员)应负的责任，对涉案单位(人员)的处理建议。

（2）立案机关对涉案单位（人员）的调查情况。主要包括两方面的内容：

①对涉案单位法定代表人、主要负责人及有关人员的调查询问情况。

②被调查人员是否认同政府事故调查组认定的违法违规事实和事故责任的情况；是否认可政府事故调查组对他们所做的调查询问笔录，调查取证时提取的证据材料属实的情况。

4. 事故责任的认定

综合政府事故调查组对涉案单位或涉案人员事故责任的认定，案件调查人员查明的事实，认定涉案单位或涉案人员应承担的事故责任。如果作出事故责任的认定与人民政府事故调查组认定的事故责任不相符时，应说明理由和依据。

5. 处理建议及法律依据

依据《生产安全事故报告和调查处理条例》和《〈生产安全事故报告和调查处理条例〉罚款处罚暂行规定》及相关法律、法规具体的哪一条、哪一款规定以及自由裁量标准，提出对事故责任者的处理建议。处理建议应与人民政府批复同意的政府事故调查组的处理建议相符，如不相符，应说明理由和依据。

（三）落款

由案件调查的部门或承办人签名，写明成文时间。

（四）范例

关于××公司在“12·12”烟花仓库爆炸事故中
负有责任的案件调查报告

××××年12月12日×时×分，××市××公司位于××区××街道××村的烟花仓库发生爆炸事故。根据《生产安全事故报告和调查处理条例》的规定，××市安全监管局执法监察支队依照××市人民政府对政府事故调查组的事故调查报告批复，经局领导批准，对事故发生单位××公司进行立案调查（案号：×安监管立〔××〕×号）。

调查情况如下：

一、××公司基本情况

单位名称：××市××有限公司

住所：××市××区××大道××大楼

经营范围：码头仓储（涉及许可项目须持有效许可证经营）；烟花爆竹仓储（按许可证核定项目经营），货物代理服务

法定代表人：×××

成立日期：××××年×月×日

组织机构代码证：×××

税务登记证：粤地税字×××号

××公司成立于××××年×月×日，经增资、变更后公司注册资本×××万元，法定代表人为×××。法定代表人×××负责行政管理工作，总经理助理×××负责××公司的仓库管理和对外业务工作。

××仓库位于××市××街道××村，库区面积约××亩，共×个建筑面积××平方米的仓库。其中，A3级仓库×座，C级仓库×座。仓库主要是为出口烟花爆竹产品装柜提供

中转。

二、调查情况

(一)××市“12·12”烟花爆竹仓库爆炸事故××市政府调查组的调查情况、原因分析及处理建议

事故发生后，××政府成立××市“××”烟花爆竹仓库爆炸事故的政府调查组(下称：事故调查组)，开展事故调查工作。在调查过程中，事故调查组通过现场勘察、专家鉴定和调查取证，查清了事故发生的直接原因、间接原因，认定了事故性质、相关人员责任，并对责任人提出了处理建议。

1. 事故发生经过。事故调查组调查核实：××××年12月12日凌晨×时×分，×座仓库首先发生爆炸，引起×座仓库爆炸燃烧，再引起×座仓库爆炸燃烧，造成三座仓库全部解体，其余××座仓库屋顶全部塌落，墙体不同程度受到破坏。当地政府及时疏散群众和实施外围警戒控制，并在有关专家的指导下，决定让仓库内储存的烟花爆竹产品自燃熄灭。至×日上午×时，燃烧爆炸基本停息。此次事故造成直接经济损失××万元，未造成人员伤亡。

2. 事故性质、原因。事故调查组认定：“12·12”烟花爆竹仓库爆炸事故是一起由于事故单位安全生产责任制不落实，违规仓储导致的责任事故。

(1)事故发生的直接原因是：×仓库内储存的烟花爆竹火药受潮，产生大量的热量并聚集引起殉爆，×仓库、×仓库以及其他仓库内的产品受到×仓库爆炸影响而爆炸燃烧。

(2)造成此次事故的间接原因是：××公司安全生产主体责任不落实，违章违规，管理混乱。一是违规在C类危险等级仓库中存放大量C类以上危险等级烟花爆竹产品；二是未按照××市有关要求存放烟花产品；三是仓库管理人员职责不清、不落实，仓库进出库台账登记管理不严格，值班及监控系统安全防范措施不够落实。

3. 处理建议。事故调查组建议对××公司处以人民币×万元的罚款。

(二)安全监管执法人员对法定代表人×××、总经理助理×××的调查询问情况

××××年×月×日，××市安全监管局执法监察支队对××公司法定代表人×××、总经理助理×××进行调查询问，并制作了《询问笔录》。他们均承认××公司违规在C类仓库储存A类危险等级烟花、爆竹产品和仓库管理混乱情况等事实，并认定事故调查组对他们进行调查询问时制作的《询问笔录》《谈话笔录》《现场检查记录》属实。

三、事故责任认定

经调查认定：××公司在“12·12”烟花爆竹仓库爆炸事故中负有安全生产主体责任不落实、违章违规、管理混乱的责任。

四、处理建议及法律依据

××公司的行为违反了《安全生产法》第十七条的规定，依据《安全生产法》第一百零九条的规定以及××政府对事故调查组调查报告的批复意见，建议给予××公司人民币××万元罚款的行政处罚。

附件：××政府事故调查组《××市“12·12”烟花爆竹仓库爆炸事故调查报告》

××市执法监察支队

调查人员：×××　×××

××××年×月×日

## 第四节　自由裁量权适用

### 一、基本要求

自由裁量权是指行政主体依据法律、法规赋予的职责权限，基于法律、法规及行政的目的和精神，针对具体的行政法律关系，自由选择而作出的公正而合理的行政决定的权力。行使自由裁量权应遵循以下要求：

(一)合法、合理

任何法律、法规的制定，都有它的价值取向，那就是立法目的。自由裁量权的行使如果偏离立法目的，必然导致行政不合理和社会的不和谐，自由裁量权也就成了谋求个人私利的工具了。行使自由裁量权，维护法律的权威，维护保障人民的利益，也要合乎人们的正常思维合法，是出于一个正常人的通常考虑而做出的行为。

(二)公平、公正

公平、公正是法所追求的价值。公平要求行政主体以法律法规为依据，平等地对待利害各方当事人。公正就是在行使自由裁量权要出于公心，做到“相同情况相同处理，不同情况不同处理”。行使自由裁量要保证公平、公正。

(三)过错与惩罚相当

行政处罚应当与违法行为的事实、性质、情节以及社会危害程度相当，特别是要与事实要件、情节轻重、行为时限相当。行使自由裁量权并不等于不要事实根据，随意自由裁量。认定事实是基础。因此，要实事求是、客观、公正地认定违法事实的存在，在认清事实的基础上，根据情节轻重、行为时限，选择相应的自由裁量标准。

(四)教育与惩罚相结合

对违法行为以教育为主，处罚为辅，轻微违法行为提倡批评教育，责令整改。对确存在重大违法行为的，予以重罚。体现“安全发展”理念和“以人为本”、构建“和谐社会”的时代主题。

### 二、处罚情节的认定

根据《行政处罚法》《安全生产违法行为行政处罚办法》《安全生产行政处罚自由裁量适用规则》的相关规定，安全生产违法行为具有从轻、从重及不予处罚的情节。

(一)从轻处罚情节

《行政处罚法》对从轻或者减轻给予行政处罚的情形作出了明确规定，为体现安全生产行政处罚“宽严适度”的原则，安全生产立法对一些情形规定了从轻或者最轻的行政处罚，但不得低于法定处罚幅度的下限。减轻处罚是指在应当依法给予行政处罚种类的基础上，降低一个及一个以上档次实施行政处罚，不予处罚除外。当事人有下列情形之一的，应当依法从轻或者减轻处罚：

(1)已满 14 周岁不满 18 周岁的公民实施安全生产违法行为的。

(2)主动消除或者减轻安全生产违法行为危害后果的。

(3)受他人胁迫实施安全生产违法行为的。

(4)配合安全监管执法机关查处安全生产违法行为，有立功表现的。

(5)主动投案，向安全监管执法机关如实交代自己的违法行为的。

(6)具有法律、行政法规规定的其他从轻处罚情形的。

### (二)从重处罚情节

从重处罚是指在法定同一行政处罚种类及其幅度内，实施较重或者最重的行政处罚，但不得高于法定处罚幅度的上限。当事人有下列情形之一的，应当依法从重处罚：

(1)危及公共安全或者其他生产经营单位及其人员安全，经责令限期改正，逾期未改正的。

(2)一年内因同一种安全生产违法行为受到两次以上行政处罚的。

(3)拒不整改或者整改不力，其违法行为处于持续状态的。

(4)拒绝、阻碍或者以暴力威胁行政执法人员的。

(5)在处置突发事件期间实施安全生产违法行为的。

(6)隐匿、销毁违法行为证据的。

(7)违法行为情节恶劣，造成人身死亡(重伤、急性工业中毒)或者严重社会影响的。

(8)故意实施违法行为的。

(9)对举报人、证人打击报复的。

(10)未依法排查治理事故隐患的。

(11)发生生产安全事故后逃匿或者隐瞒、谎报的。

(12)非法从事生产经营活动造成生产安全事故的。

(13)具有法律、行政法规规定的其他从重处罚情形的。

### (三)不予处罚情节

《行政处罚法》对责任主体不适、违法行为轻微等不予行政处罚的情形作出了明确规定。结合安全生产行政处罚实际，安全生产立法对不予处罚的情形作出了相应的规定。当事人有下列情形之一的，不予处罚：

(1)证据不足，安全生产违法事实不能成立的。

(2)安全生产违法行为轻微并及时纠正，没有造成危害后果的。

(3)不满 14 周岁的公民实施安全生产违法行为的。

(4)精神病人在不能辨认或者不能控制自己行为时实施安全生产违法行为的。

(5)安全生产违法行为在两年内未被发现的，法律另有规定的除外。

(6)具有法律、行政法规、部门规章规定的其他情形的。

## 三、自由裁量的适用

安全生产法律、行政法规及部门规章对规范自由裁量权作出了一些相应规定，安全生产监督管理部门在办理行政处罚案件时应注意以下几点：

### (一)法律适用

同一个违法行为违反不同法律、法规或者规章规定的，在适用具体法律条文时应当遵循下列原则：

(1)优先适用法律效力高的规定。

(2)法律效力相同，属于特别规定的优先适用。

(3)法律效力相同，生效时间在后的优先适用。

(二)处罚种类的适用

同一违法行为涉及同一法律、法规、规章设定的两种以上处罚种类的，在适用处罚种类时应当遵循下列原则：

(1)法律、法规、规章已经规定处罚种类的，不得改变行政处罚种类。

(2)法律、法规、规章规定多种行政处罚应当并处的，除依法减轻处罚的情形外，不得选择适用；规定可以并处的，可以选择适用。

(3)法律、法规、规章明确规定处罚种类可以单处也可以并处的，可以选择适用。

(4)法律、法规、规章规定应当先予没收物品、没收违法所得，再作其他处罚的，不得直接选择适用其他处罚。

(三)处罚情节的适用

对于违法行为涉及不同处罚情节的，在适用处罚时应当遵循下列原则：

(1)有从轻处罚情节的，应当在法定处罚幅度的中档以下确定行政处罚标准，但不得低于法定处罚幅度的下限。

(2)有从重处罚情节的，应当在法定处罚幅度内选择较高或者最高幅度确定处罚标准，但不得高于法定处罚幅度上限。

(3)无从轻、从重行政处罚情形的，参照国家安全监管总局《安全生产行政处罚自由裁量标准》规定的种类、幅度予以处罚。

(4)既有从轻行政处罚情形，又有从重行政处罚情形的，应当经分别裁量、比较分析后作出处罚决定。

实施罚款处罚的数额按照以下标准确定，法律、法规、规章另有规定的除外。

(1)罚款为一定金额的倍数的，从重处罚不得低于中间倍数；从轻处罚应当低于中间倍数。

(2)罚款为一定幅度的数额的，从重处罚不得低于最高罚款数额与最低罚款数额的平均值；从轻处罚应当低于平均值。

(3)只规定最高罚款数额没有规定最低罚款数额的，从重处罚不得低于最高罚款数额的50%；从轻处罚应当低于最高罚款数额的50%。

(四)合并处罚的适用

违反不同的法律规定，或者违反同一条款的不同违法情形，有两个以上应当给予行政处罚的违法行为，应当适用不同的法律规定或者同一法律条款规定的不同违法情形，分别裁量，合并处罚。

另外，各地安全监管部门在实施行政处罚时得知下列情形之一的，应当与相关安全监管部门沟通。沟通意见达成一致的，实施行政处罚；沟通意见不一致的，报共同的上级安全监管部门进行协调，达成一致意见后实施行政处罚：

(1)同一违法行为人在不同地区实施违法行为，并且相关安全监管部门准备或者已经实施行政处罚的。

(2)案件中涉及两个以上违法行为人，并且其他安全监管部门准备或已经对其中的一个以上违法行为人实施处罚的。

## 第五节　案件审理

根据《安全生产违法行为行政处罚办法》(国家总局令第15号)第二十九条的规定，案件调查终结后，负责承办案件的安全生产行政执法人员应当填写《案件处理呈批表》，连同有关证据材料一并报本部门负责人审批。同时规定，对严重安全生产违法行为给予责令停产停业整顿、责令停产停业、责令停止建设、责令停止施工、吊销有关许可证、撤销有关执业资格或者岗位证书、5万元以上罚款、没收违法所得、没收非法开采的煤炭产品或者采掘设备价值5万元以上的行政处罚的，应当由安全监管监察部门的负责人集体讨论决定。

案件审理的主要内容包括：对所办案件是否具有管辖权、受处罚当事人的基本情况是否清楚、违法主体是否准确、违法事实是否清楚、证据是否充分、定性和适用法律是否准确、自由裁量是否正确、提出的处理意见是否适当、程序是否合法等。最核心的环节是完成证据审查、事实认定、自由裁量审核及提出审理意见等工作。

## 一、证据审查

对案件调查人员提供的证据材料，审理人员应当从证据的合法性、真实性、关联性来全面审查证据。

(1)证据的合法性审查。一是审查证据的取得是否符合法律规定的要求；二是审查取得证据的程序是否合法，手续是否完备；三是审查证据的形式是否规范，是否符合证据的规范要求等。

(2)证据的真实性审查。主要审查证据是否伪造、证据所反映的情况是否客观真实、证据之间是否可以相互印证、是否相互矛盾等。

(3)证据的关联性审查。主要审查证据与所要证明的违法事实之间是否存在证明与被证明的关系，以及这种证明关系的大小和强弱。证据的真实性和关联性审查往往是不可分割的。

经审查不符合要求的材料，一般要对其进行补充、完善，如无法补充完善的就要排除在证据之外。只有审查通过的材料，才能作为最后认定事实的证据。

## 二、事实的认定

审理人员在确定证据的基础上，要进行事实的认定。首先，要进行基本事实的认定，确认违法的主题、违法的行为、违法的时间和地点、实施违法行为的手段和方式及造成的危害后果等。在完成基本事实认定后，审理人员应当进一步认定违法行为中存在的从重、适中、从轻处罚的情节。

## 三、自由裁量的审核

审理人员审查拟实施的行政处罚自由裁量是否综合考量了违法的事实、性质、手段、后果、情节和改正措施等因素，是否正确、适当地确定行政处罚的种类、幅度。通过审核达到以下两个目的：一是确定行政处罚的种类是否合适，即是处以罚款，还是给予暂扣或者吊销证照；二是确定行政处罚的幅度是否合适，即罚款多少、暂扣证照的期限长短。

## 四、提出审理意见

审理人员经过对全部案件材料的审理，根据不同情况，应当提出审理意见：

(1)确有应受行政处罚的违法行为的，根据情节轻重及具体情况，作出行政处罚决定。

(2)违法行为轻微，依法可以不予行政处罚的，不予行政处罚。

(3)违法事实不能成立的，不得给予行政处罚。

(4)违法行为涉嫌犯罪的，移送司法机关处理。

## 第六节　行政处罚案件的告知和送达

### 一、行政处罚案件的告知

行政处罚告知作为特定领域的行政告知，是指行政主体在行政处罚过程中，将处罚涉及事项通过法定程序向行政相对人展示，以使行政相对人知悉该行政行为的一种程序性法律行为，是贯穿于从立案调查到最终送达处罚决定书的行政处罚全过程的法律行为。安全生产行政处罚案件的告知包括行政处罚告知和听证告知。

#### (一)行政处罚告知

经案审审议决定应当给予行政处罚的案件，安全生产监督管理部门在依法发出《行政处罚决定书》前，应当告知当事人作出行政处罚决定的事实、理由、依据、拟作出的行政处罚决定、当事人享有的陈述和申辩权利等，即需向当事人发出《行政处罚告知书》。

依据《行政处罚法》第四十一条的规定："行政机关及其执法人员在作出行政处罚决定之前，不依照规定向当事人告知给予行政处罚的事实、理由和依据，行政处罚决定不能成立。"可见，履行告知程序是依据一般程序作出的行政处罚决定成立的必要条件。

#### (二)听证告知

如安全生产监督管理部门作出责令停产停业整顿、责令停产停业、吊销有关许可证、撤销有关执业资格、岗位证书或者较大数额罚款(根据《广东省行政处罚听证程序实施办法》规定，较大数额罚款是指对公民处以1000元以上罚款，对法人或者其他组织处以5万元以上罚款)的行政处罚决定之前，还应当告知当事人有要求举行听证的权利。除了向当事人发出《行政处罚告知书》外，还应当同时发出《听证告知书》。

一旦当事人对行政处罚不服申请听证，安全生产监督管理部门应当依法举行听证会，充分听取当事人的陈述、申辩，并允许当事人及利害关系人与执法人员进行质证，以确保案件的正确处理，维护当事人合法权益及本部门的社会评价和社会形象。有关听证的要求和程序详见本书第三章第二节。

### 二、法律文书的送达

安全生产监督管理部门按照一般程序作出了安全生产行政处罚决定，应当按照《民事诉讼法》所规定的送达方式将《行政处罚告知书》《听证告知书》《行政处罚决定书》等有关法律文书送达给当事人。主要的送达方式有直接送达、留置送达、委托送达、邮寄送达和公告送达五种。具体的送达要求和注意事项详见本书第三章第二节。

### 三、行政处罚案件的报备

实施行政处罚的安全生产监督管理部门，应当按照《安全生产违法行为行政处罚办法》的规定，做好行政处罚案件的备案工作。

#### (一)省级安全监管监察部门

省级安全监管监察部门处以50万元以上罚款、没收违法所得、没收非法生产的煤炭产品或者采掘设备价值50万元以上、责令停产停业、停止建设、停止施工、停产停业整顿、吊销有关资格、岗位证书或者许可证的行政处罚的，应当自作出行政处罚决定之日起10日内报国家安全生产监督管理总局或者国家煤矿安全监察局备案。

（二）设区的市级安全生产监管监察部门

设区的市级安全生产监管监察部门处以10万元以上罚款、没收违法所得、没收非法生产的煤炭产品或者采掘设备价值10万元以上、责令停产停业、停止建设、停止施工、停产停业整顿、吊销有关资格、岗位证书或者许可证的行政处罚的，应当自作出行政处罚决定之日起10日内报省级安全监管监察部门备案。

（三）县级安全生产监督管理部门

县级安全生产监督管理部门处以5万元以上罚款、没收违法所得、没收非法生产的煤炭产品或者采掘设备价值5万元以上、责令停产停业、停止建设、停止施工、停产停业整顿、吊销有关资格、岗位证书或者许可证的行政处罚的，应当自作出行政处罚决定之日起10日内报设区的市级安全生产监督管理部门备案。

（四）受委托实施安全生产行政执法单位

受委托实施安全生产行政执法单位办理的行政处罚案件，由委托其执法的安全监管部门自作出行政处罚决定之日起10日内报上级安全监管监察部门备案。

（五）上级安全监管监察部门交办案件

对上级安全监管监察部门交办案件给予行政处罚的，由决定行政处罚的安全监管监察部门自作出行政处罚决定之日起10日内报上级安全监管监察部门备案。

## 第七节　案件的执行和结案

### 一、行政处罚的执行

行政处罚的执行，是将行政处罚决定所确定的行政处罚内容付诸实施的行为，是行政处罚的一个重要环节。行政处罚决定一旦作出，就具有法律效力，处罚决定中所确定的义务必须得到履行。当事人对行政处罚决定不服申请行政复议或者提起行政诉讼的，行政处罚不停止执行，法律另有规定的除外。如果当事人没有正当理由逾期不履行的，则采取强制措施执行。强制执行包括：一是到期不缴纳罚款的，每日按罚款数额的3%加处罚款，但不得超过罚款数额；二是将查封、扣押的财物拍卖或者将冻结的存款划拨抵缴罚款；三是申请人民法院强制执行。具体操作中注意以下三点。

（一）罚款收缴

一般情况下，由当事人在规定时间内到指定的银行缴纳罚款，银行将收缴的罚款直接上缴国库。执法人员当场收缴罚款的，应当出具省、自治区、直辖市财政部门统一制发的罚款收据；当场收缴的罚款，应当自收缴罚款之日起2日内，交至所属安全生产监督管理部门；安全生产监督管理部门应当在2日内将罚款缴付指定的银行。

当事人确有经济困难，需要延期或者分期缴纳罚款的，应当向作出罚款决定的安全生产监督管理部门提出申请，说明理由，由安全生产监督管理部门进行审查，如果情况属实，安全生产监督管理部门应当批准其暂缓或者分期缴纳。安全生产监督管理部门批准暂缓或者分期缴纳罚款的，应当制作《延期（分期）缴纳罚款审批表》和《延期（分期）缴纳罚款批准书》，注明暂缓缴纳罚款的日期和分期缴纳罚款的不同期次和时间，在每一次缴纳罚款前分别制作《延期（分期）缴纳罚款批准书》并送达当事人。当事人凭《延期（分期）缴纳罚款批准书》和相关缴款凭证到银行缴纳罚款。

（二）依法拍卖查封、扣押物品

除依法应当予以销毁的物品外，需要将查封、扣押的设施、设备、器材拍卖抵缴罚款的，依照法律或者国家有关规定处理。对那些查封、扣押的物品不能或者不宜拍卖的，可以交由有关部门按照国家有关规定处理；没有规定的，经县级以上安全监管监察部门负责人批准，由两名以上安全监管执法人员监督销毁，并制作销毁记录。处理物品，应当制作清单。

（三）强制执行

根据《中华人民共和国行政强制法》第三十五条规定，安全生产监督管理部门在向法院申请强制执行之前，应当事先以书面形式催告当事人履行行政处罚，催告内容包括：

（1）履行行政处罚的期限；

（2）履行行政处罚的方式；

（3）涉及金钱给付的，应当有明确的金额和给付方式；

（4）当事人依法享有陈述、申辩的权利。

对于涉及罚款收缴的，当事人逾期超过30日，安全生产监督管理部门应当制作并送达《罚款催缴通知书》。自送达之日起10日后，当事人仍不缴纳罚款，且在法定期限内不申请行政复议或者提起行政诉讼，安全生产监督管理部门可以自期限届满之日起三个月内向人民法院申请强制执行。

## 二、案件的结案

安全生产行政处罚案件的结案，是指行政执法人员依法完成调查、处罚、执行等程序后，相对于立案而进行结案，并及时报备归档。

（一）结案

安全生产行政处罚案件有下列情形之一的，应当予以结案：

（1）行政处罚执行完毕的；

（2）不予行政处罚的；

（3）移送公安机关、检察院或者其他部门处理的；

（4）申请强制执行且法院已受理或者作出裁定的；

（5）其他应予结案的情况。

行政处罚案件终结后，行政执法人员应当联系及协助举报人申领举报奖励金，并填写《结案审批表》，上报本部门主要负责人或其授权的部门分管领导批准结案。

（二）立卷归档

安全生产行政处罚案件结案以后，所有安全监管执法的各种文书、证据和相关资料作为履行监管执法职责的书面凭证，应当由实施安全监管执法的部门和机构归档立卷，妥善保存。

# 第五章　安全生产行政执法文书

## 第一节　安全生产行政执法文书的概念和特征

### 一、行政执法文书的概念

行政执法文书是行政执法机关依照法定的授权、依照一定程序制定的、用于行政管理和行政处罚的书面的文本和格式，它是行政执法活动的书面形式，是行政执法程序的重要组成部分。行政执法文书必须由具有行政执法职权的行政机关制定，而且要符合法定的要求，具有规范的格式。行政执法文书体现的是国家行政权力的权威性，体现的是法律规范的强制性，体现的是行政执法的严谨程序。

安全生产行政执法文书是行政执法文书中的一类，是指安全生产监督管理部门在执行安全生产法律法规的过程中，依照法定的职权，按照特定的格式，经过规定的程序所形成的法律文书。现行的安全生产行政执法文书是国家安全生产监督管理总局在2010年7月15日发布、2010年10月1日起实施的。

安全生产行政执法文书是安全生产行政执法行为的重要载体，是记录安全生产监督管理部门履行法定职责的书面凭证，是安全生产行政执法行为的具体体现，是执法监察行为的真实记录。

### 二、行政执法文书的特征

根据执法文书的概念和属性，安全生产行政执法文书主要有如下特征。

#### (一)合法性

安全生产行政执法文书是为保障安全生产监督管理部门依法有效实施行政管理而制作的，每一份安全生产行政执法文书的制作都有其相应的法律根据。安全生产行政执法文书制作的合法性具体体现在两个方面。

(1)安全生产行政执法文书的制作有明确的法律依据，《行政处罚法》和《安全生产违法行为行政处罚办法》(国家安全监管总局15号令)等法律法规对文书的制作、送达等都作出了明确具体的规定。

(2)安全生产行政执法文书的制作有法定的时限要求。行政处罚行为具有很强的时效性，有关法律对行政处罚各个环节都规定明确的时限，安全生产行政执法文书的制作也要严格遵循相应的时限要求。

#### (二)强制性

法律文书是具体实施、执行国家法律、法令的法律形式，具有法律效力或法律意义，是法律、法规从静态的观念上的效力转化成为人实施、执行的动态效力的表现。法律文书的实效是以国家的强制力为保证的。任何机关、单位和个人都必须执行或者认可，否则就要承担法律后果。安全生产行政执法文书是为了实现安全生产监督管理部门的法律监管职能，根据法律、法规的有关规定制作的。安全生产行政执法文书关系到国家法律、法规的具体实施和适用，关系到当事人的权利行使和义务履行，一旦生效，有关单位和个人就有义务遵照执行，不得违抗或者任意改变，否则要承担相应的法律责任。

（三）规范性

安全生产行政执法文书是一种高度程式化的文书，无论其形式还是内容，都有严格的规范性要求。安全生产行政执法文书的规范性具体体现在三个方面：

(1)结构固定。安全生产行政执法文书一般都可分为首部、正文、尾部三个部分。其中，首部包括制作机关、文书名称、文书编号、当事人（包括单位）的基本情况、事由和来源等；正文包括事实和证据、认定的理由和法律依据、认定的结论和处理意见等；尾部包括送达对象、签署、日期、印鉴、附注说明事项等。

(2)用语固定。经过长期的总结提炼，安全生产行政执法文书在许多方面已形成一套比较规范的用语。各部分内容的表达，多有规范了的固定用语，书写该项目时只能如此表述，不能有丝毫的变通余地。

(3)事项固定。不同的安全生产行政执法文书包含不同的事项，各类事项所包含的内容一般都是固定的，在某些特定项目内容的表述中须符合其要素规定，不可残缺不全。

（四）稳定性

安全生产行政执法文书是安全生产监督管理工作中具体应用法律的书面表现形式，一旦发生法律效力，就必须得到全面落实，并由国家强制力保证执行，任何单位和个人包括制作文书的安全生产监督管理部门本身均不得随意变更，更不得随意撤销。如果发现执法文书在认定事实或者适用法律上确有错误，或者采取措施不当的，应当由安全生产监督管理部门按照严格的法定程序加以变更或者撤销。

（五）延续性

安全行政执法文书在具体运用中具有连环性的法律特点，即各个系统或系列的执法文书自成体系，按照一定的程序形成执法文书之间的承接关系，前一种文书往往可以引出后一种执法文书，而后一种执法文书是以前一种执法文书为基础。

## 第二节　安全生产行政执法文书的制作要求

规范使用安全生产行政执法文书是安全生产执法监察活动的重要内容，全面准确把握执法文书使用的各项要素，确保执法文书的使用质量，是对每个执法监察人员的基本要求。

制作安全生产行政执法文书的基本要求为：遵循格式、写全事项，主旨鲜明、阐述精当，叙事清楚、材料真实，依法说理、折服有力，语言精确、朴实庄重。

### 一、执法文书格式的基本要求

安全生产行政执法文书是一种实用性、操作性很强的文书，在格式上要求高度统一和规范。理应对执法文书格式作统一规定，其中包括对文书的版面、尺寸、字号、字体、名称、文号、正文、落款以及所用纸张的要求，对叙述式执法文书的首部、正文的段落层次、尾部落款的格式和内容的要求，对填充式执法文书的具体联数、用途、正文中的具体内容、各联之间的骑缝线等格式和填写内容的要求等。实践中必须严格按规定格式和要求认真制作，不能随意变更，也不能图方便而省去规定要素、简化文书格式。

## 二、执法文书内容的基本要求

填充式文书由于整个文书已经印制成固定格式，只需根据案件具体情况加以填写即可；叙述式文书的首部和尾部也有比较固定的格式，正文部分则需要执法人员根据案件的不同情况拟制，这部分工作是安全生产行政执法文书制作的重点和难点，是考验制作者能力和水平的关键部分。在具体拟制这部分文书时，应注意以下三个方面。

### (一)叙述案件事实的基本要求

案件事实是处理案件的基本依据。案件事实的叙述直接关系到生产经营单位及其有关人员是否违法以及处罚的轻重，所以在拟制时必须如实反映客观事实，不能夸大缩小或者编造虚构，不能主观臆断歪曲事实真相。当然，要求客观真实并不等于不分主次、事无巨细地一概罗列事实、平铺直叙，而是要围绕违法构成要件，写清必备的事实基本要素，包括时间、地点、人物、原因、动机、情节、手段、后果等，做到主次分明，详略得当。

### (二)叙述证据的基本要求

只有证据确凿充分，才能证明和认定生产经营单位及其有关人员存在违法事实。在列举证据时,要力求具体明确，特别要重点描述主要证据。要注意证据的证明力和锁链性，突出最具证明力的直接证据，间接证据要能形成一个完整的证明体系，作出的结论具有单一性、排他性。

### (三)阐明理由和结论的基本要求

要做到以事实为根据和以法律为准绳的有机结合。在阐述理由的时候，必须根据具体案件的特点，综合运用法律规定、政策精神和违法构成的原理，抓住生产经营单位及其有关人员的行为实质，概括写明其行为目的、行为手段、情节的严重程度、危害后果等基本内容，然后，要有针对性地、准确地引用《安全生产法》《矿山安全法》和《危险化学品安全管理条例》等有关法律、法规的规定，对违法行为予以正确定性，提出明确的、令人信服的结论。

## 三、执法文书语言文字的基本要求

安全生产行政执法文书作为公文，法律文书的语言表述必须与法律的精神相一致，必须与法律规定的提法相同。在语言文字方面要注意以下几个方面：

(1)明确。即明白、准确。指文书遣词造句要准确，语义要单一。法律文书是依法办案的重要凭证，它往往直接关系到当事人的权利义务，因为词语的失之毫厘，带来的可能将是对当事人处理结果的差之千里。法律文书中使用的每个字、每个词、每句话都应是意思明确，恰如其分，不能模糊不清或模棱两可。

(2)规范。即标准。法律语言的规范性主要体现在以下几个方面：一是指法律文书的组词造句、表情达意要准确，符合语法规则，语意通顺；二是使用规范正确的法律术语；三是不使用方言、土语，不滥用外来词汇；四是不生造词语；五是不乱用异体字、繁体字及未经国家批准公布的简化字。

(3)简朴。即简要、质朴。一是指语言要简明扼要，言简意赅，在表意明确的前提下，不重复、不啰唆，不写废话、空话、套话。二是指语言要质朴平易，朴实无华，通俗易懂，不用过分的修辞、描写和抒情。对于案件中的一切事实、情节都恰如其分、实事求是地反映，不作人为的夸大或缩小。

(4)庄严。即庄重、严肃。指法律文书的语体特色必须与法律的权威性和庄严性一致。言必有据，不言过其实，不带个人情感色彩。

## 第三节　安全生产常用法律文书制作说明及填写范例

### 一、制作说明

#### (一)立案审批表

1. 概念

立案审批表，是执法人员对案件进行初步核实后，认为存在违法事实，并属于本机关管辖，拟依法予以处罚，但需对案件作进一步调查，报请本机关负责人批准立案的内部文书。经批准之日为案件办理起始时间。

已经批准立案的案件，需要终止或撤销的，应当写出书面报告，阐明理由，并经批准立案的部门负责人批准同意。对于违法事实清楚，证据确凿，适用当场作出行政处罚的，不需要此文书。

2. 制作说明

(1)文书文号。文书文号是立案审批表的编号，由地区简称 + 文书简称 + 年份 + 序号组成，如“(×)安监管立〔201×〕××号”。

(2)案由。案由是对案件性质的初步定性，按照违法行为分类填写。目前，国家安全生产监督管理总局对案由没有明确的规定，为便于执法案卷的统计，可以将案由分为两大类，即生产安全事故和一般违法行为。在实际操作过程中，还可以进一步细分，如“生产安全事故——非煤矿山”“一般违法行为——危险化学品”“一般违法行为——职业卫生”等。

(3)案件来源。案件来源主要记录案件的发现和由来，应当根据实际情况分类填写，主要包括执法检查、举报投诉、上级交办、下级报请、××移送等内容。时间一栏应当填写获悉案件的第一时间。

(4)案件名称。案件名称应当简洁描述，但要能反映案件的性质，并且在案件材料中保持前后一致，不要在各种文书中发生变化。案件名称应根据实际情况分类填写，一般为“企业名称 + 涉嫌 + 具体的违法行为 + 案”。

(5)当事人。当事人是拟受到行政处罚的责任主体，包括自然人、单位(法人或其他组织)。

当事人是自然人的，在当事人一栏填写当事人身份证的全名，在当事人基本情况一栏填写性别、年龄、职务、身份证号码等内容，在当事人地址一栏填写自然人的家庭住址或者工作单位地址，在邮编一栏对应自然人家庭住址或者工作单位地址填写邮编。

当事人是单位的，在当事人一栏填写单位全称，在当事人基本情况一栏填写工商营业执照核准的生产、经营范围和所有制性质、生产现状和法定代表人等内容，在当事人地址一栏填写单位具体地址，在邮编一栏对应单位具体地址填写邮编。

(6)案件基本情况。案件基本情况是对案件的简要描述，是立案审批表的主体内容，是作出是否立案决定的依据。主要填写初步掌握的违法事实、造成的危害后果以及需要追究相关责任的依据。属于执法检查中发现的，应当写明执法检查的时间、地点、违法事实、重要证据、违反的法律法规规章条款及造成的危害和影响等；属于单位（个人）举报、接受移送的案件，应当写明举报人举报事实（举报人真实姓名和联系方式隐去）和移送部门的意见，已经实地调查的，应写明调查的情况。对上述举报、移送材料应当予以初步核实。

（7）承办人意见。承办人意见应当列出当事人涉嫌违反的法律、法规和规章名称，并尽可能具体到条、款、项、目。如拟同意立案的，应当最终表明承办人“建议立案”的意见，由承办人填写并签名，同时填写法定执法证件号码和具体日期。承办人应当两名以上。

（8）审核意见。审核意见主要由行政执法机关内设执法机构或者指定机构负责人签署。如同意立案的，应当填写“拟同意立案”，并签署姓名和日期；不同意立案的，应当注明理由。

（9）审批意见。审批意见主要由行政执法机关主要负责人或者分管负责人签署。如同意立案的，应当填写“同意立案”，指定两名或两名以上执法人员进行调查，并签署姓名和日期；不同意立案的，应当注明理由。

3. 注意事项

（1）立案时首先要确认是否符合立案条件，主要考虑：①是否存在违法行为；②该违法行为是否依法应当给予行政处罚；③是否属于本机关管辖；④是否适用一般程序。

对于是否存在违法行为不清楚的，应予初步调查，经初步确认后再立案。对于违法行为是否依法应当给予行政处罚，一般要考虑三种情况：一是安全生产违法行为轻微并及时纠正，没有造成危害后果的，应当不予行政处罚；二是对同一个生产经营单位及其有关人员的同一个安全生产违法行为，已经给予一次罚款处罚的，不得再次罚款；三是追究时效，根据《中华人民共和国行政处罚法》第二十九条规定，违法行为在两年内未被发现的，不再给予行政处罚。对于初步掌握的证据材料，还不能确认该违法行为是否依法应当给予行政处罚的，应当立案调查。

（2）立案时间是指行政执法机关有关负责人签署审批意见的时间。一般来说，可以在调查取证之前，对确需立即查处的安全生产违法行为，可以先行调查取证，并在5日内补办立案手续。

（3）关于立案宗数的有关问题。

①对于同一违法主体（包括法人、其他组织、公民个人，下同）有两个或两个以上安全生产违法行为的，一般作为一宗案件立案，实施处罚时，要对其违法行为分别进行叙述和裁量，之后合并作出一个处罚决定。

②对于同一违法行为存在多个违法主体的，如果多个责任主体出于同一主观状态，共同实施同一个违法行为，违反同一法律规定，除非法律、行政法规明文规定（即下一项③所指情形），一般作为一宗案件立案，把多个违法主体视为整体，其共同对违法行为负责，作出一个处罚决定，但在被处罚人栏处应分开列明。

③修正后《安全生产法》很多罚则规定既处罚生产经营单位、又处罚其直接负责主管人员（2002年《安全生产法》的规定则多只处罚生产经营单位，没有处罚个人）。该类规定所指的违法行为一般认为是同一违法行为，违反同一法律规定，但属法律、行政法规明确规定采取的“双罚制”，且罚则不同，宜作为两宗或者两宗以上案件，进行分别立案，合并调查，分别作出处罚决定书。鉴于证据等资料部分共用，在案件办结归档时，可以把共用部分归入其中一个案卷，其余留存复制或复印件，注明原件保存处。

④发生生产安全事故，对负有责任的生产经营单位、生产经营单位主要负责人等个人实

施处罚的，主要负责人或因未履行安全生产管理职责，或因未保证安全生产所必需资金，或因发生事故时不立即组织抢救等；而生产经营单位负有责任所指违法行为的外延和含义更广，尽管都造成了事故发生的后果，但其行为违反的法律规范可能相同，更多情形下则不尽相同，一般应作为两宗或者两宗以上案件，进行分别立案，合并调查，分别作出处罚决定书。

(4)该文书可以手写或者打印制作，但签名应当手写。手写用笔为蓝色、黑色钢笔(碳素笔)。

### (二)现场检查记录

1. 概念

现场检查记录是指安全生产监管部门的执法人员依法对生产经营单位、事故现场进行检查时所做的书面记录。该文书在日常执法过程中使用频率最高。

2. 制作说明

(1)检查场所。要记录清楚检查的地点。相对多个独立的场所，原则上应分别制作文书，或者在一份文书中作出准确的描述。应当注明场所名称，如××库房、××单位经营场所，尽量详写，以达到第三方角度能够"锁定"某个场所的程度。

(2)检查时间。应当具体到现场检查的年、月、日、时、分。

(3)检查情况。要将涉及的违法事实准确、客观地记录下来。主要内容包括：检查活动参加主体的情况，检查的缘由，检查的重点，检查场地的环境，检查涉案物品的生产、销售和放置情况，检查活动的组织形式，抽样情况，对有关证据予以先行登记保存情况等。

——检查活动参加主体的情况。包括：执法人员是否出示执法证件，被检查单位(人)有关人员是否到场，被检查单位(人)有关人员的姓名、性别、年龄、职务及身份证号码，是否有证人见证检查活动等。

——检查的缘由，是指组织检查的原因或理由。

——检查的重点，是指被检查单位执行国家法律、法规、规章、标准的情况。包括：证照是否齐全，安全生产工作职责是否落实，人员培训、执行"三同时"、安全警示设置、重大危险源登记建档、参加工伤保险、安全设备运行状况等情况。

——检查的场地环境，是指开展检查活动的库房内、车间内或者露天场所等场地的环境情况。对现场正在实施生产的，要写明现场工人的数量、工作及其分工情况，机械设备的运转状态、产品的生产状态、流程等情况。

——检查涉案物品的生产、销售和放置情况，是指物品的放置位置、方式、数量、品名、型号、标价、标识内容、包装方式等。物品清点时应要求当事人或当事人委托的核对人与执法人员在现场同时核对。如是散件，清点结束后应及时包装，并应在包装上写明物品的名称、型号、数量，由当事人或者当事人委托的核对人在被封存物品上签名。物品较多时应在包装上加以编号。

——检查活动的组织形式，是指现场检查单位、技术机构等在检查现场的工作分工，及具体检查工作实施的方式、方法和步骤。

——抽样情况。决定抽样送检的，应当填写《抽样取证凭证》，写明抽样文书的编号。

——对有关证据予以先行登记保存等情况。如果采取行政强制措施或现场处理措施的，应当写明采取行政强制措施或现场处理措施的文书名称及编号。

——检查时进行录音、录像、拍照的，应在笔录上写明。

3. 注意事项

(1)检查情况记录要客观、全面、准确。所谓客观，是指如实记载检查人员在现场看到、观察到的实际情况，反映其客观的原始状态。检查人员的分析、判断、推理等，不能记入笔录。涉及专业性检查时，应当使用专业性的规范用语。所谓全面，是指笔录要力求全面反映检查情况，凡是对案件有意义的情况需全面收集并予记录，对关键细节要详细、重点记录。所谓准确，是指文字表达要做到准确、客观，不用模棱两可的词句，一般不用形容词。对于检查发现的问题，应有法律、法规、规章或者国家标准、行业标准及规程等作为判断依据。

(2)检查必须由两名以上执法人员共同进行，并在记录上签字。记录应交当事人阅读或者宣读。

(3)现场检查记录应当交给当事人核对或者向其宣读，如记录有差错或者遗漏，应当允许当事人更正或者补充，并由其签名或者盖章确认。记录经当事人核对无误后，应当由其在记录结尾处签署"以上情况属实"的意见，并逐页签名(盖章)或者按指印。当事人拒绝签名(盖章)、按指印的，执法人员应当在记录上注明原因并签名。

### (三)询问通知书

1. 概念

询问通知书，是行政执法机关在依法行使职权，对单位进行检查或者调查，查办违法案件过程中为查明案件事实，要求当事人或者证人在一定时间到达指定地点、时间接受询问而下达的书面文书。

2. 制作说明

(1)发文对象。应写明具体的人。

(2)原因。填写顺序为"因办理 + 案件名称 + (请你于)规定时间 + 指定地点接受询问调查"。

(3)地点、时间。一般为执法单位的具体办公地点，也可以到证人的所在单位、住处进行，以及其他指定的地点，地点填写应具体到房间号。所设定的时间应考虑可行性，即应考虑文书的送达和被通知人前往的在途时间。

(4)携带材料。根据案件调查需要确定。如被询问人的身份证、工作证、法定代表人身份证明或者授权委托书等身份和工作关系证明；属于单位违法的，企业证照、组织机构代码等单位情况证明(复印件的需加盖证明印章)；其他与案件直接相关的材料，如《合同书》、往来账目等。

(5)联系人。填写承办案件的执法人员姓名和电话。

3. 注意事项

制作询问通知书时，以人次为单位，一人次一份。本文书为两联式，一式两份，一份由执法部门备案，一份交被询问人。

### (四)询问笔录

1. 概念

询问笔录是行政机关为查明案件事实，收集证据，依法向案件当事人、证人或其他有关人员进行调查询问，记录被询问人陈述内容而制作的法律文书。《询问笔录》必须采用问答的记录形式。

2. 制作要求

(1)询问时间。询问开始与结束的时间应具体到年、月、日、时、分，按照24小时时分计算和填写。凡进行两次以上询问的，应注明“第几次询问”。

(2)询问地点。指询问的具体地点，填写时应尽可能具体。一般来说，询问当事人、证人等可通知其到行政机关进行，也可以到其住所或违法行为现场进行。

(3)被询问人情况。一个询问笔录针对一个被询问人，不能同时询问多人，笔录中必须将被询问人的姓名、性别、年龄、身份证号、工作单位、住址、电话等基本情况记录清楚。

(4)询问人和记录人。根据《行政处罚法》规定，执法人员询问时不得少于两人。询问结束后，询问人、记录人应当在询问笔录上签名。

(5)在场人。在询问时如有第三人在场，应如实记录在场人的姓名、性别、年龄、身份证号、工作单位、职务，与本案的关系及其地址、联系方式等以及其与本案的关系。

(6)询问的内容。询问的内容主要包括：一是被询问人的基本情况；二是与案件有关的事实；三是被询问人对自己行为的申辩。行政执法人员不得询问与案件无关的问题。涉及国家秘密或个人隐私，且与案件有关的，应作为询问的内容，但必须采取保密措施。

3. 注意事项

(1)调查询问应注意简明扼要，规范用语，并采取一问一答的形式。需对多人进行调查的，应当分别进行笔录，如同一时间对多人询问的，要错开被询问人所处的空间，如不同房间；如先后在同一地点询问的，询问时另外需要被询问的人不应在当场，以免询问工作受到干扰，并预防被询问人自行核对甚至串供情形。在记录询问的答复时，应当遵循实事求是、全面、公正、准确的原则。当事人委托他人接受调查的，必须提交书面委托书，并明确委托权限，提供双方身份证明。

(2)询问当事人时，应当告知其对调查人员的提问应当如实回答并对其内容负法律责任，同时应当要求当事人提供居民身份证复印件等身份证明文件。

(3)询问内容应围绕违法行为的现象、过程、原因等展开，尽量由被询问人主动陈述，尽量避免是否、知道不知道、清楚不清楚等问答。

(4)询问的时候，不能先入为主，应当认真听取当事人的陈述和申辩。执法人员不得向当事人泄露案情或者表示对案件的看法。

(5)询问结束后，调查人员和记录人要对笔录的内容作全面审查，重点审查是否符合客观事实，是否前后矛盾，是否记录准确、完整。发现存在问题的，要及时纠正和解决。

(6)必须准确反映当事人的答话原意。笔录填写完毕后，应当将笔录交给被询问人核对或者当场宣读，被询问人确认无误后，应当在笔录终了处注明“以上笔录我已看过，情况属实”或“与我所说的一致”等字样，由被询问人逐页签字、注明日期。对于没有书写能力的，可由他人代写后，由当事人在代写处按指印或者盖章。

(7)如笔录需要修改，应由被询问人签字或按指模确认。

### (五)先行登记保存证据审批表

1. 概念

先行登记保存证据审批表是在调查取证过程中，执法人员认为证据可能灭失或者以后难以取得，需要先行登记保存而填写并报本单位主管负责人审批的法律文书。

2. 制作说明

(1)当事人及基本情况。本文书适用于自然人和单位两种情况。自然人应填写全名、性别、年龄、身份证号、工作单位、联系方式等；单位应填写全称、法定代表人，联系方式、工商营业执照核准的生产、经营范围和所有制性质等情况。

(2)案件基本情况。填写当事人涉嫌违法行为的时间、地点、事实、关键证据、危害结果和触犯的法律条款等内容。

(3)证据名称及数量。按照物证、书证、视听资料等证据种类划分，填写证据名称、数量，应与实际需要保存的物品数量及名称保持一致。名称写正规的全称，数量用中文大写。证据存在瑕疵或者特殊状况的，应当予以注明。如先行登记保存的证据为“装有褐色不明化学液体五罐(每罐60L)，其中编号为BMH×P3的容器罐口木塞破损，罐体商标上有白色不明喷状物”。

(4)提请理由及依据。《行政处罚法》第三十七条明确规定采取先行登记保存的先决条件是“在证据可能灭失或者以后难以取得的情况下”，不具备该条件的，则没有必要采取该措施。承办人应根据案件实际情况，依据法律表述理由。

(5)保存方式。分为原地保存和异地保存两种方式，承办人应根据案件实际情况进行选择。异地保存时应记录存放地点，以及保管人的姓名或者保管单位名称。

3. 注意事项

(1)当事人及基本情况、案件基本情况，应与立案审批表中填写的情况一致。

(2)不能超过法定期限。行政处罚法第三十七条第二款规定，实施证据先行登记保存，应当在七日内及时作出处理决定，如果行政机关在七日内不能做出处理，则应将登记保存的证据发还给所有人。

(3)不能任意扩大登记保存范围。实行证据先行登记保存，必须是在证据有可能灭失、时过境迁后将难以取得等情况下，行政执法机关才能实施。对没有必要进行证据登记保存，或通过询问笔录、证人证言、现场笔录等其他证据就能够确定行政相对人违法事实的，则不能采取该措施。

(4)对保存的证据的登记。在现场提取证据后，应当制作登记保存物品的清单。不能只考虑证据登记保存的“实质”，在形式和程序上存在瑕疵，或者不制作证据先行登记保存单，或者不认真规范制作，漏填或者用“一车、半罐”等含糊单位标记。

(5)实施先行登记保存的物品与被处罚行为应有关联性。先行登记保存的物品作为证明案件真实情况的证据，必然具有客观性、关联性和合法性三个基本特征，它必须是与违法行为有直接必然联系的。

### (六)先行登记保存证据通知书

1. 概念

先行登记保存证据通知书是行政机关在办案过程中证据可能灭失或者以后难以取得的情况下，经机关负责人批准后，通知当事人先行登记保存证据物品的书面通知文书。

2. 制作说明

(1)文书文号。应在文书标注的“文号”位置编写相应的文号，表述结构为“地区简称＋安监管先保通＋年份＋(序)号”。

(2)物品清单。对被保存物品的名称、规格、数量等事项要一一填写清楚。

(3)其他。对证据进行登记保存时，当事人应当在场，并应在本文书上签名或者盖章。当事人不在场或拒绝参加的，可以邀请有关人员参加，并在清单上记明。

3. 注意事项

先行登记保存证据清单应清楚记录保存的物品名称、单位、数量等，根据不同的物品备注说明有关情况。

### (七)先行登记保存证据处理审批表

1. 概念

先行登记保存证据处理审批表是执法人员在调查处理违法案件过程中，采取先行登记保存措施后，依据法律在7日内对所保存证据进行处理的审批类文书，是行政机关的内部文书。

2. 制作说明

(1)当事人及基本情况。本文书适用于自然人和单位两种情况。自然人应填写全名、性别、年龄、身份证号、工作单位、联系方式等；单位应填写全称、法定代表人、联系方式、工商营业执照核准的生产、经营范围和所有制性质等情况。

(2)案件基本情况。详细表述案件的基本情况，应主要写明时间、地点、违法事实、重要证据、违反的法律条款等内容。

(3)证据名称与数量。应与《先行登记保存证据清单》相一致。

(4)提请理由及依据。应根据实际情况，依据法律规定说明提请理由及依据，一般为《行政处罚法》第三十七条第二款的规定。

(5)承办人意见。采取先行登记保存证据的措施应当在采取之日起7日内作出处理决定。案件承办人应在时限内，提出建议处理意见。处理意见包括：一是违法事实成立依法作出行政处罚的，在保存证据处理审批表中依法作出没收等相关决定；二是违法事实不成立或者依法不应予以没收、扣留、封存，解除登记保存措施。

3. 注意事项

(1)同一个案件的案件基本情况表述应当一致。

(2)承办人意见应将是否属于没收的范围、处理的情况说明清楚。

### (八)先行登记保存证据处理决定书

1. 概念

先行登记保存证据处理决定书是经行政机关审批对单位先行登记保存证据物品作出处理决定的法律文书。

2. 制作说明

(1)文书文号。应在文书标注的"文号"位置编写相应的文号，表述结构为"地区简称+安监管先保处+年份+(序)号"。

(2)正文部分。按文书要求，规范填写本文书的下达时间、证据的名称和数量、《先行登记保存证据通知书》的文号等。

(3)处理决定。对先行登记保存的各项物品分别填写处理决定。

3. 注意事项

(1)要与《先行登记保存证据清单》的物品名称、数量一致。

(2)应写清楚处理方式。违法事实成立，应当予以没收的，作出行政处罚决定，予以没收；违法事实成立，依据有关法律、法规规定，不属于违法所得范畴，作出行政处罚决定，依法不予以没收，返还当事人；违法事实成立，依据有关法律、法规规定，可以扣留、封存的，作出行政处理决定，依法进行查封或扣押；违法事实不成立，或者依法可不予没收、扣留、封存的，解除先行登记保存措施。

### (九)抽样取证凭证

1. 概念

抽样取证凭证是行政机关在办案过程中从成批的物品中采集个别或部分与案件相关产品用于化验、鉴定和保全证据的法律文书。

2. 制作说明

(1)文书文号。应在文书标注的“文号”位置编写相应的文号，表述结构为“地区简称+安监管抽+年份+(序)号”。

(2)抽样物品记录。要将所抽取物品的名称、规格、数量等记录清楚，与案情无关的物品不能抽样。

(3)抽样时间。应当具体到抽样取证的年、月、日、时、分。

(4)抽样地点。应详细记录抽样取证的地点。

(5)被抽样单位确认：抽样取证记录要由被抽样取证单位现场负责人签章并标明日期。

3. 注意事项

应当清楚记录抽样的物品名称、数量，重点突出抽样物品与涉案的关系。

### (十)现场处理措施决定书

1. 概念

现场处理措施决定书，是指安全生产监督管理部门在监督检查中，发现生产经营单位存在安全生产违法行为或者事故隐患的，依法作出现场处理措施决定而使用的文书。

2. 制作说明

要注明生产经营单位存在的违法行为和事故的隐患，所采取的现场处理措施和对应的法律依据。

(1)发送对象。在文书抬头部分填写单位全称。

(2)存在问题。逐项逐条填写当事人违反法律、法规、规章和规程、标准的行为、时间、地点、及违反法律、法规、规章和规程、标准的全称及其相应的条、款、项。

(3)法律依据。《中华人民共和国安全生产法》第六十二条第一款第(三)项及《安全生产违法行为行政处罚办法》第十四条、《安全生产监管监察职责和行政执法责任追究的规定》第九条。

(4)现场处理措施。根据法律提出现场处理措施决定。填写时应对每一项发现的违法行为和事故隐患采取相应的现场处理，并写明期限、要求或达到的目标。主要的现场处理措施有责令立即排除、责令限期改正、责令从危险区域内撤出作业人员、责令暂时停产停业或者停止使用相关设施、设备等。

(5)文书确认。本文书需两名执法人员签名，并填写执法证件号码。

(6)文书送达。由被检查单位负责人在文书上签字签收，并注明时间。当事人拒绝到场或者拒绝签章的，应注明拒签理由，有其他人在场的，应请他人签名证明。

(7)权利救济途径告知。告知当事人享有的行政复议、诉讼等救济途径。

3. 注意事项

(1)注意复查时间。被责令限期改正、限期达到要求、暂时停产停业、停止建设、停止施工或者停止使用的生产经营单位提出复查申请或者整改、治理限期届满的，安全生产监督管理监察部门应当自收到申请或者限期届满之日起10日内进行复查，并填写复查意见书，由被复查单位和安全生产监督管理监察部门复查人员签名后存档。

(2)文书要加盖监管部门公章，不得使用内设机构印章。送达由负责人在文书上签名并签署时间，其他人签收的，应有相应的职务证明或者同时加盖生产经营单位公章。

### （十一）责令限期整改指令书

1. 概念

责令限期整改指令书，是指行政执法机关在日常监督检查中，发现存在安全生产违法行为，责令生产经营单位限期改正或者限期达到要求的文书。

2. 文书制作说明

（1）发送对象。在文书抬头部分填写责令整改单位全称。

（2）存在问题。逐项逐条填写当事人违反法律、法规、规章和规程、标准的行为、时间、地点、及违反法律、法规、规章和规程、标准的全称及其相应的条、款、项。

（3）改正方式。根据违法行为的情况确定为立即整改或限期整改。填写时应写明第×项立即整改，第×项限期整改，并写明整改期限、整改要求或达到的目标。所列问题应与立即整改、限期整改性质相匹配。

（4）文书确认。本文书需两名执法人员签名，并填写执法证件号码。

（5）下达单位。本文书必须加盖执法监察部门公章，并署明日期。

（6）文书送达。由被检查单位负责人在文书上签字签收，并注明时间。被检查单位负责人应有相应的职务证明或授权手续。当事人拒绝到场或者拒绝签章的，应注明拒签理由，有其他人在场的，应请他人签名证明。

（7）权利救济途径告知。告知当事人享有的行政复议、诉讼等救济途径。

3. 注意事项

（1）对于存在的问题，即被责令改正的违法行为或者限期达到要求的事项，应当描述明确、具体。可以列明相应的法律、法规、规章或者国家标准、行业标准及规程的具体规定。

（2）整改时限原则上由执法人员根据违法行为或者存在问题的大小、整改难易程度和所需要的时间等因素合理确定。因不可抗力无法在规定限期内完成的，生产经营单位应当在进行整改或者治理的同时，于限期届满前 10 日内提出书面延期申请，执法机关应当在收到申请之日起 5 日内书面答复是否准予延期。

（3）责令限期整改文书应当加盖执法机关公章，不得使用执法机关内设机构印章。送达由生产经营单位负责人在文书上签名并签署时间；其他人签收的，应当有相应的职务证明或者同时加盖生产经营单位公章。

### （十二）整改复查意见书

1. 概念

整改复查意见书，是指行政执法机关针对已经下达责令限期整改指令书、现场处理措施决定书等文书后，再次对生产经营单位整改情况进行复查，对复查情况进行记录的文书。

2. 制作说明

（1）使用范围。该文书可以针对责令限期整改指令书、现场处理措施决定书、强制措施决定书、行政处罚决定书下达后，需要进行复查等多种情况使用。

（2）复查事项。填写重点注意复查事项，并应当详细填写相关文书的编号。

（3）复查意见。对于已经完成整改的，应当填写复查时间（当日），并注明已完成整改。问题整改完成表述原则上应当有法律、法规或标准规范作为依据。表述文字应当紧扣相关法律、法规行为设定或者法律责任（罚则）的具体描述。复查结果原则上应当与复查事项所涉及的问题相对应。

(4)文书送达。由被复查单位负责人在文书上签字签收。签收文书的当事人应有相应的职务证明或者授权手续。当事人拒绝签收的，应注明拒签事由，有其他人在场的，应由见证人签名证明。

3. 注意事项

(1)整改复查意见书应当与责令限期整改指令书、强制措施决定书等文书相衔接，填写上述文书时须填写下达时间和文号。文书中涉及的整改复查事项原则上应当与责令限期整改指令书、强制措施决定书中有关责令改正、责令排除的事项相一致。

(2)整改复查意见应当描述客观、明确、具体，复查意见仅限于复查当日的现场状况。对已经完成整改的，应当注明完成整改所采取的具体措施与办法以及所达到的效果；对没有完成整改的，应当注明情况；对复查中新发现存在的问题，应当详细列明。

(3)复查意见书是行政执法机关和执法人员现场检查的情况记录，有关现场检查情况的客观描述同样适用复查意见书，如文书内容不够可以通过附页的形式进行补充。

(4)对存在涉及整改多项内容的，安全监管执法人员可以合理确定不同的整改期限，生产经营单位按某项项目如期完成整改且不影响其他项目的整改的，可以按照完成进度进行多次复查，即在该项目整改完成后的10日内予以复查；当所有项目都完成整改、复查最后一个项目时，对《责令限期整改指令书》所涉及的整改项目再予全部复查。

(5)文书应当加盖执法机关公章，不得使用内设机构印章。送达由生产经营单位负责人在文书上签名并签署时间；其他人签收的，应当有相应的职务证明或者同时加盖生产经营单位公章。

### (十三)强制措施决定书

1. 概念

强制措施决定书，是行政执法机关为查明事实、保全证据而对当事人作出强制性措施决定的文书。根据《安全生产法》第六十二条第一款第(四)项规定，安全监管部门采取的行政强制措施主要是查封、扣押，其对象包括有根据认为不符合保障安全生产的国家标准或者行业标准的设施、设备、器材，违法生产、储存、使用、经营、运输的危险物品，违法生产、储存、使用、经营危险物品的作业场所(场所仅为查封)。

2. 文书制作说明

(1)存在的问题。该部分应当具体列明生产经营单位存在的违法情形、违法情节和严重程度无法保障的情形。

(2)法律依据。《中华人民共和国安全生产法》第六十二条第一款第(四)项及《安全生产违法行为行政处罚办法》第十五条、《安全生产监管监察职责和行政执法责任追究的规定》第十一条。

(3)强制措施的方式，包括查封、扣押。

(4)救济途径。告知当事人享有的行政复议、行政诉讼等救济途径。

3. 注意事项

(1)实施行政强制措施一般要遵守下列程序要求：实施前的报告批准；实施行政强制措施应当通知当事人到场并告知权利，对于当事人无正当理由不到场的，应当邀请无利害关系的见证人到场；听取当事人的陈述和申辩；制作现场笔录。《最高人民法院关于行政诉讼证据若干问题的规定》(法释〔2002〕21号)第15条规定："据行政诉讼法第三十一条第一款第(七)项的规定，被告向人民法院提供的现场笔录，应当载明时间、地点和事件等内容，并由执法人员和当事人签名。当事人拒绝签名或者不能签名的，应当注明原因。有其他人在现场的，可由其他人签名。法律、法规和规章对现场笔录的制作形式另有规定的，从其规定。”

(2)查封、扣押行政强制措施注意事项：不得查封、扣押与违法行为无关的场所、设施或者财物；不得查封个人物品和生活必需品；不得重复查封；需要制作查封、扣押清单；要说明查封、扣押的理由、依据和期限；要说明查封、扣押场所、设施的准确名称、地址、所在位置，财物的名称、品种和具体数量；对查封、扣押的物品无论是采取自行保管或者委托保管，均不得使用或者毁坏。

(十四)行政处罚告知书

1. 概念

行政处罚告知书，是行政执法机关在作出行政处罚决定前，告知当事人拟作出行政处罚决定的事实、理由、依据及当事人依法享有陈述和申辩权利的通知性文书。该文书采取说理式方法填写。

2. 制作说明

(1)文书文号。文书文号是行政处罚告知书的编号，由“地区简称+安监管罚告+年份+序号”组成。

(2)案件基本情况。该部分按照案件调查最终查明的违法事实填写，一般包括违法行为人、违法时间和地点、具体违法行为、相关情节等。

(3)证据材料。该部分简要列举已确认的证据，即能够证明案件事实的证据材料。

(4)违法事实认定。该部分写明违法行为的事实认定和法律依据。

(5)法律依据适用。该部分应当写明对违法行为实施行政处罚的法律依据。处罚依据应当写明具体适用的法律、法规、规章的名称及条款项目内容。

(6)行使自由裁量权情况。该部分根据《安全生产行政处罚自由裁量适用规则》《安全生产行政处罚自由裁量标准》等法律、法规的规定，结合案件调查情况，全面分析违法行为的主体、客体、主观方面、客观方面等因素，综合裁量，合理确定应否给予行政处罚或者应当给予行政处罚的种类、幅度。

(7)拟作出的行政处罚情况。该部分填写根据处罚依据及自由裁量权适用情况，拟作出的行政处罚内容。

3. 注意事项

(1)违法行为应当与现场检查记录、责令限期整改指令书、整改复查意见书等文书表述内容一致，且应尽量与法律规定相吻合，避免口语化。

(2)若案件为事故类案件，则在案件基本情况后加上事故调查情况、事故原因分析两个板块的内容。

(3)违法行为的认定过程中，若未能直接证明其违反了具体的法律法规要求，应当先通过认定其违反了相关的国家或行业标准，再认定其违反了相应的法律法规要求，避免主观确定违法依据。

(十五)当事人陈述申辩笔录

1. 概念

当事人陈述申辩笔录，是指当事人收到行政处罚告知书后3日内，根据当事人申请，听取当事人陈述申辩情况的记录性文书。

2. 制作说明

(1)时间。填写陈述申辩的起止具体时间。

(2)地点。填写陈述申辩的详细地点。

(3)陈述申辩人情况。填写陈述申辩人的姓名、性别、职务、工作单位、电话、联系地址、邮编。

(4)承办人、记录人。填写承办人、记录人姓名，承办人应为案件调查人员。

(5)填写行政机关全称、承办人姓名及执法证号码、案件名称。案件名称应与立案审批表案件名称一致。

(6)陈述申辩记录。应客观、公正地记录陈述申辩人的理由。应当尽量记录原话，不能记录原话的，要通过语言转述真实反映陈述申辩人表述的意思，对当事人提出的新的事实和证据应完整记录。

(7)签名。陈述申辩结束后，应当将笔录交当事人核对或者当场宣读。当事人确认无误后，在笔录终了处注明“以上笔录我已看过，情况记录属实”字样，并在笔录上逐页签名，承办人、记录人也要逐页签名并填写日期、页码。

3. 注意事项

(1)当事人陈述申辩后，承办人要询问陈述申辩人“是否还有其他陈述申辩意见”，确认其是否还要继续陈述、申辩。

(2)当事人委托陈述申辩人的，应当出具委托书。当事人提供文字陈述申辩材料的，应当附卷并予以说明。需要限期提供证明材料的，应当注明。

### (十六)听证告知书

1. 概念

听证告知书，是行政执法机关在作出行政处罚决定前，依法以本机关名义告知当事人依法享有要求举行听证的通知性文书。

2. 制作说明

(1)文书文号。文书文号是听证告知书的编号，由“地区简称 + 安监管听告 + 年份 + 序号”组成。

(2)违法行为。该部分简要写明案件调查最终查明的违法行为。

(3)违法依据。该部分需写明违反法律、法规和规章的名称及具体条款项目。

(4)处罚依据。该部分需写明拟作出处罚所具体使用的法律、法规、规章的名称及条款项目，一般为法律责任条款(罚则)。

(5)拟作出处罚。该部分需填写拟对当事人作出的行政处罚的具体内容。

3. 注意事项

(1)《行政处罚法》第四十二条第一款规定，行政机关作出责令停产停业、吊销许可证或者执照、较大数额罚款等行政处罚决定之前，应当告知当事人有要求举行听证的权利；当事人要求听证的，行政机关应当组织听证。当事人不承担行政机关组织听证的费用。按照《广东省行政处罚听证程序实施办法》规定，“较大数额罚款”是指对公民处以 1 千元以上罚款，对法人或其他组织处以 5 万元以上罚款。根据行政诉讼和民事诉讼的司法解释有关规定，个体工商户以营业执照上登记的业主为当事人，有字号的，在法律文书中注明登记的字号。

(2)告知执法机关名称、地址、告知书发出的日期、联系人和联系电话等。被处罚当事人放弃听证权的，应当记录在案，并在告知听证权满 3 日后再做出行政处罚决定。

(3)当事人提出听证要求后，安全监管监察部门应当在收到书面申请之日起 15 日内举行听证会，并在举行听证会的 7 日前，通知当事人举行听证的时间、地点。

### (十七)案件处理呈批表

1. 概念

案件处理呈批表，是下达行政处罚告知书后，经当事人充分陈述申辩或者无陈述申辩，在下达行政处罚决定书之前由行政执法机关案件承办人员呈报本单位负责人审批的内部法律文书。

2. 制作说明

(1)案件名称。与立案审批表一致。

(2)当事人基本情况。与立案审批表一致。

(3)违法事实及处罚依据。填写当事人违法行为的时间、地点、经过，违法行为的性质、情节和造成的危害结果，行为违反了某个具体法律、法规、规章，以及依据某个法律、法规、规章进行处罚，明确到条、款、项、目。

(4)当事人的申辩意见。该部分填写当事人在案件调查过程中或者下达处罚告知书后的申辩意见。如当事人没有申辩意见，注明“无意见”。

(5)承办人意见。指承办人根据查明的违法事实、性质，根据有关法律、法规、规章的规定，拟做出的具体处罚意见。

3. 注意事项

案件处理呈批表时间应在行政处罚告知书下达后三天以上。

### (十八)行政处罚决定书

1. 概念

行政处罚决定书(单位)，是对事实清楚、证据确凿的安全生产违法案件，根据情节轻重，按照一般程序依法作出行政处罚决定的法律文书。

2. 制作说明

(1)文书文号。文书文号是行政处罚决定书的编号，由“地区简称 + 安监管罚 + 年份 + 序号”组成。

(2)案件基本情况。该部分按照案件调查最终查明的违法事实填写，一般包括违法行为人、违法时间和地点、具体违法行为、相关情节等。

(3)证据材料。该部分简要列举已确认的证据，即能够证明案件事实的证据材料。

(4)违法事实认定。该部分应当写明违法行为的违法依据及行政处罚的处罚依据。违法依据及处罚依据应当写明具体适用的法律、法规、规章的全称及条款项目内容。

(5)行政处罚告知和申辩。该部分应当写明行政处罚告知书的送达情况以及当事人陈述申辩的情况。

(6)处罚决定。该部分填写决定作出的行政处罚内容。

3. 注意事项

(1)违法行为应当与现场检查记录、责令限期整改指令书、整改复查意见书等文书表述内容一致，且应该尽量与法律规定相吻合，避免口语化。

(2)若案件为事故类案件，则在案件基本情况后加上事故调查情况、事故原因分析两个板块的内容。

(3)违法行为的认定过程中，若未能直接证明其违反的具体的法律、法规要求，应当先通过认定其违反了相关的国家或行业标准，再认定其违反了相应的法律、法规要求，避免主观确定违法依据。

(4)行政复议、诉讼的时效表述应严格按照法律规定的表述。新修订的《行政诉讼法》第四十六条规定，公民、法人或者其他组织直接向人民法院提起诉讼的，应当自知道或者应当知道作出行政行为之日起六个月内提出。据此，原文书中关于被处罚人提起行政诉讼的期限应由“三个月”更改为“六个月”。

(5)根据新修改的《安全生产违法行为行政处罚办法》第三十二条规定，行政处罚案件应当自立案之日起30日内作出行政处罚决定；由于客观原因不能完成的，经安全生产监督管理监察部门负责人同意，可以延长，但不得超过90日；特殊情况需进一步延长的，应当经上一级安全生产监督管理监察部门批准，可延长至180日。

### (十九)罚款催缴通知书

1. 概念

罚款催缴通知书，是行政执法机关在当事人收到行政处罚决定书之日起15日内未缴纳罚款时，对被处罚单位下达催缴罚款的文书。

2. 制作说明

(1)文书文号。文书文号是罚款催缴通知书的编号，由“地区简称+安监管催+年份+序号”组成。

(2)被通知人。即行政处罚对象，单位名称或个人名称应准确填写，以保证通知对象准确无误。

(3)按罚款本金数额缴纳的最后期限。即被处罚人收到行政处罚决定书后15日。

(4)罚款缴纳方式。列明制定银行的名称和账号。

3. 注意事项

(1)根据《行政强制法》第五十三条、第五十四条规定，本文书是“催告当事人履行义务”的法定凭证，是申请人民法院强制执行前的必经程序，也称催告书。

(2)罚款缴纳期限的计算。执法人员要严格按照《中华人民共和国行政处罚法》第四十六条关于“当事人应当自收到行政处罚决定书之日起十五日内，到指定的银行缴纳罚款”的规定，确定按罚款本金数额缴纳的最后期限。

(3)未按期缴纳罚款的，每日按罚款数额的3%加处罚款，但不得超过罚款数额。

### (二十)延期(分期)缴纳罚款审批表

1. 概念

延期(分期)缴纳罚款审批表，是在当事人收到行政处罚决定书之日起15日内向作出行政处罚的行政执法机关提出延期(分期)缴纳罚款申请后，行政执法机关对其进行审批的内部法律文书。

2. 制作说明

(1)案由。案由的填写格式主要分为两大类：一是事故类，由“事故单位+事故发生月日+事故等级+事故类别+行政处罚案”组成，如“××公司3·18一般触电事故行政处罚案”；二是违(非)法行为类，由违法主体+违(非)法行为+案组成，如“××公司特种作业人员未持证上岗行政处罚案”。

(2)违法事实及处罚决定。参照行政处罚决定书的内容填写。

(3)承办人意见。应当写明已经核查，同意或者不同意延(分)期缴纳罚没款，并写明理由。

3. 注意事项

在批准延(分)期缴纳罚没款之前，应先认真核实当事人的经济情况。

## （二十一）延期（分期）缴纳罚款批准书

1. 概念

延期（分期）缴纳罚款批准书，是当事人收到行政处罚决定书之日起15日内向做出行政处罚的行政执法机关提出延期（分期）缴纳罚款申请，经行政执法机关审批同意，向当事人下达的同意延期（分期）缴纳罚款的法律文书。

2. 制作说明

（1）文书文号。文书文号是延期（分期）缴纳罚款批准书的编号，由“地区简称+安监管缴批+年份+序号”组成。如果批准当事人分为若干期缴纳罚款的，每期均应当单独开具文书，且每一期的批准书编制的顺序应不同。

（2）批准当事人延期缴纳罚款的，应当在该选项前的方框内打勾，并写明延长期限的截止日期。

（3）批准当事人分期缴纳罚款的，应当在该选项前的方框内打勾。每一期都应当单独开具本文书，编写文书编号，并写明当事人尚未缴纳罚款的余额。

3. 注意事项

对分期缴纳罚款的期数和具体数额，行政机关应当根据当事人的实际承受能力确定。

## （二十二）文书送达回执

1. 概念

文书送达回执，是记录行政执法机关将有关执法文书已送达当事人或者其他受送达人的文书。

2. 文书制作说明

（1）执法文书回执，应当写明送达文书及文号、送达地点、送达方式、受送达人等内容。送达方式有直接送达、委托、邮寄、留置、公告送达等，应当具体明确。

（2）送达人和收件人必须写明，并正确无误。收件人尽可能是处罚对象的本人或者其主要负责人，按照有关送达的规定填写收件人。

（3）送达日期必须如实填写。很多情况下，送达日期往往是法律文书生效的日期。

3. 注意事项

文书送达回执是执法文书已经依法送达的文件书面凭据。可以针对一个文书送达使用，也可以针对多个文书送达使用。文书送达回执针对一个案件中相关文书的送达，可以统一使用一份处理。

## （二十三）结案审批表

1. 概念

结案审批表，是行政执法机关在案件处理终结时，由案件承办人员制作报请本机关负责人审核批准结案的内部法律文书。

2. 制作说明

（1）文书文号。文书文号是结案审批表编号，由“地区简称+安监管结+年份+序号”组成。

（2）当事人基本情况。分为被处罚人和被处罚单位（法人或其他组织）。当事人是自然人的，应当填写被处罚人的姓名、年龄、性别、单位地址、家庭地址、联系电话和邮编；当事人是单位的，应当填写被处罚单位的全称、法定代表人姓名、联系电话、单位地址和邮编。

（3）处理结果。写明当事人的行为违反的法律规定、适用的法律依据、作出的处罚决定和当事人履行处罚决定的情况。引用法律条文要具体到条、款、项、目，并且与行政处罚决定书的表述相一致。

(4)执行情况。应当根据行政处罚决定的履行情况对应填写。如申请人民法院强制执行的，应当写明强制执行结果。罚款的行政处罚执行完毕的，应当将缴款单据附在文书后。承办人在确认执行完毕后，应当在此栏填写“建议结案”的意见，并签署姓名和日期。

3. 注意事项

(1)结案条件。行政处罚案件有下列情形之一的，应当予以结案：行政处罚执行完毕的、不予行政处罚的、移送公安检察机关或者其他部门处理的、申请强制执行且法院已受理或者作出裁定的和其他应予结案的。

(2)结案时间。结案时间指行政执法机关主要负责人或分管负责人签署审批结案意见的时间。

### (二十四)案卷首页

1. 概念

案卷首页，是行政执法机关处理案件完毕后，将有关案件材料装订成卷时制作的有关案卷内材料总的提示性封面。

2. 制作说明

(1)文头。文头应当补充填写行政执法机关的全称。

(2)文书文号。文书文号是案卷首页的编号，由“地区简称+安监管案+年份+序号”组成。

(3)案件名称。案件名称一般表述为立案审批表中“案件名称”删除“涉嫌”两字后的名称。

(4)案由。案由应当与立案审批表的案由保持一致。

(5)处理结果。写明当事人的行为违反的法律规定、适用的法律依据、作出的处罚决定和当事人履行处罚决定的情况。引用法律条文要到条、款、项、目，并且与行政处罚决定书一致。

(6)立案时间。同立案审批表的审批时间。

(7)结案时间。同结案审批表的审批时间。

(8)承办人。填写该案具体承办人的姓名，至少两名持行政执法证的人员。

(9)归档日期。填写具体的存档时间。根据《广东省安全生产监督管理局关于安全生产监督管理部门办理行政处罚案件的工作指引》规定，案件结案后，案件承办机构应当在结案之日起30日内将办案过程中形成的案件材料，按国家有关机关档案管理的规定立卷归档，并将案卷移交安全生产监督管理部门档案保管机构保管。

(10)归档号。按照本单位统一的顺序排列编号。

(11)保存期限。按照有关法律规定注明年限。

### (二十五)卷内目录

1. 概念

卷内目录，是行政执法机关处理案件完毕后，将有关案件材料装订成卷时所作的有关案卷内材料的提示性文书。

2. 制作要求

(1)序号。序号使用阿拉伯数字排列填写。

(2)文件名称及编号。文件名称及编号应当填写案件全称及相应编号。

(3)日期。对于执法文书，应当填写正式生效的日期。其他文书，填写取得文件的日期。

(4)页号。将卷内文件排序后依次统一编制页码号，采用阿拉伯数字填写。

(5)备注。填写文件说明事项。

3. 注意事项

(1)目录内容和卷内文件相对应，符合立卷归档要求。

(2)卷内文件均要体现在目录上，做到目录与卷内文件相符合。

## 二、填写范例

### (一)立案审批表

**安全生产行政执法文书**

**立案审批表**

(×)安监管立〔201×〕××号

案由：一般违法行为——职业健康

案件来源：执法检查　时间：201×年××月××日

案件名称：××有限公司涉嫌违反《职业病防治法》有关规定案

当事人：××有限公司　电话：×××××××××

当事人基本情况：公司类型××××，法定代表人×××，经营范围生产、加工、销售：水上乐园设备；水上乐园、游泳池、温泉水疗项目的策划，设计；企业管理咨询。

当事人地址：××市××区××镇××村　邮编：××××××

| | |
|---|---|
| 案件基本情况：201×年××月××日，××区安全生产监督管理局执法人员对××公司进行执法检查，经检查发现：①未按照规定公布有关职业病防治的规章制度、操作规程、职业病危害事故应急救援措施；②未按照规定组织劳动者进行职业卫生培训、未对劳动者个人职业病防护采取指导、督促措施；③未按照规定对工作场所职业病危害因素进行检测；④订立劳动合同时，未告知劳动者职业病危害真实情况。对此，执法人员当即下达了《责令限期整改指令书》〔(×)安监管责改〔201×〕××号〕，责令限期在201×年××月××日前整改完毕。4月15日，我局执法人员对该企业进行复查，发现该企业未按照《责令限期整改指令书》的要求在限期内对：未按照规定公布有关职业病防治的规章制度、操作规程、职业病危害事故应急救援措施；未按照规定组织劳动者进行职业卫生培训、未对劳动者个人职业病防护采取指导、督促措施等问题进行整改。<br>承办人意见：上述行为涉嫌违反《中华人民共和国职业病防治法》第二十五条第一款和第三十五条第二款的规定，建议立案。<br>承办人(签名)：×××　证号：××××××<br>×××　证号：××××××<br>201×年××月××日 | |
| 审核意见：<br>拟同意立案。(手写)<br>审核人(签名)：×××<br>201×年××月××日 | 审批意见：<br>同意。(手写)<br>审批人(签名)：×××<br>201×年××月××日 |

## (二)现场检查记录

### 安全生产行政执法文书

### 现场检查记录

被检查单位：××涂料制造有限公司

地　址：××区××街××大道××号

法定代表人(负责人)：何××　职务：董事长 联系电话：×××××××××

检查场所：××车间和××仓库

检查时间：201×年××月××日××时××分至××日××时××分

我们是××市××区安全生产监督管理局执法人员×××、×××，证件号码为××××、××××，这是我们的证件(出示证件)。现依法对你单位进行现场检查，请予以配合。

检查情况：××市安全生产监督管理局执法人员×××、×××在××公司车间负责人×××(身份证号：×××××××××)的陪同下，对该公司××车间和××仓库进行了检查。详细的检查情况如下：

一、证照情况

该公司于××××年××月××日成立，经营范围：生产、销售水性涂料(不含危化品、易燃易爆品)。目前持有企业法人营业执照，注册号：×××××××号；税务登记证：粤地税字×××××××号。无危险化学品安全生产许可证。

二、××生产车间情况

××生产车间为简易的单层建筑，屋顶由白铁皮搭建而成，总面积2000平方米。当执法人员进入车间时，车间内弥漫着难闻的刺激气味，有数十名工人正在进行生产作业，其中：有三名工人正在将PU木器漆成品进行分装。有两名工人在操作分散机搅拌一些油性物质，属PU的半成品。车间的主要设备有两台分散机、两台砂磨机、一台三磨机等。车间里堆放着少量的原料、半成品、成品，属于危险化学品的如下：醇酸树脂××桶、××公斤，天拿水××桶、××公斤，PU漆固化剂××箱、××公斤等。

三、××仓库情况

××仓库为简易的单层砖墙建筑，屋顶为铁皮，总面积约200平方米。在仓库东北角混存着原料、成品及一些空罐。经点算，主要储存了如下原料：环已酮××桶、××公斤，醇酸树脂××桶、××公斤，聚氨酯漆固化剂××桶、××公斤，PU木器漆××罐、××公斤。

四、检查发现存在的问题

1. 工作场所未按规定为员工配备劳保用品口罩；

2. 未建立从业人员安全培训档案资料，未能提供相关档案资料；

3. 压力容器的压力表没有按规定定期检测，未能提供相关检测报告；

共2页　第1页

续上表

4. 没有按规定公布职业病防治的规章制度和职业病危害事故应急救援措施；

5. 机械设备转动部件没有按规定装防护罩。

在检查过程中，执法人员对检查现场进行了拍照、录像，××公司车间负责人×××在打印的现场检查照片(共××张，具体见附件)上进行了签名确认。××区××街道安全生产监督管理办的××× 、×××陪同会同进行了现场检查。

(以下空白)

检查人员(签名)：____________、____________

被检查单位现场负责人(签名)：____________

201×年××月××日

共2页　第2页

(三)询问通知书

安全生产行政执法文书

**询问通知书**

(×)安监管询〔201××〕××号

×××：

因 ××涂料制造有限公司涉嫌未依法取得危险化学品经营许可证，擅自从事危险化学品经营，请你于201×年××月××日××时到××市××区安全生产监督管理局接受询问调查，来时请携带下列证件材料(见打√处)：

√身份证

√营业执照

√法定代表人身份证明或者委托书

□____________

如无法按时前来，请及时联系。

安全生产监督管理部门地址：××市××区××街××路××号

联系人：×××，×××　联系电话：××××××××××，××××××××××

××××安全生产监督管理部门(公章)

201×年××月××日

本文书一式两份：一份由安全生产监督管理部门备案，一份交被询问人。

## (四)询问笔录

### 安全生产行政执法文书

### 询问笔录

询问时间：201×年××月××日××时××分至××日××时××分　第1次询问

询问地点：×××区安全生产监督管理局×××办公室

被询问人姓名：××× 性别：男 年龄：××岁 身份证号：×××××××××××××××

工作单位：××公司第一分公司 职务：负责人 住址：××区××街××路×××号×座××× 电话：×××××××××

询问人：×××　单位及职务：××区安全生产监督管理局科员

记录人：×××　单位及职务：××区安全生产监督管理局科员

在场人：无

我们是××市××区安全生产监督管理局的执法人员×××、×××，证件号码为××××、××××，这是我们的证件(出示证件)。我们依法就××公司第一分公司涉嫌未经依法批准擅自经营危险物品的有关问题向您了解情况，您有如实回答问题的义务，也有陈述、申辩和申请回避的权利。您听清楚了吗?

询问记录：答：清楚，不需要回避。

问：请你介绍个人的基本情况?

答：我叫×××，男，1999年开始在××有限公司做固化剂的技术生产研发，我现在是××有限公司法人，以前公司叫××有限公司，××有限公司第一分公司的负责人也是我，我主管这两个公司的全面工作 。

共3页　第1页

续上表

问：××有限公司第一分公司什么时候开始将公司名称改为××有限公司第一分公司？

答：201×年××月××日向×××市工商局××××分局申请变更，于2013年××月××日正式变更为××有限公司第一分公司。

问：××有限公司第一分公司的营业场所有没有改变？

答：有，变更为××市××区××街×××××路×××号××座×××。

问：营业执照变更后，你从何时对你公司《危险化学品经营许可证》进行重新办理？

答：当初我是马上进行办理的，后来因为在申请时，业主方消防验收也需要一个审批过程，具体是由我公司的×××负责办理的。

问：201×年××月××日，根据××有限公司第一分公司重新办理《危险化学品经营许可证》的申请，我局执法人员对现场进行核查，请你讲下当时的检查情况。

答：执法人员抽查了我公司××××年××至××月，××××年××月、××至××月，×××× 年××月的记账凭证，发现在201×年××月××日开出一张《广东增值税专用发票》（编号：××××××），销售货物包括乙二醇、醋酸钾、甲醇、二丁酯、正丁酯、醋酸甲酯。

问：请你解释一下这6个品种属于什么东西？

答：乙二醇属于冷冻液，醋酸钾是普通化工产品，不属于危险化学品；二丁酯是增塑剂；全名是邻苯二甲酸二丁酯，正丁酯是醋酸正丁酯，与甲醇和醋酸甲酯三种物质都属危险化学品。

问：对照《危险货物品名表》（GB12268—2005），发现名录中有甲醇（危规号：32058）、醋酸甲酯（品名：乙酸甲酯，危规号：32126）、醋酸正丁酯（危规号：32130）和你公司发票（No×××××××）上面所写的是否属于同一种物质？

答：是属于同一物质。

问：201×年××月××日，××有限公司第一分公司取得《危险化学品经营许可证》（编号：××××××号（×）），许可经营范围是什么？

答：经营范围是：丙酮（31025）、甲醇（32058）、酒精溶液（32061）、乙醇[无水]（32061）、甲乙酮（32073）、醋酸乙酯（32127）、甲基丙烯酸甲酯（32149）、环氧漆固化剂（32198）、1，2-二甲苯（33535）、苯乙烯[抑制了的]（33541）、不饱和聚酯树脂（33645）、过氧化氢[20%≤含量≤60%]（51001）、过氧化甲乙酮[在溶液中，含量≤45%，含有效氧≤10%]（52032）、过氧化环己酮[糊状物，含量≤72%，含有效氧≤9%]（52034）、过氧化（二）苯甲酰[工业纯]（52045）、过氧化苯甲酸叔丁酯[工业纯]（52076）、冰醋酸（81061）、丁烯二酸酐[顺式]（81624）、苯酐（81631）。

问：醋酸甲酯和醋酸正丁酯有没有在这个许可经营范围里面？

答：没有。

问：这个醋酸甲酯和醋酸正丁酯销售到哪里去？

答：销售到××有限公司。

问：你上述销售到××有限公司的危险化学品是从哪里购买的？

答：是从××有限公司购买的。

共3页　第2页

续上表

问：你公司销售醋酸甲酯和醋酸正丁酯的数量和金额分别是多少？

答：醋酸甲酯销售 300 公斤，金额 2 096.52 元，醋酸正丁酯销售 200 公斤，金额 1953.74 元。

问：我们发现你公司进项和销项发票的开票名称都是××有限公司，而你取得《危险化学品经营许可证》的是××有限公司第一分公司，请你作解释。

答：因为××有限公司第一分公司是属于分支机构，不能独立核算，不能开发票，考虑到把营销和运营的业务搬到写字楼，让员工有一个舒适的办公环境和品牌的树立，所以才成立分公司。××有限公司第一分公司已取得《组织机构代码证》（代码：××××××××××××××）、《税务登记证》（地税）（编号：粤地税字×××××××××××××××）、《税务登记证》（国税）（编号：粤国税字×××××××××××。

问：日常从事危险化学品经营活动的是××有限公司还是××有限公司第一分公司？

答：是××有限公司第一分公司从事危险化学品经营活动，包括：采购，营销，运营，后勤，财务等工作的环节。

问：你有什么需要补充的？

答：我们公司在经营过程中属于一个摸索的过程，对一些法律法规不熟悉，公司管理不规范，希望给我和我公司一个改过自新的机会。

问：你还有什么需要补充吗？

答：没有。

以上共××页，我已看过，与我所说的一致（此句由被询问人亲笔手写，首尾按指模）

×××（手写）201×年××月××日

询问人（签名）：×××　　　　记录人（签名）：×××

被询问人（签名）：×××（按指模）　　　　201×年××月××日

共 3 页　第 3 页

## (五)先行登记保存证据审批表

### 安全生产行政执法文书

### 先行登记保存证据审批表

案件名称：×××涉嫌未经依法批准，擅自储存危险物品案

| | |
|---|---|
| 当事人及基本情况 | 姓名：×××，年龄：××岁，身份证号：××××××××××××××，当事人地址：××市××区××街××村××路××号。 |
| 案件基本情况 | 201×年××月××日，××区安全生产监督管理局执法人员对××市××区××街×××××村×××××路××号对面的厂房进行检查，该厂房共分三部分，总面积约2500平方米，该厂房内储存氢氧化钠、亚硫酸氢钠、无水乙醇、甲醇、环己酮、乙酸乙酯、硫酸铜等40个品种的危险化学品，厂房缺乏消防设施和安全设施，没有设置任何安全标志，未经消防、安全等部门验收合格，涉嫌未经依法批准，擅自储存危险物品，违反了《安全生产法》第三十六条“生产、经营、运输、储存、使用危险物品或者处置废弃危险物品的，由有关主管部门依照有关法律、法规的规定和国家标准或者行业标准审批并实施监督管理”的规定。 |
| 证据名称及数量 | 二甲苯(500毫升×20瓶)107箱、三乙胺500毫升×20瓶)22箱、氢氧化钾(500克×20瓶)137箱、二氯甲烷(500毫升×20瓶)172箱、乙醇(95%)(500毫升×20瓶)88箱、甲醇(500毫升×20瓶)131箱、三氯乙烯(500毫升×20瓶)40箱、环己酮(500毫升×20瓶)158箱、四氢呋喃(500毫升×20瓶)124箱、重铬酸钾(500克×20瓶)67箱、过硫酸铵(500克×20瓶)80箱、硝酸钾(500克×20瓶)45箱、乙二胺(500毫升×20瓶)70箱、氟化氢铵(500克×20瓶)41箱、二甲基甲酰胺(500毫升×20瓶)80箱、氟化铵(250克×20瓶)56箱、苯酚(500克×20瓶)96箱、过氧化氢(30%)(500毫升×20瓶)144箱、过氧乙酸(500毫升×20瓶)72箱、乙酸乙酯(500毫升×20瓶)160箱、硫酸铜(500克×20瓶)112箱、氯化锌(500克×20瓶)78箱、乙酸丁酯(500毫升×20瓶)224箱、甲醛(500毫升×20瓶)29箱、磷酸(500毫升×20瓶)54箱、甲酸(500毫升×20瓶)44箱、氟化钠(500克×20瓶)18箱、次氯酸钠(500毫升×20瓶)82箱、亚硝酸钠(500克×20瓶)128箱、硝酸钠(500克×20瓶)14箱、硫化钠(500克×20瓶)22箱、连二亚硫酸钠(500克×20瓶)75箱、异丙醇(500毫升×20瓶)160箱、氢氧化钠(500克×20瓶)54箱、氢氧化钠(珠状)(500克×20瓶)34箱、亚硫酸氢钠(500克×20瓶)120箱、甲醛(2500克×6瓶)102箱、氢氧化钠(每包25公斤)366包、无水乙醇(每桶20公斤)108桶、氨水(500毫升×6瓶)1425箱、氢氟酸(500毫升×20瓶)100箱、冰乙酸(乙酸)(500毫升×20瓶)40箱、无水乙醇(500毫升×20瓶)892箱、无水乙醇(每桶150公斤)94箱、四氢呋喃(每桶180公斤)12桶、冰乙酸(每桶180公斤)24箱、二甲苯(每桶180公斤)1桶、二氯甲烷(每桶220公斤)44桶、甲醇(每桶180公斤)1桶、乙醇(每桶180公斤)15桶、乙酸乙酯(每桶180公斤)8桶、异丙醇(每桶180公斤)34桶、三乙胺(每桶180公斤)9桶、四氯乙烯(每桶180公斤)2桶、氢氧化钠(每包25公斤)336包、三氯化铁(每桶50公斤)13桶、亚硝酸钠(每包50公斤)22包、甲醛(每桶160公斤)51桶、重铬酸钾(每包50公斤)20包等危险物品。 |

共2页 第1页

续上表

| | |
|---|---|
| 提请理由及依据 | 提请依据：《中华人民共和国行政处罚法》第三十七条第二款的规定。 |
| 保存方式 | 原地封存。 |

| |
|---|
| 承办人意见：<br>由于涉及物品品种和数量较多，为避免日后难以取得相关证据，建议在该公司原地先行登记保存，待进一步调查处理。<br>承办人(签名)：　×××、×××　　201×年××月××日 |
| 部门负责人意见：<br>拟同意承办人员意见。<br>负责人(签名)：　×××　　201×年××月××日 |
| 分管负责人意见：<br>拟同意，请 ×××审批。<br>负责人(签名)：×××　　201×年××月××日 |
| 机关负责人意见：<br>同意。<br>负责人(签名)：×××　　201×年××月××日 |

共2页　第2页

（六）先行登记保存证据通知书

**安全生产行政执法文书**

**先行登记保存证据通知书**

（×）安监管先保通〔201×〕××号

×××：

你（单位）涉嫌未经依法批准擅自经营储存危险物品行为。为确保调查取证工作，依据《中华人民共和国行政处罚法》第三十七条第二款的规定，本行政机关决定对你（单位）的有关证据（证据名称、数量等详见附后清单）采取先行登记保存措施。

文书制作注意事项：

1. 对先行登记保存的证据，本行政机关将在七日内依法作出处理决定。请你（单位）于201×年××月××日到××安全生产监督管理局（××区××街××路××号）接受对先行登记保存证据的处理决定。

2. 对就地先行登记保存的证据，在本行政机关作出处理决定前，你（单位）负有妥善保管的义务，不得有短缺、灭失、损毁或擅自移动等改变证据物品的任何行为。

3. 请核对证据清单后，签名确认。

××××安全生产监督管理部门（公章）
201×年××月××日

被通知人或被通知单位负责人（签名）：×××

本文书一式两份：一份由安全生产监督管理部门备案，一份交被取证人（单位）。

附：

## 先行登记保存证据清单

| 序号 | 证据名称 | 规格型号 | 产地 | 成色（品级） | 单位 | 价格 | 数量 | 备注 |
|---|---|---|---|---|---|---|---|---|
| 1 | 氧气 | 40 升(容积) | — | — | 瓶 | — | 48 | 实瓶 |
| 2 | 氧气 | 40 升(容积) | — | — | 瓶 | — | 11 | 空瓶 |
| 3 | 二氧化碳 | 40 升(容积) | — | — | 瓶 | — | 28 | 实瓶 |
| 4 | 二氧化碳 | 40 升(容积) | — | — | 瓶 | — | 7 | 空瓶 |
| 5 | 氩气 | 40 升(容积) | — | — | 瓶 | — | 17 | 实瓶 |
| 6 | 氩气 | 40 升(容积) | — | — | 瓶 | — | 5 | 空瓶 |
| 7 | 氮气 | 40 升(容积) | — | — | 瓶 | — | 8 | 实瓶 |
| 8 | 混合气体 | 40 升(容积) | — | — | 瓶 | — | 26 | 实瓶 |
| 9 | 乙炔 | 含气 1.5 公斤 | — | — | 瓶 | — | 49 | 实瓶 |
| 10 | 乙炔 | 含气 1.5 公斤 | — | — | 瓶 | — | 9 | 空瓶 |
| — | — | — | — | — | — | — | — | — |
| — | — | — | — | — | — | — | — | — |
| — | — | — | — | — | — | — | — | — |
| — | — | — | — | — | — | — | — | — |
| — | — | — | — | — | — | — | — | — |
| — | — | — | — | — | — | — | — | — |
| — | — | — | — | — | — | — | — | — |

上述物品经核无误。

物品所有人(签名)：×××

承办人(签名)：×××

承办人(签名)：×××

201×年××月××日

## （七）先行登记保存证据处理审批表

**安全生产行政执法文书**

**先行登记保存证据处理审批表**

案件名称：×××涉嫌未经依法批准，擅自经营危险物品案

| | |
|---|---|
| 当事人及基本情况 | 姓名：×××，性别：男，民族：汉族，出生日期：××××年××月××日，年龄：××岁，身份证号码：×××××××××××××，身份证住址：××省×××县××××××××××，现住址：××省××市××区××镇××村××路××号，无工作单位。 |
| 案件基本情况 | 201×年××月××日，我局执法人员联合××镇安全办对位于××镇××村××××的简易石棉瓦棚和民房进行检查，检查发现：（一）石棉瓦棚约13平方米，储存乙炔（含气1.5公斤）实瓶32瓶、空瓶9瓶，氮气（容积：40升）实瓶3瓶，氧气（容积：40升）实瓶23瓶、空瓶11瓶，氩气（容积：40升）实瓶5瓶、空瓶5瓶，二氧化碳（容积：40升）实瓶6瓶、空瓶7瓶等工业气体共101瓶；（二）与该石棉瓦棚相距约100米的一简易民房，面积约20平方米，同为×××租用，储存混合气（容积：40升）实瓶26瓶，二氧化碳（容积：40升）实瓶22瓶，氩气（容积：40升）实瓶12瓶，氧气（容积：40升）实瓶25瓶，氮气（容积：40升）实瓶5瓶，乙炔（含气1.5公斤）实瓶17瓶，两个场所合计储存气瓶176个。上述物品属于危险化学品，全部气瓶混存混放，两个储存场所未经消防、防雷、安全生产监督管理等相关部门审批验收。当事人未取得《危险化学品经营许可证》，涉嫌未经批准，擅自经营危险物品，违反了《危险化学品经营许可证管理办法》第三条规定。 |
| 证据名称及数量 | 氧气（容积：40升，危规号22001）实瓶48瓶、空瓶11瓶，二氧化碳（容积：40升，危规号：22019）实瓶28瓶、空瓶7瓶，氩气（容积：40升，危规号：22011）实瓶17瓶、空瓶5瓶，氮气（容积：40升，危规号：22005）实瓶8瓶，乙炔（含气1.5公斤，危规号：21024）实瓶49瓶，混合气（二氧化碳和氩气混合，容积：40升）26瓶，合计176瓶，详见清单。 |
| 提请理由及依据 | 依据《中华人民共和国行政处罚法》第三十七条第二款规定，我局应在七日内对先行登记保存物品作出处理决定。建议没收先行登记的属于危险化学品的176瓶气体。 |
| 承办人意见：<br>依据《危险化学品安全管理条例》第七十七条规定，违反本条例规定，未取得危险化学品经营许可证从事危险化学品经营的，由安全生产监督管理部门责令停止经营活动，没收违法经营的危险化学品以及违法所得，并处10万元以上20万元以下的罚款；构成犯罪的，依法追究刑事责任。建议没收先行登记的属于危险化学品的176瓶气体。<br>承办人（签名）：×××，×××　　201×年××月××日 | |

共2页　第1页

| |
|---|
| 部门负责人意见：<br>拟同意。<br>负责人(签名)：×××　　　　201×年××月××日 |
| 机关负责人意见：<br>同意。<br>负责人(签名)：　×××　　　　201×年××月××日 |

共2页　第2页

## (八)先行登记保存证据处理决定书

安全生产行政执法文书

### 先行登记保存证据处理决定书

(×)安监管先保处〔201×〕××号

×××：

本机关于2014年××月××日对你(单位)的乙炔(容积：40升，危险化学品编号：21024)18瓶、液氨(50公斤，危险化学品编号：23003)2瓶、氮气(容积：40升，危险化学品编号：22005)20瓶、氦气(容积：40升，危险化学品编号：22007)15瓶、氧气(容积：40升，危险化学品编号：22001)10瓶、氩气(容积：40升，危险化学品编号：22011)16瓶、氢气(容积：40升，危险化学品编号：21001)5瓶、混合气(容积：40升)20瓶等物品进行了先行登记保存[文号：(×)安监管先保通〔201×〕××号]。现依法对上述物品作出如下处理：依据《中华人民共和国行政处罚法》第三十七条第二款和《危险化学品安全管理条例》第七十七条的规定，依法没收乙炔(容积：40升，危险化学品编号：21024)18瓶、液氨(50公斤，危险化学品编号：23003)2瓶、氮气(容积：40升，危险化学品编号：22005)20瓶、氦气(容积：40升，危险化学品编号：22007)15瓶、氧气(容积：40升，危险化学品编号22001)10瓶、氩气(容积：40升，危险化学品编号：22011)16瓶、氢气(容积：40升，危险化学品编号：21001)5瓶、混合气(容积：40升)20瓶。(以下空白)

如果不服本决定，可以依法在60日内向××市××区人民政府或者××市安全生产监督管理局申请行政复议，或者在六个月内依法向××市××区人民法院提起行政诉讼，但本决定不停止执行，法律另有规定的除外。

××××安全生产监督管理部门(公章)

201×年××月××日

本文书一式两份：一份由安全生产监督管理部门备案，一份交被取证单位。

九、抽样取证凭证

安全生产行政执法文书

抽样取证凭证

(×)安监管抽〔201×〕××号

被抽样取证单位：×××××公司 现场负责人：×××

单位地址：××××××××××××× 联系电话：×××××××××

邮编：××××××

抽样取证时间：201×年××月××日××时××分至××月××日××时××分

抽样地点：××区×××镇××××村××路××××公司第一仓库

依据《中华人民共和国行政处罚法》第三十七条第二款规定，对被抽样取证单位的下列物品进行抽样取证。

| 序号 | 证据物品名称 | 规格及批号 | 数量 |
|---|---|---|---|
| 1 | 天然乳胶 | 样品，100毫升 | 1 |
| 2 | 白电油 | 样品，100毫升 | 1 |
| 3 | 二氯甲烷 | 样品，100毫升 | 1 |
| 4 | 强力接着剂 | 样品，100毫升 | 1 |
| 5 | 环保超级粘胶 | 样品，100毫升 | 1 |
| | | | |
| | | | |

被抽样取证单位现场负责人(签名)：×××

安全生产监管执法人员(签名)：××× 证号：×××××

××× 证号：×××××

××××安全生产监督管理部门(公章)

201×年××月××日

本文书一式两份：一份由安全生产监督管理部门备案，一份交被抽样取证单位。

(十)现场处理措施决定书

安全生产行政执法文书

现场处理措施决定书

(×)安监管现决〔201×〕××号

×××公司：

我局于201×年××月××日现场检查时，发现你单位有下列违法违规行为和事故隐患：

1. 现场发现张××未佩戴职业病防护用品从事职业病危害严重岗位作业；

2. 现场发现第3车间在未采取可靠安全措施的情况下使用属于危险化学品的天那水；

3.（此栏不够，可另附页）

以上存在的问题无法保证安全生产，依据《中华人民共和国安全生产法》第六十二条 的规定，现作出如下现场处理决定：

1. 责令张××立刻停止从事职业病危害严重岗位作业；

2. 责令立刻停止第3车间的危险化学品使用作业；

3. ＿＿＿＿＿＿＿＿＿＿。（此栏不够，可另附页）

如果不服本决定，可以依法在60日内向 ××市××区 人民政府或者 ××市安全生产监督管理局 申请行政复议，或者在六个月内依法向 ××市××区 人民法院提起行政诉讼，但本决定不停止执行，法律另有规定的除外。

安全生产监管执法人员（签名）：×××　证号：×××××

×××　证号：×××××

被检查单位负责人（签名）：×××

××××安全生产监督管理部门（公章）

201×年××月××日

---

本文书一式两份：一份由安全生产监督管理部门备案，一份交被检查单位。

## （十一）责令限期整改指令书

**安全生产行政执法文书**

**责令限期整改指令书**

（×）安监管责改〔201×〕××号

××木业制造公司：

经查，你单位存在下列问题：

1. 未为员工配备劳保用品；

2. 未建立从业人员安全培训档案资料；

3. 压力容器的压力表没有按规定定期检测；

4. 没有按规定公布有关职业病防治的规章制度和职业病危害事故应急救援措施；

5. 机械设备转动部件没有安装防护罩。＿＿＿＿（此栏不够，可另附页）。

现责令你单位对上述第1～5 项问题于201×年××月××日前整改完毕，达到有关法律、法规、规章和标准规定的要求。逾期不整改或达不到要求的，依法给予行政处罚；由此造成事故的，依法追究有关人员的责任。

如果不服本指令，可以依法在60日内向 ××市××区 人民政府或者 ××市安全

生产监督管理局 申请行政复议，或者在六个月内依法向 ××市××区 人民法院提起行政诉讼，但本指令不停止执行，法律另有规定的除外。

安全生产监管执法人员(签名)： ××× 证号： ××××××

××× 证号： ××××××

被检查单位负责人(签名)： ×××

××××安全生产监督管理部门(公章)

201×年××月××日

本文书一式两份：一份由安全生产监督管理部门备案，一份交被检查单位。

（十二）整改复查意见书

安全生产行政执法文书

## 整改复查意见书

(×)安监管复查〔201×〕××号

××木业制造公司：

本机关于201×年××月××日作出了 责令限期整改 的决定(×)安监管 责改〔201 ×〕××号〕，经对你单位整改情况进行复查，提出如下意见：

1. 未为员工配备劳保用品(已整改)；
2. 未建立从业人员安全培训档案资料(已整改)；
3. 压力容器的压力表没有按规定定期检测；
4. 没有按规定公布有关职业病防治的规章制度和职业病危害事故应急救援措施；
5. 机械设备转动部件没有安装防护罩。(以下空白)

被复查单位负责人(签名)： ×××

安全生产监管执法人员(签名)： ××× 证号： ××××××

××× 证号： ××××××

××××安全生产监督管理部门(公章)

201×年××月××日

本文书一式两份：一份由安全生产监督管理部门备案，一份交被复查单位。

(十三)强制措施决定书

**安全生产行政执法文书**

**强制措施决定书**

(×)安监管强措〔201×〕××号

××××有限公司：

我局在现场检查时，发现你单位(现场)存在下列问题：××车间××设备不符合《××××××》(GB××—×××××)的规定要求，存在重大隐患。

以上存在的问题无法保障安全生产，依据《中华人民共和国安全生产法》第六十二条的规定，

决定采取以下强制措施：查封××车间不符合保障安全生产国家标准或行业标准的××设备。(以下空白)

如果不服本决定，可以依法在60日内向××市××区人民政府或者××市安全生产监督管理局申请行政复议，或者在六个月内依法向××市××区人民法院提起行政诉讼，但本决定不停止执行，法律另有规定的除外。

××××安全生产监督管理部门(公章)
201×年××月××日

本文书一式两份：一份由安全生产监督管理部门备案，一份交被检查单位。

(十四)行政处罚告知书

**安全生产行政执法文书**

**行政处罚告知书**

(×)安监管罚告〔201×〕××号

××市××涂料有限公司：

经查，你单位有未将危险化学品储存在专用仓库的违法行为。

上述事实有以下证据证实：

证据一：你单位提供的工商营业执照复印件，证明你单位的主体资格。

证据二：执法人员于201×年××月××日制作并经你公司现场负责人梁××签字确认的《现场检查记录》和现场照片，证明××市××涂料有限公司存在以上违法行为。

证据三：执法人员201×年××月××日、××日依法对你单位周××、梁××、廖××、王××进行调查询问并制作的《询问笔录》。周××、梁××、廖××、王××均签名确认××市××涂料有限公司有未将危险化学品储存在专用仓库的违法事实。

以上行为违反了《危险化学品安全管理条例》第二十四条第一款“危险化学品应当储存在专用仓库、专用场地或者专用储存室(以下统称专用仓库)内，并由专人负责管理；……”的规定。依据《危险化学品安全管理条例》第八十条“生产、储存、使用危险化学品的单位有下列情形之一的，由安全生产监督管理部门责令改正，处5万元以上10万元以下的罚款。……(四)未将危险化学品储存在专用仓库内，……”的规定，拟对你单位作出责令改正，处人民币柒万元(￥70，000.00)罚款的行政处罚。

如对上述处罚有异议，根据《中华人民共和国行政处罚法》第三十一条和第三十二条的规定，你(单位)有权在收到行政处罚告知书之日起3日内向××市××区安全生产监督管理部门进行陈述和申辩。

安全生产监督管理部门地址：××市××区××路××号

联系人：×××、×××　联系电话：×××××××××　邮编：××××××

××××安全生产监督管理部门(公章)

201×年××月××日

---

本文书一式两份：一份由安全生产监督管理部门备案，一份交拟处罚当事人。

(十五)当事人陈述申辩笔录

安全生产行政执法文书

当事人陈述申辩笔录

时间：××××年××月××日××时××分至××日××时××分

地点：××××××

陈述申辩人：×××　性别：×　职务：××××

工作单位：××市××公司　电话：×××××××××

联系地址：××市××区××路××号　邮编：××××××

承办人：×××、×××　记录人：×××

我们是××市××区安全生产监督管理局的执法人员×××、×××，证件号码为××××××、×××××××，这是我们的证件(出示证件)。现对××市××公司“2·18”×××一般机械伤害案一案听取你(单位)的陈述申辩。

陈述申辩记录：承办人×××：现在请陈述申辩人×××进行陈述申辩。

陈述申辩人×××：作为公司主要负责人，我在×××事故发生前就已经组织了公司人员制定了设备的安全操作规程，明确了相关的安全注意事项；在事故发生后，公司也及时对伤者进行救治，同时安排员工对设备存在的安全隐患进行整治，因此申请减轻或者免于行政处罚。

承办人×××：是否还有其他陈述申辩意见?

陈述申辩人×××：没有了。

以上笔录我已看过，情况记录属实。

陈述申辩人(签名)：　×××

承办人(签名)：　×××、×××

记录人(签名)：　×××

201×年××月××日

(十六)听证告知书

安全生产行政执法文书

听证告知书

(×)安监管听告〔201×〕××号

××市××涂料有限公司：

经查，你单位有未将危险化学品储存在专用仓库的违法行为。

以上行为违反了《危险化学品安全管理条例》第二十四条第一款“危险化学品应当储存在专用仓库、专用场地或者专用储存室(以下统称专用仓库)内，并由专人负责管理；……”的规定。依据《危险化学品安全管理条例》第八十条“生产、储存、使用危险化学品的单位有下列情形之一的，由安全生产监督管理部门责令改正，处5万元以上10万元以下的罚款。……(四)未将危险化学品储存在专用仓库内，……”的规定，拟对你单位作出责令改正，处人民币柒万元(￥70000.00)罚款的行政处罚。

根据《中华人民共和国行政处罚法》第四十二条的规定，你(单位)有要求举行听证的权利。如你(单位)要求举行听证，请在接到本告知书之日起3日内向　××市××区　安全生产监督管理部门提出书面听证申请。逾期不提出申请的，视为放弃听证权利。

特此告知。

安全生产监督管理部门地址：　××市××区××路××号

联系人：×××、×××　联系电话：×××××××××　邮编：××××××

××××安全生产监督管理部门(公章)

201×年××月××日

本文书一式两份：一份由安全生产监督管理部门备案，一份交拟处罚当事人。

## （十七）案件处理呈批表

### 安全生产行政执法文书

### 案件处理呈批表

（×）安监管处呈〔201×〕（××）号

案件名称：××市××涂料有限公司涉嫌未将危险化学品储存在专用仓库案

<table>
<tr><td rowspan="5">当事人基本情况</td><td>被处罚单位</td><td>××市××涂料有限公司</td><td>地址</td><td colspan="3">××市××区××街××路××号</td></tr>
<tr><td>法定代表人</td><td>×××</td><td>职务</td><td>法人代表</td><td>邮编</td><td>××××××</td></tr>
<tr><td>被处罚人</td><td>——</td><td>年龄</td><td>——</td><td>性别</td><td>——</td></tr>
<tr><td>所在单位</td><td>——</td><td>单位地址</td><td colspan="3">——</td></tr>
<tr><td>家庭住址</td><td>——</td><td>联系电话</td><td>×××××××××</td><td>邮编</td><td>——</td></tr>
<tr><td>违法事实及处罚依据</td><td colspan="6">××××年×月×日，××市××区安全生产监督管理局执法人员对位于××区××街××路××号厂房对面的××市××涂料有限公司进行现场检查时发现，该公司有未将危险化学品储存在专用仓库的违法行为。该行为违反了《危险化学品安全管理条例》第二十四条的规定。</td></tr>
<tr><td>当事人的申辩意见</td><td colspan="6">××××年×月×日，执法人员向××市××公司送达了《行政处罚告知书》（×）安监管罚告〔201×〕（××）号，并依法告知其陈述申辩的权利。当事人在法定期限内未提出申辩意见。</td></tr>
<tr><td>承办人意见</td><td colspan="6">建议依据《危险化学品安全管理条例》第八十条的规定，给予该公司责令改正，处人民币柒万元（￥70 000.00）罚款的行政处罚。<br><br>承办人（签名）：×××　×××　　　××××年×月×日</td></tr>
<tr><td>审核意见</td><td colspan="2">拟同意。<br><br>审核人（签名）：×××<br>201×年××月××日</td><td>审批意见</td><td colspan="3">同意。<br><br>审批人（签名）：×××<br>201×年××月<br>××日</td></tr>
</table>

(十八)行政处罚决定书

## 安全生产行政执法文书

### 行政处罚决定书(单位)

(×)安监管罚〔201×〕××号

被处罚单位：　××市××涂料有限公司

地　址：××市××区××镇××开发试验区　邮编：　××××××

法定代表人(主要负责人)：×××　职务：××××　联系电话××××××××

违法事实及证据：有未将危险化学品储存在专用仓库的违法行为。

主要证据有：现场检查记录、现场检查照片、询问笔录、营业执照复印件等。

以上事实违反了《危险化学品安全管理条例》第二十四条第一款的规定，依据《危险化学品安全管理条例》第八十条的规定，决定给予责令改正，处人民币柒万元(￥70，000.00)罚款的行政处罚。

处以罚款的，罚款自收到本决定书之日起15日内缴至××财政代收费专户，账号见《××市非税收入缴款通知书》，到期不缴每日按罚款数额的3%加处罚款。

如果不服本处罚决定，可以依法在60日内向××市××区人民政府或者××市安全生产监督管理局申请行政复议，或者在六个月内依法向××市××区人民法院提起行政诉讼，但本决定不停止执行，法律另有规定的除外。逾期不申请行政复议、不提起行政诉讼又不履行的，本机关将依法申请人民法院强制执行或者依照有关规定强制执行。

××××安全生产监督管理部门(公章)

201×年××月××日

本文书一式两份：一份由安全生产监督管理部门备案，一份交被处罚单位。

(十九)罚款催缴通知书

## 安全生产行政执法文书

### 罚款催缴通知书

(×)安监管催〔201×〕××号

××市××涂料有限公司　：

本机关于×××× 年××月××日发出　(×)安监管罚〔201×〕×　　号行政处罚决定书，要求你(单位)于××××年　××　月　××　日前将罚款缴至　指定银行(《××市非税收入缴款通知书》缴款通知书编号：××××)　。因你(单位)至今未履行该处罚决定，现要求你(单位)立即缴纳罚款，并根据《中华人民共和国行政处罚法》第五十一条第(一)项的规定，每日按罚款数额的3%加处罚款。加处的罚款由代收机构直接收缴。

××××安全生产监督管理部门(公章)

201×年××月××日

本文书一式两份：一份由安全生产监督管理部门备案，一份交被通知当事人。

(二十)延期(分期)缴纳罚款审批表

## 安全生产行政执法文书

## 延期(分期)缴纳罚款审批表

| | | | |
|---|---|---|---|
| 案件名称 | ××市××涂料有限公司未将危险化学品储存在专用仓库案 | | |
| 处罚决定书文号 | (×)安监管罚〔201×〕(××)号 | | |
| 当事人 | ××市××公司 | 地址 | ××市××区××街××路××号 |
| 违法事实及处罚决定 | ××市××涂料有限公司未将危险化学品储存在专用仓库，其行为违反了《危险化学品安全管理条例》第二十四条第一款的规定，依据《危险化学品安全管理条例》第八十条的规定，决定给予责令改正，处人民币柒万元(￥70，000.00)罚款的行政处罚。 | | |
| 当事人申请延期(分期)缴纳罚款的理由 | 近期是市场需求淡季，资金难以回笼，特申请延期缴款。<br>附：当事人申请书、保证书。 | | |
| 承办人意见 | 经查情况属实，建议同意延期缴款。<br>承办人(签名)：×××　×××<br>201×年××月××日 | | |
| 审核意见 | 审核人(签名)：×××　201×年××月××日 | | |
| 审批意见 | 审批人(签名)：×××　201×年××月××日 | | |

## (二十一)延期(分期)缴纳罚款批准书

安全生产行政执法文书

### 延期(分期)缴纳罚款批准书

(×)安监管缴批〔201×〕××号

××市××涂料有限公司：

××××年××月××日，本机关对你(单位)发出(×)安监管罚〔201×〕(×)号《行政处罚决定书》，作出了对你(单位)罚款人民币×万元(大写)的决定，现根据你(单位)的申请，本机关依据《中华人民共和国行政处罚法》第五十二条的规定，同意你(单位)：

☑延期缴纳罚款。延长至××××年×月×日(大写)止。

□分期缴纳罚款。第______期至______年______月______日(大写)前，缴纳罚款______元(大写)(每期均应当单独开具本文书)。此外，尚有未缴纳的罚款______元(大写)。

代收机构以本批准书为据，办理收款手续。

逾期缴纳罚款的，依据《中华人民共和国行政处罚法》第五十一条第(一)项的规定，每日按罚款数额的3%加处罚款。加处的罚款由代收机构直接收缴。

××××安全生产监督管理部门(公章)

201×年××月××日

本文书一式两份：一份由安全生产监督管理部门备案，一份交申请人。

## (二十二)文书送达回执

安全生产行政执法文书

### 文书送达回执

(×)安监管回〔201×〕(××)号

案件名称：××市××涂料有限公司涉嫌未将危险化学品储存在专用仓库案

| 受送达单位(个人) | ××市××涂料有限公司 | | | | |
|---|---|---|---|---|---|
| 送达文书名称、文号 | 收件人签名或者盖章 | 送达地点 | 送达日期 | 送达方式 | 送达人 |
| (×)安监管先保通〔201×〕(××)号《先行登记保存证据通知书》 | ××× | ××市××公司办公室 | ××××年×月×日 | 直接送达 | ×××，××× |
| (×)安监管先保处〔201×〕(××)号《先行登记保存证据处理决定书》 | ××× | ××市××公司办公室 | ××××年×月×日 | 直接送达 | ×××，××× |

续上表

| 受送达单位(个人) | ××市××涂料有限公司 | | | | |
|---|---|---|---|---|---|
| 送达文书名称、文号 | 收件人签名或者盖章 | 送达地点 | 送达日期 | 送达方式 | 送达人 |
| (×)安监管罚告〔201×〕(××)号《行政处罚告知书》 | ××× | ××市××公司办公室 | ××××年×月×日 | 直接送达 | ×××,××× |
| (×)安监管听告〔201×〕(××)号《听证告知书》 | ××× | ××市××公司办公室 | ××××年×月×日 | 直接送达 | ×××,××× |
| (×)安监管罚〔201×〕(××)号《行政处罚决定书》 | ××× | ××市××公司办公室 | ××××年×月×日 | 直接送达 | ×××,××× |
| | | | | | |
| | | | | | |
| | | | | | |
| ××××安全生产监督管理部门(公章) | | | | | |
| 备注: | | | | | |

注:1. 一个案件各类文书的送达,统一使用一份送达回执。

2. 各类文书送达参照民事诉讼法有关送达的规定执行。

3. 他人代收的,由代收人在收件人栏内签名或者盖章,并在备注栏内注明与被送达人的关系;留置送达的,在备注栏说明情况,并由证明人签字。

### (二十三)结案审批表

**安全生产行政执法文书**

**结案审批表**

(×)安监管结〔201×〕××号

案件名称:××市××涂料有限公司未将危险化学品储存在专用仓库案

| 当事人基本情况 | 被处罚单位 | ××市××涂料有限公司 | 地址 | ××市××区××街××路××号 | | |
|---|---|---|---|---|---|---|
| | 法定代表人 | ××× | 职务 | 总经理 | 邮编 | ×××××× |
| | 被处罚人 | —— | 年龄 | —— | 性别 | —— |
| | 所在单位 | —— | 单位地址 | —— | | |
| | 家庭住址 | —— | 联系电话 | —— | 邮编 | —— |

续上表

<table>
<tr><td>处理结果</td><td colspan="3">××市××涂料有限公司未将危险化学品储存在专用仓库，其行为违反了《危险化学品安全管理条例》第二十四条第一款的规定，依据《危险化学品安全管理条例》第八十条的规定，决定给予责令改正，处人民币柒万元(￥70，000.00)罚款的行政处罚</td></tr>
<tr><td>执行情况</td><td colspan="3">截至×月×日，该公司已停止违法储存行为，罚款已全额缴至指定银行。本案已办理完毕，建议结案。<br>承办人(签名)：×××　×××　201×年××月××日</td></tr>
<tr><td>审核意见</td><td>拟同意结案。<br>审核人(签名)：×××<br>201×年××月××日</td><td>审批意见</td><td>同意结案。<br>审批人(签名)：×××<br>201×年××月××日</td></tr>
</table>

## (二十四)案卷首页及卷内目录

××市安全生产监督管理局

安全生产违法案件

案卷(首页)

(×)安监管案〔201×〕××号

案件名称：××市××涂料有限公司未将危险化学品储存在专用仓库案

| | |
|---|---|
| 案由 | 一般违法行为——危险化学品 |
| 处理结果 | ××市××涂料有限公司未将危险化学品储存在专用仓库，其行为违反了《危险化学品安全管理条例》第二十四条第一款的规定，依据《危险化学品安全管理条例》第八十条的规定，决定给予责令改正，处人民币柒万元(￥70，000.00)罚款的行政处罚。<br>截至×月×日，该公司已停止违法储存行为，罚款已全额缴至指定银行。 |

立案：201×年××月××日

结案：201×年××月××日

承办人：×××，×××

归档日期：201×年××月××日

归档号：×××

保存期限：永久

## 卷内目录

| 序号 | 文件名称及编号 | 日期 | 页号 | 备注 |
|---|---|---|---|---|
| 1 | 立案审批表 | 201×.××.×× | 1 | |
| 2 | 询问笔录 | 201×.××.×× | 2-10 | |
| 3 | 现场检查记录 | 201×.××.×× | 11 | |
| 4 | 先行登记保存证据审批表 | 201×.××.×× | 12-13 | |
| 5 | 先行登记保存证据通知书 | 201×.××.×× | 14 | |
| 6 | 先行登记保存证据清单 | 201×.××.×× | 15-20 | |
| 7 | 先行登记保存证据处理审批表 | 201×.××.×× | 21-22 | |
| 8 | 先行登记保存证据处理决定书 | 201×.××.×× | 23-24 | |
| 9 | 案件调查报告 | 201×.××.×× | 25-31 | |
| 10 | 行政处罚集体讨论记录 | 201×.××.×× | 32-35 | |
| 11 | 行政处罚告知书 | 201×.××.×× | 36-37 | |
| 12 | 听证告知书 | 201×.××.×× | 38-39 | |
| 13 | 案件处理呈批表 | 201×.××.×× | 40-41 | |
| 14 | 行政处罚决定书(单位) | 201×.××.×× | 42-43 | |
| 15 | 文书送达回执 | | 44 | |
| 16 | 安全生产不良行为记录告知书 | 201×.××.×× | 45 | |
| 17 | ××市非税收入缴款通知书 | 201×.××.×× | 46 | |
| 18 | ××省非税收入(电子)票据 | 201×.××.×× | 47 | |
| 19 | 结案审批表 | 201×.××.×× | 48 | |
| 20 | 案卷有关资料 | | 49-50 | |
| | | | | |

## 第四节　其他法律文书填写范例

### (一)勘验笔录

安全生产行政执法文书

勘验笔录

(×)安监管勘字〔201×〕(××)号

勘验时间：201×年××月××日××时××分至××月××日××时××分

勘验场所：××××有限公司厂区　天气情况　×

勘验人：×××　单位及职务：××区安全生产监督管理局　科员

勘验人：×××　单位及职务：××区安全生产监督管理局　科员

当事人：×××　单位及职务：××××有限公司经理

当事人：×××　单位及职务：××××有限公司设备主管

被邀请人：×××　单位及职务：××××有限公司总经理

被邀请人：×××　单位及职务：××××有限公司工程师

记录人：×××　单位及职务：××区安全生产监督管理局　监察员

我们是××市××区 安全生产监督管理局的执法人员　×××　、　×××　，证件号码为　××××××　、　×××××　，这是我们的证件(出示证件)。现依法进行勘验检查，请予以配合。

勘验情况：　一、厂区现场基本情况

(一)　××××有限公司位于××区××街×××村×××工业区×××号厂房，氨泄漏场所位于该公司的氨制冷机房设备间。氨制冷机房设备间(包括电控间)建筑面积×××平方米，共有螺杆式压缩机(JJZ2/LG20，厂商：××公司)2台，辅助贮液器(FZA4.8，厂商：××公司)1台，贮液罐(氨罐，ZA－8/8M3，厂商：××公司)2台，排液桶1台，集油器1台，低压循环桶(D×Z1－7.0，厂商：××公司)3台，紧急泄氨器1台等生产设备。液氨贮罐用于冷库制冷用途，制冷供液方式：氨泵强制供液，冷却降温设备：顶排管，冷凝方式：蒸发式冷凝器，管道设计压力：高压1.8MPa，低压1.2MPa，冷凝温度：+38℃，蒸发温度：－20℃。氨泄漏部位在1号低压循环贮液桶(特种设备使用登记证编号：容2LC粤AQF605，制造单位：××有限公司)报警液位控制器。

二、企业资料审查情况

(一)××××有限公司，住所：××区××街××村××工业区××号，企业法人营业执照注册号为××××××，法定代表人：×××，注册资本：×××万元，公司类型：有限责任公司(自然人投资或控股)，经营范围：加工：纸板容器、金属包装容器、塑料包

本页填写不下的内容或需绘制勘验图的，可另附页。　　共2页　第1页

续上表

装容器；提供商业物流、仓库服务(不含危险品、原油、成品油仓储)；物业租赁。

(二)该企业有《广东省企业基本建设投资项目备案证》《建设工程规划许可证》《建设用地规划许可证》《建设工程规划验收合格证》《建筑工程消防设计的审核意见书》《建设工程竣工验收消防备案表(抽检合格)》《广东省危险化学品储存安全备案告知书》《关于××市××区××××有限公司建设项目环境影响报告表的批复》《广东省防雷装置合格证》《特种设备使用登记证》，人员取得《主要负责人安全资格证》《安全管理人员安全资格证》《特种设备作业人员证》《特种作业操作证》等证照。

三、厂区现场勘查检查情况

氨泄漏事件发生时间：2011年××月××日××：××分，经现场勘查，1号低压循环贮液桶液位控制器(UQK－40型浮球液位控制器)线圈烧坏，浮球顶部凹陷，配件已拆除。经询问机房人员操作过程，事件分析如下：1号低压循环贮液桶液位控制器有故障，机房人员×××在没有维修配件的情况下，于××月××日对1号低压循环贮液桶液位控制器进行维修，没有按程序关闭液位器上下阀门，未排除余氨便进行拆卸，拆除液位控制器上筒。××月××日在没有液位控制器上筒情况下，新库正在调试降温，到中午库温升高，1号低压循环贮液桶压力升高，超过了控制器控制套管所能承受的压力，套管冲出液位控制器，造成1号低压循环贮液桶液位控制器氨泄漏。

现场勘查检查于2011年××月××日××时××分结束。

拍摄了现场照片。

现场条件：雨，气温20～25℃。

勘验人(签名)：×××　勘验人(签名)：×××

当事人(签名)：×××　联系方式：×××××××××

当事人(签名)：×××　联系方式：×××××××××

被邀请人(签名)：×××　联系方式：×××××××××

本页填写不下的内容或需绘制勘验图的，可另附页。　共2页　第2页

## (二)鉴定委托书

### 安全生产行政执法文书

### 鉴定委托书

(×)安监管鉴〔201×〕××号

××××研究院：

因调查有关安全生产违法案件的需要，本行政机关现委托你单位对下列物品进行鉴定。

| 物品名称 | 规格型号 | 数量 | 备注 |
| --- | --- | --- | --- |
| 钢筋 | $\phi$8 一级钢 | 3 根 | 每根长 50 毫米 |
| 钢筋 | $\phi$16 二级钢 | 3 根 | 每根长 50 毫米 |
| (以下空白) | | | |
| | | | |

鉴定要求：

检验以上钢筋的抗拉强度、屈服强度及韧性等力学性能指标是否达到国家标准的要求。

请于 201×年××月××日前向本行政机关提交鉴定结果。

××××安全生产监督管理部门(公章)

201×年××月××日

注：鉴定结果请提出具体鉴定报告书，由鉴定人员签名并加盖鉴定机构公章。

(三)听证会通知书

**安全生产行政执法文书**

**听证会通知书**

(×)安监管听通字〔201×〕(××)号

××市××有限公司：

根据你(单位)申请，关于××市××公司“2·18”×××一般机械伤害案一案，现定于××××年××月××日××时×分在××市××区安全生产监督管理局会议室公开举行听证会议，请准时出席。

听证主持人姓名×××　职务　科长

听证员姓名×××　职务　副主任科员

听证员姓名×××　职务　副主任科员

书记员姓名×××　职务　科员

根据《中华人民共和国行政处罚法》第四十二条规定，你(单位)可以申请听证人员回避。

注意事项如下：

1. 请事先准备相关证据，通知证人和委托代理人准时参加。

2. 委托代理人参加听证的，应当在听证会前向本行政机关提交授权委托书等有关证明。

3. 申请延期举行的，应当在举行听证会前向本行政机关提出，由本行政机关决定是否延期。

4. 不按时参加听证会且未事先说明理由的，视为放弃听证权利。

特此通知。

××××安全生产监督管理部门(公章)

201×年××月××日

安全生产监督管理部门地址：××市××区××街××号

邮政编码：××××××

联系人：×××

联系电话：××××××××

本文书一式两份：一份由安全生产监督管理部门备案，一份交申请听证人。

（四）听证笔录

安全生产行政执法文书

听证笔录

案件名称：××有限公司×××案

主持听证机关：××市××区安全生产监督管理局

地点：××市××区安全生产监督管理局会议室

听证时间：201×年×月×日×时×分至×日×时××分

主持人：××× 听证人：×××、××× 书记员：×××

调查人员：××× 证号：××××××× 调查人员：××× 证号：×××××××

申请听证单位法定代表人姓名：××× 性别：×年龄：××

工作单位(职务)： ×××有限公司总经理

委托代理人：××× 性别：× 年龄：×× 工作单位(职务)：×××公司总监

第三人： 无

其他参与人员： 无

听证记录：

主持人：为了充分听取行政相对人的陈述、申辩，切实保护其合法权益，做到“以事实为依据、以法律为准绳”，做到行政处罚不枉不纵，依据《中华人民共和国行政处罚法》第四十二条之规定，根据×××要求听证的申请，我局决定对××公司×××案公开举行听证会。在听证会正式开始之前，请书记员宣布听证会场纪律。

书记员：听证参加人员必须遵守以下纪律：……；

主持人：现在听证会正式开始。下面核对听证会当事人身份，请案件调查人员出示有关证件；请申请人出示身份证明，如委托代理人的，请委托代理人出示身份证明材料及授权委托书。

（听证会组成人员核对案件调查人员、委托代理人的身份证明材料）

听证人员：核实完毕。

主持人：本次听证会听证人员由下列人员组成：主持人×××，工作部门：××区安全生产监督管理局综合法规科；听证员×××，工作部门：××区安全生产监督管理局；听证员×××，工作部门：×××区安全生产监督管理局；书记员×××，工作部门：××区安全生产监督管理局。申请人×××享有以下权利：……

主持人：申请人是否申请听证人员回避？

申请人：不申请。

主持人：案件调查人员享有以下权利：……

主持人：听证会分为调查、质证、申辩和总结陈述四个阶段。下面开始调查阶段。首先由案件调查人员对××公司企业×××案的事实、证据、法律依据和拟给予的行政处罚建议进行陈述。

共3页 第1页

续上表

案件调查人员：现在我就对该案的基本情况进行陈述(具体内容略)。陈述完毕。

主持人：其他调查人员有没有补充？

案件调查人员：没有。

主持人：下面请申请人陈述有关事实和证据。

申请人(×××)：现在我就对该案的基本情况进行陈述(具体内容略)。陈述完毕。

主持人：下面进入质证阶段，就双方所陈述的事实、证据进行质证，请案件调查人员出示有关证据。

(案件调查人员出示证据)

案件调查人员：证据一：营业执照、组织架构图，证明事实：×××为××公司法定代表人，是公司的主要负责人。

证据二：略。证明事实：略。

证据三：略。证明事实：略。

证据四：略。证明事实：略。

证据五：略。证明事实：略。

证据六：略。证明事实：略。

证据七：略。证明事实：略。

主持人：调查人员还有无其他证据出示？

案件调查人员：已经全部出示完毕。

主持人：请书记员将案件调查人员刚才出示的证据交申请人核对。

(代理人核对证据，核对完毕)

主持人：申请人对案件调查人员提交的证据的真实性有无异议？

申请人：我们对证据的真实性没有异议。现在我方主要是对贵局对我公司违法行为的定性存在异议。我方认为我公司已经履行督促、检查本单位安全生产工作的职责。

主持人：申请人有无证据提交？

申请人：有证据。

证据一：略。证明事实：略。

证据二：略。证明事实：略。

证据三：略。证明事实：略。

证据四：略。证明事实：略。

证据五：略。证明事实：略。

证据六：略。证明事实：略。

证据七：略。证明事实：略。

主持人：你公司提供的资料我们会进行充分考虑。你公司是否还需要提供导致事故发生的相关证据？

案件调查人员：没有了。

主持人：申请人有无证人出席？

申请人：没有。

共3页　第2页

续上表

主持人：质证结束，现进入辩论阶段，请案件调查人员先发表意见。

案件调查人员：现在我就刚才申请人提出的异议进行回答(具体内容略)。

主持人：申请人有没有什么补充意见?

申请人：(具体内容略)

主持人：请调查人员对申请人的问题进行回答。

案件调查人员：(具体内容略)

主持人：调查人员有没有补充意见?

案件调查人员：没有。

主持人：听证人员有没有补充意见?

听证人员：没有。

主持人：在本次听证会上，案件调查人员、申请人(代理人)就案件的事实进行了陈述，出示了相关证据。双方进行了充分的质证和辩论。本次听证会充分听取了申请人的陈述、申辩，听证会组成人员将会充分考虑今天听证会上当事人双方提出的事实、理由和证据，依据法律提出听证意见，以求维护法律的尊严，保护当事人的合法权益和公平、公正之执法效果。本次听证会到此结束，请申请人、委托代理人、听证人员、案件调查人员稍做休息，待书记员完成听证笔录后进行核对并签名。

(以下空白)

申请听证单位法定代表人或其委托代理人(签名)：×××

主持人(签名)：×××　　书记员(签名)：×××

201×年×月×日

本页不够，可另附页　　　　共3页　第3页

## （五）听证会报告书

**安全生产行政执法文书**

**听证会报告书**

（×）安监管听报〔201×〕（××）号

案件名称 ××市××公司“2·18”×××一般机械伤害案

<table>
<tr><td>主持人</td><td>×××</td><td>听证员</td><td>×××、×××</td><td>书记员</td><td>×××</td></tr>
<tr><td colspan="6">听证会基本情况摘要：（详见听证会笔录，笔录附后）<br>××××年×月×日×时×分，在局会议室就××市××公司“2·18”×××一般机械伤害案举行了听证会，案件调查人员×××、×××，当事人×××参加，基本情况如下：<br>经调查，案件调查人员认为×××作为××公司主要负责人，未能履行其相应的安全生产职责，未能及时发现和消除磁力钻存在的安全隐患，未能及时纠正操作工人违规佩戴手套和袖套进行作业的行为，导致生产安全事故的发生，违反了《安全生产法》第十八条的规定，根据《安全生产法》第九十二条的规定，建议对×××作出以下行政处罚：处人民币4.5万元罚款的行政处罚。调查人员向听证会提出相关证据，并经当事人确认。<br>经过听证，当事人对其违法事实无异议，但认为4.5万元的行政处罚过重，因为事故发生前公司已经在安全生产管理方面采取了很多措施，事故发生后该公司立即采取措施医治伤员，并积极配合安全生产监督管理部门开展调查，做了大量善后工作。当事人向听证会提出公司与专业机构签订的安全培训协议和安全生产主体责任咨询服务合同书作为补充证据。</td></tr>
<tr><td>主持人<br>意见</td><td colspan="5">经过评议，认为案件行政处罚主体合法，违法事实清楚，证据确凿，处罚依据合法充分，建议维持原处罚意见。<br><br>主持人（签名）：×××<br>201×年×月×日</td></tr>
<tr><td>负责人<br>审核意见</td><td colspan="5">同意采用拟处罚意见。<br><br>负责人（签名）：×××<br><br>201×年×月×日</td></tr>
</table>

## (六)行政(当场)处罚决定书(个人)

**安全生产行政执法文书**

**行政(当场)处罚决定书(个人)**

(×)安监管罚当〔201×〕××号

被处罚人：×××　性别：　　年龄：××　身份证号：×××××××××××

家庭住址：××市××区××街××路××号 所在单位：　××市××公司

职务：总经理　单位地址：××市××区××街　联系电话：×××××××××

违法事实及证据：××××××××××××××××××××××××× ××××

××××××××的行为。主要证据有：×××××××××××××××××××××

×××××××××××××××××××××××××××××××××××××等。

(此栏不够，可另附页)

以上事实违反了《………………》(具体的法律、法规、规章)第××条的规定，依据《………………》(具体的法律、法规、规章)第××条的规定，决定给予×××(具体的行政处罚)的行政处罚。

罚款的履行方式和期限(见打√处)：

□当场缴纳

□自收到本决定书之日起15日内缴至××××银行，账号×××××××，到期不缴每日按罚款数额的3%加处罚款。

如果不服本处罚决定，可以依法在60日内向×××人民政府或者××××申请行政复议，或者在六个月内依法向×××人民法院提起行政诉讼，但本决定不停止执行，法律另有规定的除外。逾期不申请行政复议、不提起行政诉讼又不履行的，本机关将依法申请人民法院强制执行或者依照有关规定强制执行。

安全生产监管执法人员(签名)：×××、×××

当事人或委托代理人(签名)：×××

××××安全生产监督管理部门(公章)

201×年××月××日

本文书一式两份：一份由安全生产监督管理部门备案，一份交被处罚人。

（七）行政（当场）处罚决定书（单位）

## 安全生产行政执法文书

## 行政（当场）处罚决定书（单位）

（×）安监管罚当〔201×〕××号

被处罚单位：××公司

地　址：××市××区××街××路××号　邮编：××××××

法定代表人（主要负责人）：×××　职务：总经理　联系电话：××××××××

违法事实及证据：××××××××××××××××××××××××××××××××××××××××××××××××××××××××××××××

（此栏不够，可另附页）

以上事实违反了《………………》（具体的法律、法规、规章）第××条的规定，依据《………………》（具体的法律、法规、规章）第××条第×款的规定，决定给予××××（具体的行政处罚）的行政处罚。

罚款的履行方式和期限（见打√处）：

□当场缴纳

□自收到本决定书之日起15日内缴至××××银行，账号××××××，到期不缴每日按罚款数额的3%加处罚款。

如果不服本处罚决定，可以依法在60日内向×××人民政府或者××××安全生产监督管理部门（上级安全生产监督管理部门）申请行政复议，或者在六个月内依法向×××人民法院提起行政诉讼，但本决定不停止执行，法律另有规定的除外。逾期不申请行政复议、不提起行政诉讼又不履行的，本机关将依法申请人民法院强制执行或者依照有关规定强制执行。

安全生产监管执法人员（签名）：×××、×××

当事人或委托代理人（签名）：×××

××××安全生产监督管理部门（公章）

201×年××月××日

本文书一式两份：一份由安全生产监督管理部门备案，一份交被处罚单位。

## (八)行政处罚决定书(个人)

### 安全生产行政执法文书

### 行政处罚决定书(个人)

(×)安监管罚〔201×〕××号

被处罚人：×××　性别：×　年龄：××　联系电话：×××××××××

家庭住址：××市××区××街××路××号　所在单位：××市××公司

职务：总经理　单位地址：××市××区××街××路××号　邮编：××××××

××××年×月×日上午×时×分，在位于××区××路××号的××市××公司生产车间，工人×××看到下板机中H框上有两块PCB板，便直接伸手到H框上取板。此时目检工人×××正好按下该下板机的“向上”键，下板机的升降平台向上运行，挤伤×××右手。经医院诊断，×××的伤势为：(1)右前臂远端皮肤挫裂伤；(2)右桡神经损伤；(3)右正中神经挫伤。根据《事故伤害损失工作日标准 GB/T15499—1995》相关规定，共计损失工作日760天，属于重伤事故。

事故调查情况：经查：(1)×××是××企业管理有限公司招聘的劳务工，被输送到××市××公司从事目检工作。在上岗作业前，×××分别接受了××××企业管理有限公司内部员工手册的培训(包括安全教育)和××市××公司的安全教育培训(包括岗前教育培训和现场操作培训)；(2)××市××公司针对下板机制定了《自动收板机作业指导书》(管理编号 JS/QW-007-097)，规定了下板机的开始方法与结束方法，并在注意事项里要求一台机器禁止两个人同时操作以及机器在运转的时候禁止靠近机器的活动部位，但未就员工如何取出H框上的PCB板进行明确规定；(3)××公司目前使用的下板机出厂时厂家并未在H框出口处的前方侧面配置挡板，××市××公司鉴于员工可以直接将手伸进升降平台活动区域取板，存在安全隐患，便对该区域加装了宽度为20～30cm的亚克力板。在事故发生后，××市××公司将亚克力板换成黑色挡板，也加宽了挡板宽度，把H框出口处的前方侧面全部覆盖；(4)××市××公司在生产中要求员工取PCB板时必须将下板机升降平台下到最底部后让H框出到出板轨道后才能取板，如果PCB板数量较少时也可以让升降平台上升到最顶部后再取板，但是禁止员工直接将手伸进下板机升降平台活动区域取板。××市××公司对手动取板这一工序的要求并没有书面规定，只是以口头强调的方式告知员工；(5)在事故发生前，××市××公司的管理人员曾发现其他员工直接伸手进入下板机升降平台活动区域取板的违规行为，并给予口头教育；(6)××市××公司设有安全生产管理机构，×××作为公司董事长，是公司安全生产第一责任人，但其长时间在韩国，××市××公司的日常管理工作实际上由生产部厂长×××和管理部部长×××分别负责。×××负责公司的人事和行政工作，×××负责公司的生产工作，包括公司的安全生产工作。

事故原因：(1)直接原因：×××违章作业，在未与×××确认下板机是否安全的前提下直接将手伸进下板机活动区域取板，违反了××市××公司制定的安全操作规程(《自动收板机作业指导书》注意事项：“……4. 一台机器，禁止两个人同时操作。5. 机器在运转的时候，禁止靠近机器的活动部位。”)的有关规定；×××在未确认下板机周围人员安全的情况下操作下板机。(2)间接原因：①××市××公司制定的《自动收板机作业指导书》不完善，该指导书仅就下板机的开始方法与结束方法进行了说明，未对员工如何取出下板机H

框内的PCB板进行明确规定；②××市××公司的安全生产直接责任人×××未能依法履行安全生产管理职责，未能及时消除两人同时操作一台机器、工人伸手进入下板机升降平台活动区域取板等事故隐患。

证据材料：(1)×××《询问笔录》、×××《询问笔录》、×××《询问笔录》：证明×××伸手进入下板机活动区域取板，与×××同时操作下板机，下板机H框出口处配置的亚克力板宽度未能覆盖整个H框出口处的前方侧面，工人长期存在伸手进入下板机活动区域取板的违章行为；(2)《现场照片》7张：证明发生事故的设备、地点情况；(3)《自动收板机作业指导书》(管理编号JS/QW-007-097)：证明××市××公司有要求禁止两人同时操作一台机器、机器运行时禁止靠近机器的活动部位，但未对员工如何取出下板机的PCB板进行明确规定；(4)广州×××医院《疾病诊断证明》：证明×××受伤情况；(5)《××市××公司安全生产组织架构》《安全生产直接责任人任命书》：证明×××是××市××公司安全生产直接责任人，具体负责单位生产方面的安全生产工作。

违法事实认定：×××作为××市××公司的主要负责人之一，同时也是该公司的安全生产直接责任人，未能组织制定完善的下板机安全操作规程，也未能及时发现、消除×××与×××同时操作下板机、×××伸手进入下板机升降平台活动区域进行取板作业等安全隐患，最终导致了×××重伤事故的发生。×××的行为违反了《安全生产法》第十七条第二、四项的规定【第十七条 生产经营单位的主要负责人对本单位安全生产工作负有下列职责：……(二)组织制定本单位安全生产规章制度和操作规程；……(四)生产经营单位主要负责人应当督促、检查本单位的安全生产工作，及时消除生产安全事故隐患；……】，根据《安全生产法》第九十条【第九十条 生产经营单位的主要负责人未履行本法规定的安全生产管理职责的，责令限期改正；逾期未改正的，责令生产经营单位停产停业整顿。生产经营单位的主要负责人有前款违法行为，导致发生生产安全事故，构成犯罪的，依照刑法有关规定追究刑事责任；尚不够刑事处罚的，给予撤职处分或者处二万元以上二十万元以下的罚款。……】的规定，应该给予行政处罚。

行政处罚告知和申辩情况：××××年×月×日，执法人员向×××送达了《行政处罚告知书》和《听证告知书》，告知其拟给予行政处罚的事实、理由、依据和其依法享有的陈述、申辩和要求举行听证的权利。当事人在法定期限内未提出陈述、申辩意见和听证要求。

综上所述，决定给予×××处罚款人民币×万圆整(×0000.00元)的行政处罚。

处以罚款的，罚款自收到本决定书之日起15日内按照《广州市非税收入缴款通知书》(缴款通知书编号：××××××)缴至指定银行，到期不缴每日按罚款数额的3%加处罚款。

如果不服本处罚决定，可以依法在60日内向××市××区人民政府或者××市安全生产监督管理局申请行政复议，或者在六个月内依法向××市××区人民法院提起行政诉讼，但本决定不停止执行，法律另有规定的除外。逾期不申请行政复议、不提起行政诉讼又不履行的，本机关将依法申请人民法院强制执行或者依照有关规定强制执行。

××××安全生产监督管理部门(公章)

201×年×月×日

本文书一式两份：一份由安全生产监督管理部门备案，一份交被处罚人。

## (九)强制执行申请书

### 安全生产行政执法文书

### 强制执行申请书

(×)安监管强执〔201×〕××号

××市××区　人民法院：

本行政机关于××××年×月×日对被申请执行人××市××公司 作出了人民币×××元罚款的行政处罚决定(文号：(×)安监管罚〔201×〕(××)号)，被申请执行人在法定的期限内未履行该行政处罚决定。根据《中华人民共和国行政处罚法》第五十一条的规定，特申请贵院强制执行。

附有关材料：

1.《行政处罚决定书》

2.《罚款催缴通知书》

3.《文书送达回执》

4. 关于当事人在规定期限内未提起复议及诉讼的情况说明

5. 案件调查报告

6. 其他相关材料

××××安全生产监督管理部门(公章)

201×年×月×日

联系人：×××　　　　联系电话：×××－×××××××××

（十）案件移送审批表

## 安全生产行政执法文书

## 案件移送审批表

| | |
|---|---|
| 案件名称 | ××公司未经依法批准，擅自生产危险化学品案 |
| 当事人 | ××公司 |
| 地址 | ××市××区××路××号 |
| 受移送机关 | ××市××区交通局 |
| 案情简介 | ××市××区安全生产监督管理局在执法检查中发现该企业未取得危险化学品运输企业资质，从事危险化学品公路运输。 |
| 移送理由 | 案件不属于本部门管辖，根据《危险化学品安全管理条例》第六条第（五）项的规定，属于交通部门管辖。 |
| 承办人员拟办意见 | 根据《中华人民共和国安全生产法》第六十六条、《安全生产违法行为行政处罚办法》第八条的规定，拟移送交通部门处理。<br>承办人（签名）：×××、×××<br>201×年××月××日 |
| 部门负责人审核意见 | 拟同意<br>审核人（签名）：×××<br>201×年××月××日 |
| 机关负责人审批意见 | 同意<br>审批人（签名）：×××<br>201×年××月××日 |

## （十一）案件移送书

**安全生产行政执法文书**

**案件移送书**

（×）安监管移〔201×〕××号

××市××区交通运输局：

本机关于201×年××月××日对××公司未经依法批准，擅自生产危险化学品一案立案调查，因在调查中发现该企业未取得危险化学品运输企业资质而从事危险化学品公路运输，按照《危险化学品安全管理条例》第六条第（五）项的规定，该行为应当由交通运输部门进行处理，

故此案已超出本行政机关管辖范围，根据《中华人民共和国安全生产法》第六十六条、《安全生产违法行为行政处罚办法》第八条的规定，现将该案件移送你单位，请依法处理。

附该案件有关材料：1. ×××××××××

2. ×××××××××

3. ××××××××××××

共 ×× 份 ×× 页。

××××安全生产监督管理部门（公章）

201×年××月××日

本文书一式两份：一份由安全生产监督管理部门备案，一份交被移送单位。

## (十二)行政处罚集体讨论记录

**安全生产行政执法文书**

**行政处罚集体讨论记录**

案件名称：×××公司存在未在塔吊上设置明显安全警示标志案

讨论时间：201×年××月××日××时××分至201×年××月××日××时××分

地点：××市××区安监局执法监察分局四楼会议室

主持人：黄××　汇报人：　×××、×××　　记录人：　×××

出席人员姓名及职务：

×××副局长、×××副调研员、×××执法分局长、××执法监察分局副局长、×××、×××、×××、×××、×××、×××、×××

讨论内容：1. 拟做出行政处罚的主体是否合法；2. 行政处罚程序是否适当；3. 行政处罚的事实是否清楚；4. 行政处罚的依据是否准确；5. 处罚的种类、幅度是否适当。

讨论记录：一、主持人宣布案由

×××(副局长)发言：××公司存在未在塔吊上设置明显安全警示标志案

二、案件承办人员介绍案情并出示证据材料

承办人(×××、×××)发言：字号名称：×××公司；注册号：×××××××××；法定代表人姓名：×××；经营范围：有限责任公司。201×年××月××日，执法监察分局执法人员到××街×××公司进行安全检查，在执法监督检查中发现存在以下安全隐患：未在较大危险因素的场所、设备(2处塔吊)上设置明显的安全警示标志；对此执法人员发出《现场检查记录》和《责令限期整改指令书》各一份。201×年××月××日，执法人员到该工地进行复查时，发现该工地对第1项的安全生产隐患逾期未改正的情况；并拍照取证。

三、案件承办人员提出处理意见和法律依据

×××公司存在未在较大危险因素的场所、设备(2处塔吊)上设置明显的安全警示标志；违反了《中华人民共和国安全生产法》第二十八条："生产经营单位应当在有较大危险因素的生产经营场所和有关设施、设备上，设置明显的安全警示标志"的规定。依据《中华人民共和国安全生产法》第八十三条第(四)项："生产经营单位有下列行为之一的，责令限期改正；逾期未改正的，责令停产停业整顿，可以并处五万元以下的罚款：(四)未在较大危险因素的生产经营场所和有关设施、设备上设置明显的安全警示标志的"规定，以及根据《广州市安全生产行政处罚自由裁量权量化细化基础表》的《中华人民共和国安全生产法》第八十三条第(四)项裁量情节和裁量标准的规定："有2处安全警示标志设置不明显的，责令15日内限期改正；逾期未改正的，责令停止建设或者停产停业整顿，可以并处5000元以上1万元以下的罚款。"

对×××公司存在未在较大危险因素的场所、设备(2处塔吊)上设置明显的安全警示标志的行为作出责令停产停业整顿，并处人民币捌仟元罚款的行政处罚。

四、案审会集体审议，提出对案件的处理意见

×××(副局长)：我觉得案审资料方面准备充分，违法事实认定比较清楚，适用法律正确，同意处罚意见。

×××(副调研员)：我感到这案子条理很清晰，我没意见，同意处罚意见。

×××(执法分局局长)：违法事实证据确凿，适用法律正确，同意处罚意见。

×××(中队长)：违法事实认定比较清楚，同意处罚意见。

×××(执法监察分局副局长)：违法事实有对应法律法规。没有其他意见，同意处罚意见。

×××(中队长)：同意处理意见。

×××(中队长)：同意处罚意见。

×××(中队长)：同意处罚意见。

×××(中队长)：同意处罚意见。

其他与会人员同意处罚意见。案审办集体审议，一致认为：该案件行政处罚主体合法，违法事实清楚，证据确凿，处罚依据合法充分，适用准确；与会全体案审会人员决定对×××公司给予以下处罚：对该企业作出责令停产停业整顿，并处以人民币捌仟元罚款的行政处罚。

结论性意见： 经审议，案审办成员一致同意：

(1)×××公司(保利地产项目)存在未在塔吊上设置明显安全警示标志案属于我局管辖范围；(2)违法主体为×××公司；(3)本案证据确凿充分，证据的收集合法客观，证据之间互相印证；(4)本案定性和适用法律准确；(5)本案执法程序合法；(6)案件承办提出的处理意见适当；(7)案件执法人员填写的执法文书正确。

出席人员签名： (出席人员签名)

## 第五节 案件档案的立卷归档

### 一、归档的要求

(1)归档总的要求是实事求是，依法立卷归档。行政处罚案件实行按年度一案一卷，一卷一号单独进行立卷。

(2)不能随文书装订立卷的证据，如录音、录像等证据材料应当放入证据袋中，并注明录制内容、数量、时间、地点、制作人等，随卷归档。

(3)案卷装订前要做好文书材料的检查。文书材料上的订书钉等金属物应当去掉。对破损的文书材料应当进行修补或复制。小页纸应当用A4纸托底粘贴。纸张大于卷面的材料，应当按卷宗大小先对折再向外折叠。对字迹难以辨认的材料，应当附上抄件。

(4)卷内文件材料的页号应当用阿拉伯数字从“1”开始依次编写页号；页号编写在有字迹页面正面的右上角和背面的左上角；大张材料折叠后应当在有字迹页面的右上角编写页号；A4横印材料应当字头朝装订线摆放好再编写页号。

(5)案卷应当整齐美观固定，不松散，不压字迹，不掉页，便于翻阅。

## 二、文书材料归档的顺序

在对行政执法文书卷宗整理归档时应按以下顺序排列，如执法程序还需增加，按时间的顺序、执法的程序排序。

(1)案卷首页；

(2)卷内目录；

(3)立案审批表；

(4)询问通知书；

(5)询问笔录；

(6)现场检查记录；

(7)现场处理措施决定书；

(8)强制措施决定书；

(9)责令限期整改指令书；

(10)整改复查意见书；

(11)勘验笔录；

(12)抽样取证凭证；

(13)鉴定委托书；

(14)先行登记保存证据审批表；

(15)先行登记保存证据通知书；

(16)先行登记保存证据处理审批表；

(17)先行登记保存证据处理决定书；

(18)案件其他证据材料(含案件相关照片、有关证照、文件等)；

(19)案件调查报告；

(20)行政处罚集体讨论记录；

(21)案审会会议纪要；

(22)行政处罚告知书；

(23)听证告知书；

(24)当事人陈述申辩笔录及其他陈述申辩材料；

(25)听证会通知书；

(26)听证笔录；

(27)听证会报告书；

(28)案件处理呈批表；

(29)行政处罚决定书；

(30)案件备案报告；

(31)罚款催缴通知书；

(32)延期(分期)缴纳罚款审批表；

(33)延期(分期)缴纳罚款批准书；

(34)文书送达回执；

(35)罚没款收据；

(36)强制执行申请书；

(37)法院受理申请执行案件通知书及行政裁定书；

(38)案件移送审批表；

(39)案件移送书；

(40)行政复议决定书或行政复议意见书；

(41)行政复议和解书或行政复议调解书；

(42)结案审批表；

(43)其他有关材料

## 三、案卷的管理

(1)办案人员应在案件结案半个月内将案件材料装订成卷移交档案室，进行归档。

(2)案卷移交时，要严格办理交接手续。移交时发现案卷不符合规定的，档案管理人员有权拒绝接受。

(3)档案管理人员应建立行政执法档案查(借)阅制度和查(借)阅登记簿。查(借)阅档案必须履行一定的标准和登记手续。

(4)案卷归档后，任何人不得擅自拆解、涂改、增加或抽取案卷材料。

(5)对查阅或借出的案卷档案，要及时催还。还回时如发现案卷档案被拆，文件材料短缺、涂改、增删、污损等情况，应立即向领导汇报并及时追查。

(6)案件档案保存期限分为永久和定期两种，定期采用标时制，根据归档材料的价值定为30年或10年。

重大案件、处罚数额10万元以上的案件、吊销许可证案件、具有典型意义的案件、有领导重要批示的案件的档案，保管期限为永久。

依法适用于一般程序的行政执法案件，保管期限为30年。

依法适用简易程序的行政执法案件，保管期限为10年。

(7)案件档案应专柜存放，并采取防潮、防霉、防火、防盗、防虫等措施，确保档案安全。

# 第六章　安全生产行政执法统计

## 第一节　安全生产行政执法统计涵义

### 一、安全生产行政执法统计的基本概念

安全生产行政执法统计是安全生产监管部门日常执法行为的量化统计，是以安全生产行政执法行为为统计对象，用一定数量的统计指标，综合反映、评价安全生产监督执法工作，对安全生产执法检查效果进行的量化分析。

### 二、安全生产行政执法统计的内容

安全生产行政执法统计的主要内容是：安全生产现场监督检查、安全生产事故隐患与重大危险源监督监察、安全生产行政处罚、生产安全事故查处及责任追究、安全生产听证复议诉讼、安全生产"三同时"及许可证持证、安全生产培训持证、职业卫生监督执法和安全生产行政执法文书使用等情况。包括执法统计报表和执法统计分析报告两个部分。

### 三、安全生产行政执法统计的作用

#### (一)安全生产行政执法统计是安全生产监管工作的重要内容和手段

通过行政执法统计，可以全面掌握安全生产行政执法工作的基本情况，找准行政执法中的薄弱环节，确定执法工作的重点，推动行政执法工作的深入发展。

#### (二)安全生产行政执法统计是指导安全生产监督执法工作的基础

行政执法统计是搞好安全监管监察工作的内在要求。通过执法统计发现某一区域、某一行业、某一单位安全生产工作搞得好，就要去总结推广其经验，带动全局；相反，发现其在一定时期内事故多发，就要认真分析原因，加强重点监管监察，或采取必要的法律、经济和行政措施，督促整改，保证安全。

#### (三)安全生产行政执法统计是领导科学决策的重要依据

通过对大量的执法统计数据的梳理、分析、概括，找出在一个时期内安全生产执法工作的主要特点、存在的主要问题，以及发展趋势的预测分析，给出结论，从而为领导做决策提供依据。

### 四、安全生产行政执法统计的主要要求

#### (一)突出规范性

国家安监总局印发的《安全生产行政执法统计制度》，突出强调了执法统计制度的规范性，进一步丰富了执法统计的内涵，为开展安全生产执法统计工作提出了更高要求。

（二）突出执法统计信息的时效性

为提高安全生产行政执法统计信息的时效性，“统计制度”对执法统计基础报表和执法统计分析报告的报送时间提出了更加严格的规定：一是要求省级安全监管部门、煤矿安全监察机构应于每月后5日前向国家安监总局统计司报送安全生产行政执法统计基础报表，每年后1月25日前填报年报基础报表。二是要求省级安全监管部门、煤矿安全监察机构每月后6日前向国家安监总局统计司报送执法统计分析报告。同时规定，省级以下上报次数和时间由省级安全监管部门确定。广东省安监局在2014年1月3日转发国家安监总局《关于印发安全生产行政执法统计制度的通知》（粤安监执法〔2014〕1号）文中明确规定，各地应于每月后3日前向省局执法总队报送安全生产行政执法统计基础报表，每年后1月15日前填报年报基础报表，每月后6日前向省局执法总队报送执法统计分析报告。

（三）突出统计数据的准确性

统计人员应当依法履行职责，如实搜集、报送统计资料，不得伪造、篡改统计资料，不得以任何形式提供不真实的统计资料。

（四）突出报告期别

“统计制度”对安全生产行政执法统计基础报表的报告期别，有月报、半年报和年报。基础A1－A4、A8、A9表均为月报表和年报表，基础A5－A7表均为半年报和年报表。

（五）突出执法统计分析

新的《安全生产行政执法统计制度》规定：安全生产行政执法统计包括执法统计报表和执法统计分析报告两个部分；要求认真开展安全生产行政执法统计分析，在上报安全生产行政执法统计基础报表的同时，及时上报执法统计分析报告。

## 第二节　安全生产行政执法统计指标体系

### 一、安全生产行政执法统计指标体系的概念和作用

安全生产行政执法统计指标体系是指由一系列有内在联系并互相补充的安全生产行政执法统计指标，按一定的目的、意义系统地结合在一起，用以说明安全生产监督监察执法总体数量特征所组成的统计指标体系。

安全生产行政执法统计指标体系建立在安全生产监督监察执法活动基础上，通过现场监督检查、事故隐患与重大危险源监督监察、行政处罚、事故查处、职业卫生监督、使用执法文书、听证复议诉讼、“三同时”及许可证持证、培训持证等一系列统计指标的有机联系，全面、系统地反映安全生产行政执法行为的内在联系、数量关系、总体特征和发展规律，它是安全生产监督监察执法活动数量联系的反映。

### 二、安全生产行政执法统计指标体系的主要特点

（1）突出安全生产监督监察执法行为的特点。依照有关法律法规，以安全生产监督监察执法行为为主线，建立健全安全生产行政执法统计指标体系，科学反映安全生产行政执法工作情况。

（2）突出安全生产监督监察执法工作的重点。适应安全生产监督监察执法重点工作需

要，以高危重点行业(领域)监督监察执法为统计重点，全面反映安全生产行政执法重点工作情况。

(3)突出绝对量指标与相对量指标相结合的特点。建立绝对量指标与相对量指标有机结合的指标体系，科学合理地反映安全生产执法工作，客观评价安全生产监督监察执法效果。

(4)突出执法统计指标的统一性特点。建立统一的安全生产行政执法统计指标体系，综合反映安全生产监督执法和煤矿安全监察执法情况。

## 三、安全生产行政执法统计主要指标解释和填表说明

### (一)安全生产现场监督监察情况(基础 A1 表)

1. 本行政区承担安全监管监察的生产经营单位

指统计期末，县级以上(含县级，以下同)行政区域内安全监管部门负责监管的各类生产经营单位个数，以“个”为计量单位填报。这个统计指标的数据并不要求月月更新，可以每季度调整一次，同时这个数据宜粗不宜细，不要过分追求精确到个位数字，但需要对辖区内应监管监察的单位总数有一个基本准确的判断，这个数据在一段时期内应保持稳定，各地在汇总时要避免数据的大起大落。

(1)煤矿、金属与非金属矿山、危险化学品、烟花爆竹和工贸企业等生产经营单位个数用安全监管部门或煤矿安全监察机构掌握的数据填报。县级以上单位要注意避免统计数据重复汇总。

(2)“金属与非金属矿山”是指除煤矿以外的矿产资源勘探、生产和采掘施工企业，包括金属非金属矿、尾矿库以及石油天然气开采企业等。

(3)“危险化学品企业”是指生产、储存、使用、经营、运输危险化学品企业。危险化学品生产企业数要与危险化学品安全生产许可证颁证口径相符；危险化学品经营企业数要与危险化学品经营许可证颁证统计口径相符。

(4)“烟花爆竹企业”是指烟花爆竹生产企业和经营单位，烟花爆竹经营单位包括批发企业和零售单位。烟花爆竹生产、经营企业和零售单位的个数要与烟花爆竹安全生产许可证、烟花爆竹经营(批发)许可证和烟花爆竹经营(零售)许可证颁证统计口径相符。

(5)“工贸企业”是指冶金、有色、建材、机械、轻工、纺织、烟草和商贸等行业的生产企业。

(6)“其他”指除煤矿、金属非金属矿山、危险化学品、烟花爆竹、工贸企业等高危行业领域外的由各级安全监管部门承担安全监管职责的生产经营单位。

2. 实际监督监察生产经营单位个数

指统计报告期内，安全监管部门、煤矿安全监察机构对本行政区(辖区)内生产经营单位进行现场监督监察执法的企业(单位、矿井)个数，以“个”为计量单位填报。即，报告期内统计数为本月内当年第一次监督监察生产经营单位个数与上月止累计监督监察生产经营单位个数相加之和。县级以上单位要注意避免统计数据重复。由于次数可以简单重复地累加，所以实际监督检查生产经营单位次数一定是大于或者等于实际监督检查生产经营单位个数。

3. 监督监察覆盖率

指安全监管部门、煤矿安全监察机构实际监督监察生产经营单位个数占本行政区(辖区)内承担安全监管监察生产经营单位个数的百分比。计算公式为：监督监察覆盖率 =［实际监督监察生产经营单位个数 ÷ 本行政区(辖区)内承担安全监管监察生产经营单位个数］×

100%。

4. 实际监督监察生产经营单位次数

指统计报告期内，安全监管部门、煤矿安全监察机构对本行政区（辖区）内生产经营单位进行现场监督监察执法的次数，以“次”为计量单位填报。

5. 监督监察复查率

指统计报告期内，安全监管部门、煤矿安全监察机构对生产经营单位监督监察复查或重复监督监察的单位个数与实际监督监察生产经营单位个数比的百分率。计算公式为：监督监察复查率 =［（实际监督监察生产经营单位次数 - 实际监督监察生产经营单位个数）÷ 实际监督监察生产经营单位个数］×100%。

（二）安全生产事故隐患与重大危险源监督监察情况表（基础 A2 表）

6. 查处一般事故隐患

指统计报告期内，安全监管部门、煤矿安全监察机构对生产经营单位进行安全生产现场执法检查中查处的一般事故隐患数，以“项”为计量单位填报。

7. 应完成整改

指统计报告期内，在安全监管部门、煤矿安全监察机构查处的生产经营单位一般事故隐患中，按整改期限要求，应该完成整改的隐患数，以“项”为计量单位填报。

8. 已完成整改

指统计报告期内，在安全监管部门、煤矿安全监察机构查处的生产经营单位存在的一般事故隐患数中，实际完成整改的隐患数，以“项”为计量单位填报。

9. 按期整改率

指统计报告期内，实际完成一般事故隐患整改数与应完成一般事故隐患整改数比的百分率，计算公式为：一般事故隐患按期整改率 =（已完成一般事故隐患整改数 ÷ 应完成一般事故隐患整改数）×100%。

10. 查处重大事故隐患

指统计报告期内，安全监管部门、煤矿安全监察机构对生产经营单位进行安全生产执法检查中查处的重大事故隐患数，以“项”为计量单位填报。重大事故隐患的范围和界定，暂由县级以上安全监管部门或煤矿安全监察机构根据本地区的具体情况确定。

其中：实行挂牌督办的重大事故隐患是指统计报告期内，安全监管部门、煤矿安全监察机构在安全生产执法检查过程中发现重大事故隐患，并对其实行挂牌督办的隐患数，以“项”为计量单位填报。

11. 应完成整改

指统计报告期内，在安全监管部门、煤矿安全监察机构查处的生产经营单位重大事故隐患数中，按整改期限要求，应该完成整改的重大事故隐患数，以“项”为计量单位填报。

12. 已完成整改

指统计报告期内，在安全监管部门、煤矿安全监察机构查处的生产经营单位重大事故隐患数中，实际完成整改的重大事故隐患数，以“项”为计量单位填报。

13. 按期整改率

指统计报告期内，实际完成重大事故隐患整改数与应完成重大事故隐患整改数比的百分率，计算公式为：重大事故隐患按期整改率 =（已完成重大事故隐患整改数 ÷ 应完成重大事故隐患整改数）×100%。

14. 行政区(辖区)内重大危险源

指统计期末，在安全监管部门、煤矿安全监察机构备案的本行政区(辖区)内生产经营单位重大危险源个数，以“处”为计量单位填报。

15. 实际监控

指统计期末，在安全监管部门、煤矿安全监察机构备案的生产经营单位重大危险源中，已经采取安全监控措施的重大危险源个数，以“处”为计量单位填报。

16. 监控率

指统计期末，实际监控重大危险源数与行政区(辖区)内重大危险源数比的百分率。计算公式为：重大危险源监控率 =[实际监控重大危险源数 ÷ 行政区(辖区)内重大危险源数]×100%。

## (三)安全生产行政处罚情况(基础 A3 表)

17. 行政处罚次数

指统计报告期内，安全监管部门、煤矿安全监察机构依法实施行政处罚的次数，以“次”为计量单位填报。行政处罚次数包括对生产经营单位、对生产经营单位主要负责人实施行政处罚次数、罚款次数及其他行政处罚次数。

其中“对生产经营单位”的行政处罚次数和“对生产经营单位主要负责人”的行政处罚次数，要分别填报。

18. 罚款次数

指统计报告期内，安全监管部门、煤矿安全监察机构依法实施经济处罚罚款的次数，以“次”为计量单位填报。经济处罚罚款次数包括事故罚款次数、监督检查和监察罚款次数以及其他罚款次数。其中“事故罚款”和“监督监察罚款”次数，要分别填报。

19. 责令停产停业整顿生产经营单位

指在统计报告期内，安全监管部门、煤矿安全监察机构依法责令停产停业整顿的生产经营单位个数，以“个”为计量单位填报。

20. 提请关闭生产经营单位

指统计报告期内，安全监管部门、煤矿安全监察机构依法提请政府予以关闭的生产经营单位个数，以“个”为计量单位填报。

其中：实际关闭生产经营单位是指统计报告期内，在安全监管部门、煤矿安全监察机构依法提请关闭的生产经营单位中，已经实施关闭的生产经营单位个数，以“个”为计量单位填报。

21. 处罚罚款

指统计报告期内，安全监管部门、煤矿安全监察机构依法实施经济处罚的罚款金额数，以“万元”为计量单位填报(保留不超过小数点后两位数字)。经济处罚罚款包括事故罚款、监督监察罚款以及其他罚款。其中“事故罚款”“监督监察罚款”金额数要分别填报。

在具体填报过程中一定注意是以万元为单位，不是以元为单位，经常有县级单位因为忽视了计量单位导致汇总后的罚款数特别巨大。这个问题虽反复强调，但仍然有县、市报数超过位数，导致数据汇总时出错，地市、区县在填表和汇总后务必检查本表数据。

22. 实际收缴罚款

指统计报告期内，在安全监管部门、煤矿安全监察机构依法实施经济处罚罚款中，实际收缴的罚款金额数，以“万元”为计量单位填报(保留小数点后两位数字)。实际收缴罚款包括事故罚款、监督监察罚款和其他罚款。其中实际收缴的“事故罚款”“监督监察罚款”金额数要分别填报。

23. 罚款收缴率

指统计报告期内，实际收缴罚款金额数与经济处罚罚款金额数比的百分率。计算公式为：罚款收缴率 =(实际收缴罚款金额数 ÷ 处罚罚款金额数)×100%。

(四)生产安全事故查处及责任追究情况(基础A4表)

24. 查处事故

指统计报告期内，安全监管部门、煤矿安全监察机构负责调查处理的生产安全事故起数(包括一般事故、较大事故和重大事故)，以“起”为计量单位填报。其中“较大事故”和“重大事故”要分别填报。

25. 应结案

指统计报告期内查处事故中，安全监管部门、煤矿安全监察机构按照事故结案期限要求应该完成结案的事故起数(包括一般事故、较大事故和重大事故)，以“起”为计量单位填报。其中“较大事故”和“重大事故”要分别填报。

26. 实际结案

指统计报告期内查处事故中，安全监管部门、煤矿安全监察机构实际完成结案的事故起数(包括一般事故、较大事故和重大事故)，以“起”为计量单位填报。其中“较大事故”和“重大事故”要分别填报。

27. 按期结案率

指统计报告期内，实际结案事故起数与应结案事故起数比的百分率，计算公式为：按期结案率 =(实际结案事故起数 ÷ 应结案事故起数)×100%。

28. 建议给予政纪党纪处分

指统计报告期内，在安全监管部门、煤矿安全监察机构实际结案的事故中，依法追究有关人员行政责任，建议给予处分的人数，以“人”为计量单位填报。其中“行政部门领导干部”和“生产经营单位主要负责人”要分别填报。同时给予政纪和党纪处分的人数归入本类别，在建议给予党纪处分中不再填报。

29. 其中：建议给予党纪处分

指统计报告期内，在安全监管部门、煤矿安全监察机构实际结案的事故中，依照党纪追究有关人员责任，建议给予党纪处分的人数，以“人”为计量单位填报。其中“行政部门领导干部”和“生产经营单位主要负责人”要分别填报。

30. 移送追究刑事责任

指统计报告期内，在安全监管部门、煤矿安全监察机构实际结案的事故中，依法移送追究刑事责任的人数，以“人”为计量单位填报。其中“行政部门领导干部”和“生产经营单位主要负责人”要分别填报。

(五)安全生产听证复议诉讼情况(基础A5表)

31. 听证会次数

指统计报告期内，安全监管部门、煤矿安全监察机构依照有关法规规定，举行听证会的次数，以“次”为计量单位填报。

32. 行政复议起数

指统计报告期内，安全监管部门、煤矿安全监察机构依照有关法规规定，作为行政复议受理单位，处理行政复议事件的起数，以"起"为计量单位填报。

33. 行政诉讼起数

指统计报告期内，安全监管部门、煤矿安全监察机构接受和处理行政诉讼事件的起数，以"起"为单位填报。

## (六)安全生产"三同时"及许可证持证情况(基础A6表)

34. 本期内新建、改建、扩建项目

指统计报告期内，安全监管部门、煤矿安全监察机构所辖行政区(辖区)内生产经营单位新建、改建、扩建项目个数，以"个"为计量单位填报。

其中：通过安全设施设计审查项目指统计报告期内，通过安全监管部门、煤矿安全监察机构组织的安全设施设计审查，批准的新建、改建、扩建项目个数，以"个"为计量单位填报。

35. 通过安全设施竣工验收项目

指统计报告期内，通过安全监管部门、煤矿安全监察机构组织的安全设施竣工验收，验收合格的新建、改建、扩建项目个数，以"个"为计量单位填报。

36. 本期内持有安全生产许可证企业(或矿井或系统)

指统计报告期内，安全监管部门或煤矿安全监察机构，按照有关法律法规规定，批准持有安全生产许可证的煤矿企业和矿井、金属与非金属矿山企业和系统、危险化学品和烟花爆竹生产企业个数，以"个"为计量单位填报。其中煤矿矿井包括露天煤矿。

其中：新发证企业(或矿井或系统)指统计报告期内，安全监管部门或煤矿安全监察机构，按照有关法律法规规定，新发安全生产许可证的煤矿企业和矿井、金属与非金属矿山企业和系统、危险化学品和烟花爆竹生产企业个数，以"个"为计量单位填报。其中煤矿矿井包括露天煤矿。

37. 其中：延期换证企业(或矿井或系统)

指统计报告期内，安全监管部门行政区内或煤矿安全监察机构辖区内，按照有关法律法规规定，延期换发安全生产许可证的煤矿企业和矿井、金属与非金属矿山企业和系统、危险化学品和烟花爆竹生产企业个数，以"个"为计量单位填报。其中煤矿矿井包括露天煤矿。

## (七)安全生产培训持证情况(基础A7表)

38. 应培训特种作业人员

指安全监管部门、煤矿安全监察机构组织、指导、管理工矿商贸生产经营单位特种作业人员安全资格考核培训，在统计报告期内，应培训特种作业人员数(包括年度内需复训、新增培训和在有效期内持证人数)，以"人"为计量单位填报。

其中：培训持证指统计报告期内，经考核颁发证书的特种作业人员数(包括年度内需复训、新增培训和在有效期内持证人数)，以"人"为计量单位填报。

39. 特种作业人员持证率

指统计报告期内，特种作业人员培训持证人数与应培训特种作业人员数比的百分率，计算公式为：特种作业人员培训持证率=(特种作业人员培训持证人数÷应培训特种作业人员数)×100%。

40. 应培训安全生产管理人员

指安全监管部门、煤矿安全监察机构组织、指导、管理工矿商贸生产经营单位安全生产管理人员安全资格考核培训，在统计报告期内，应培训安全生产管理人员数(包括年度内需复训、新增培训和在有效期内持证人数)，以“人”为计量单位填报。

其中：培训持证指统计报告期内，经考核颁发证书的安全生产管理人员数(包括年度内复训持证、新增培训持证和在有效期内持证人数)，以“人”为计量单位填报。

41. 安全生产管理人员培训持证率

指统计报告期内，安全生产管理人员培训持证人数与应培训安全生产管理人员数比的百分率，计算公式为：安全生产管理人员持证率=[安全生产管理人员培训持证人数÷应培训安全生产管理人员数]×100%。

42. 应培训生产经营单位主要负责人

指安全监管部门、煤矿安全监察机构组织、指导、管理工矿商贸生产经营单位主要负责人安全资格考核培训，在统计报告期内，应培训生产经营单位主要负责人数(包括年度内需复训、新增培训和在有效期内持证人数)，以“人”为计量单位填报。

其中：培训持证指统计报告期内，经考核颁发证书的生产经营单位主要负责人数(包括年度内复训持证、新增培训持证和在有效期内持证人数)，以“人”为计量单位填报。

43. 生产经营单位主要负责人培训持证率

指统计报告期内，生产经营单位主要负责人培训持证人数与应培训生产经营单位主要负责人数比的百分率，计算公式为：生产经营单位主要负责人培训持证率=(生产经营单位主要负责人培训持证人数÷应培训生产经营单位主要负责人数)×100%。

### (八)安全生产行政执法文书使用情况(基础A9-1表)

指统计报告期内，安全监管部门按照国家安全生产监督管理总局《关于印发〈安全生产行政执法文书〉(式样)的通知》(安监总政法〔2010〕112号)规定，使用各类执法文书的情况。

## 四、安全生产行政执法统计指标的分类

### (一)绝对量指标

绝对量指标是反映总体现象规模的统计指标。安全生产行政执法统计的绝对量指标有81个(其中包括执法文书指标17个)。绝对量指标是需要采集、填报的统计指标，分布在基础A1-A10表内。

### (二)相对量指标

相对量指标是两个有联系的绝对量指标相比较的结果，说明总体现象的发展变化和总体的结构等情况。安全生产行政执法统计的相对量指标有14个。相对量指标不需要采集、填报，由计算机软件计算生成，分布在基础A表、综合B表，可直接用于执法统计分析。

在使用中，既可以分别使用绝对量指标或相对量指标，又可以把二者结合在一起使用。

### (三)反映基本情况、具体行为的统计指标

反映基本情况的统计指标，如：应监管检查生产经营单位个数、应培训特种作业人员数。

反映具体执法行为的统计指标：基本情况统计指标和执法文书使用情况统计指标以外的指标，都属于执法行为指标。

反映使用执法文书情况的统计指标：包括监督执法文书17项。

### （四）双重特点的统计指标

既反映基本情况，又反映具体执法行为或执法文书情况的特点。

比如，重大危险源个数，这个统计指标是在安全监管部门备案的重大危险源个数，既有基本情况的特点，又有具体执法行为的特点。

比如，行政处罚决定书，既反映了使用执法文书量的多少，又有具体执法行为的特点。

### （五）时期指标和时点指标

在安全生产行政执法统计指标中，绝对量指标根据指标反映的时间不同将其分为时期指标和时点指标。

1. 时期指标概念

时期指标反映的是安全生产执法行为及其有关情况在一定时期内达到的总数量，是一个流量，如实际监督检查生产经营单位个数、新建改建扩建项目个数等。时期指标对应某一变量的具体数值就是时期数。对时期数必须明确填报数据所需要的时间范围。

2. 时点指标概念

时点指标反映的是安全生产执法行为及其有关情况在某一时点上达到的规模或水平，是一个存量，如应监管检查生产经营单位个数、期末持有安全生产许可证企业个数等。同样，时点指标对应某一变量的具体数值就是时点数。对时点数要弄懂统计指标所规定和标明的统计时间点，需要填报期末数。

3. 时期数和时点数的特点

（1）时期数的指标值具有连续统计的特点，而时点数的指标值不具有连续统计的特点。

（2）时期数的指标值具有可加性的特点，而时点数的指标值不能相加。

（3）时期数指标值的大小与所包括的时期长短有直接的关系，而时点数指标值的大小与时间间隔长短无直接的关系。

### （六）含“应”的指标

应完成事故隐患整改数、应完成重大事故隐患整改数、应结案事故起数等3个统计指标涉及统计报告期的概念，是指在统计报告期内应该完成的事故隐患整改数、重大事故隐患整改数、结案的事故起数。

应培训特种作业人员数、应培训安全生产管理人员数、应培训生产经营单位主要负责人数，包含了两个约定：一是安全监管部门或煤矿安全监察机构培训范围；二是年度内需复训、新增培训和在有效期内持证人数。

## 五、统计报表填写常见错误

### （一）错报

1. 时期指标小于上月

时期指标如监管检查企业次数、行政处罚次数、经济罚款金额、发出执法文书个数等，这类数据如果出现本月数值小于上月的情况，则属明显错误。

2. 数据计算错误

基础 A3 表"安全生产行政处罚情况表"中各项数据不仅需要横向计算，也要纵向计算。例如，罚款次数，纵向为事故罚款和监督监察罚款，这两项数据相加要等于总的罚款次数；横向为矿山、危化品、烟花爆竹、工贸、其他等五个类别项，这些类别项的数据相加也要与总的罚款次数相符。计算时如果只看横向或者纵向，都容易出现数据自相矛盾，不能统一。

3. 数据报送格式不规范

报表中的数据格式一律为保留至不超过小数点后两位数(以万元为单位)，实际填报中经常有地市报送数据保留至小数点后四位(以元为单位)，导致系统在数据汇总时出错。

4. 数据填错栏

在填写报表时，粗心大意，将危化类的事故，填在矿山类或者烟花爆竹类，将其他类数据填写至工贸类，等等。

(二)漏报

1. 单项数据漏报

如基础 A3 表"安全生产行政处罚情况表"中，责令停产停业整顿生产经营单位与提请关闭生产经营单位容易看错行，导致漏报。

2. 处罚罚款漏报

个别市经常漏报和少报行政处罚和经济处罚数据，实际该市不仅有事故罚款，还有监督监察罚款，存在不愿意报或少报的行为。

(三)迟报

2014 年新的统计制度实行以来，国家安监总局每月对全国行政执法统计数据报送情况进行通报，对于报表报送的时限要求更加严格。广东省安监局也再次发文明确了地市一级报送报表数据的时间为每月 3 号前，遇节假日可顺延，但在实际操作中却只能是遇节假日提前报送，以避免出现错报或漏报的情况来不及更改。

## 第三节　安全生产行政执法统计分析

### 一、安全生产行政执法统计分析的概念和作用

安全生产行政执法统计分析是根据统计学的原理和技术方法，运用大量的安全生产行政执法统计数据，通过认真梳理、分析、概括，来反映、评价一个时期内安全生产监督检查执法活动的现状、特点、规律，对安全生产执法效果进行量化分析，给出定性的结论，提出解决问题的措施和办法。通过分析研究所形成的文字材料，就是安全生产行政执法统计分析报告，属于统计分析的一种应用文体。

安全生产行政执法统计分析是衡量安全生产行政执法统计工作水平的综合标准；是传播安全生产行政执法统计信息的有效工具；是安全生产监管检查科学决策的重要依据；是体现安全生产行政执法统计监督作用的主要手段，有利于促进安全生产行政执法统计工作自身的发展。

## 二、安全生产行政执法统计分析的内容

从2015年开始，广东省安监局每月进行一次安全生产行政执法统计通报，每季进行一次安全生产行政执法统计分析，每年在年报数据汇总完成后形成年度安全生产行政执法统计分析报告。

月通报主要结合行政执法检查、行政处罚的相关数据进行通报，如监督检查企业的个数、次数、监督检查覆盖率、复查率、查处隐患的条数、隐患整改率、重大危险源监控率等数据，行政处罚次数、经济处罚次数、经济处罚金额、事故处罚及监督处罚金额等数据。其中，对地市的同比数据进行排名的数据主要是监督检查企业的个数、次数、行政处罚次数、经济处罚次数、经济处罚金额等。

季分析则侧重在月通报的基础上，根据安全生产行政执法统计指标体系中的数据，结合具体情况有选择、有重点地进行分析。

年报告以年度数据为依据，结合全年的安全生产行政执法工作情况及行政执法统计数据的变化，对全年行政执法工作进行综合性的分析，总结经验，提出下一步工作意见和建议。在写作上既要遵循一般文章写作的普遍规律和要求，同时，在写作格式、写作方法、数据运用等方面也有自身的特点和要求。

## 三、安全生产行政执法统计分析的要求

安全生产行政执法统计分析要及时总结本地区、本部门安全生产行政执法工作经验、有效做法，分析存在问题，提出下一阶段工作安排和建议。撰写时注意三点：一是要遵循统计学的基本原理和方法，运用大量的执法统计数据，定性分析与定量分析相结合，定量分析为主；二是要文字表述与数据说话相结合，文字数据并重；三是既要遵循一般文章写作的普遍规律和要求，也要依照分析报告自身的写作格式、写作方法、数据运用等方面的要求。

## 四、安全生产行政执法统计分析报告范例

### ××市安全生产行政执法统计分析报告

2014年，全市安全生产执法监察机构深入贯彻落实习近平总书记系列重要指示和省领导的重要讲话精神，按照年度工作部署及行政执法计划的工作安排，紧紧围绕严厉打击违反安全生产法律法规生产经营建设行为的主线，着力抓好重点时期、重点区域、重点行业的执法监察工作活动，开展“八打八治”打非治违专项行动，深化重点行业领域安全生产执法检查，狠抓重大事故隐患的整改落实，取得了较好的工作成效，保持了全市安全生产形势的总体平稳。

一、基本情况

(一)现场监督检查

2014年，全市监督检查各类生产经营单位383 405个、831 771次，监督检查覆盖率为76.3%，监督检查复查率为116.9%。其中：重点监管行业(领域)生产经营单位174460个、

504133 次，监督检查覆盖率为 81.92%，监督检查复查率为 188.97%。

各行业及领域现场监督检查情况及分析，见表 1、图 1。重点行业及领域监督检查情况同比分析如图 2 所示。

**表 1　现场监督检查情况表**

| 项目 | 单位 | 合计 | 金属与非金属矿山 | 危险化学品 | 烟花爆竹 | 工贸企业 | 其他 |
|---|---|---|---|---|---|---|---|
| 监督检查单位 | 个 | 383 405 | 1 563 | 12 611 | 7 387 | 152 899 | 208945 |
| 覆盖率 | % | 76.3 | 99.1 | 98 | 97.8 | 80 | 72.2 |
| 监督检查单位 | 次 | 831 771 | 9 699 | 55 754 | 26 803 | 327 638 | 411 877 |
| 复查率 | % | 116.9 | 520.5 | 342.1 | 262.8 | 114.2 | 97.1 |

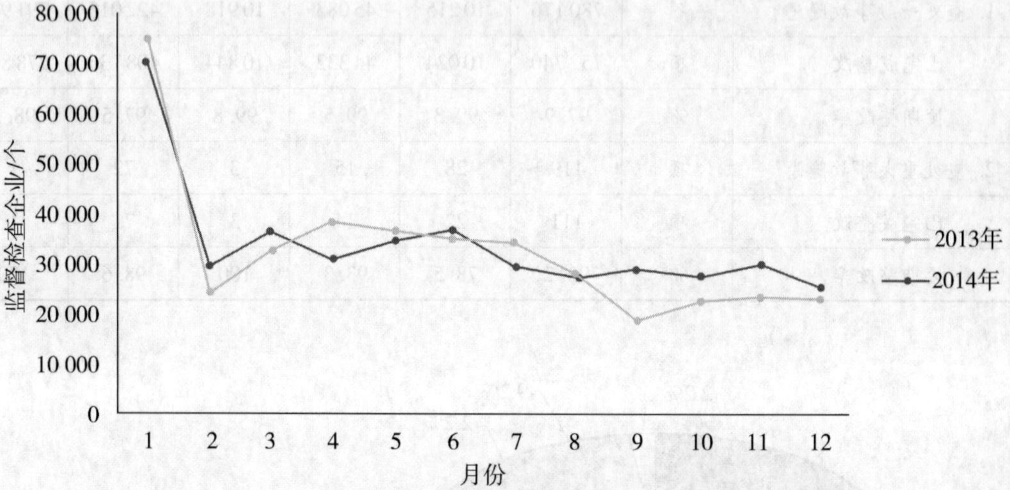


图 1　现场监督检查情况同比分析

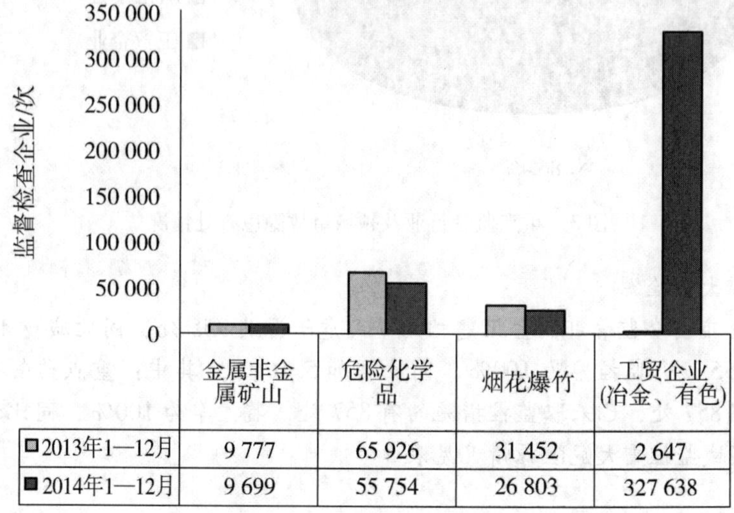


| | 金属非金属矿山 | 危险化学品 | 烟花爆竹 | 工贸企业(冶金、有色) |
|---|---|---|---|---|
| 2013年1—12月 | 9 777 | 65 926 | 31 452 | 2 647 |
| 2014年1—12月 | 9 699 | 55 754 | 26 803 | 327 638 |

图 2　重点行业及领域监督检查情况同比分析

（二）查处事故隐患

2014 年，全市查处一般事故隐患 780 176 项，应完成整改 768 302 项，已完成整改 752 740 项，按期整改率为 97. 9%，同比增加 1. 03%。其中：查处重点监管行业（领域）事故隐患 488 231 项，应完成整改 484 522 项，已完成整改 473 936 项，按期整改率为 97. 82%，同比减少 1. 63%。查处重大事故隐患 119 项，应完成整改 119 项，已完成整改 111 项，重大事故隐患按期整改率为 93. 2%，同比减少 4. 12%。

各行业及领域事故隐患查处及整改情况如表 2 所示。重点监管行业及领域事故隐患查处情况如图 3 所示。

表 2　事故隐患查处及整改情况表

| 项目内容 | 计量单位 | 合计 | 金属与非金属矿山 | 危险化学品 | 烟花爆竹 | 工贸企业 | 其他 |
|---|---|---|---|---|---|---|---|
| 1. 查处一般事故隐患 | 项 | 780 176 | 10 215 | 45 083 | 10 918 | 422 015 | 291 945 |
| 已完成整改 | 项 | 752 740 | 10 024 | 44 332 | 10 844 | 408 736 | 278 804 |
| 按期整改率 | % | 97. 9 | 99. 3 | 99. 5 | 99. 8 | 97. 5 | 98. 2 |
| 2. 查处重大事故隐患 | 项 | 119 | 28 | 15 | 3 | 72 | 1 |
| 已完成整改 | 项 | 111 | 22 | 14 | 3 | 71 | 1 |
| 按期整改率 | % | 93. 2 | 78. 5 | 93. 3 | 100 | 98. 6 | 100 |

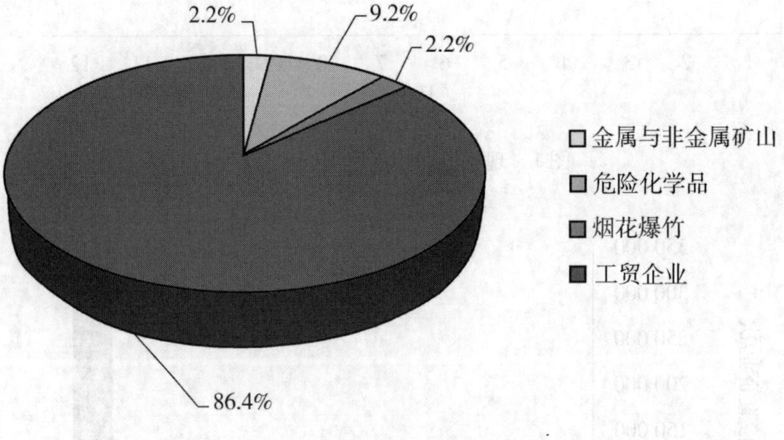


图 3　重点监管行业及领域事故隐患查处情况

（三）监控重大危险源

2014 年，全市安全监管部门登记建档的重大危险源共 955 处，同比减少 10. 91%。已采取监控措施的 955 处，监控率为 100%，同比增加 5. 16 %。其中：重点监管行业（领域）的重大危险源共有 857 处，已采取监控措施的有 857 处，监控率为 100%，同比增加 5. 16%。

各行业及领域监控重大危险源情况见表 3。

表3　监控重大危险源情况表

| 项目内容 | 计量单位 | 合计 | 金属与非金属矿山 | 危险化学品 | 烟花爆竹 | 工贸企业 | 其他 |
|---|---|---|---|---|---|---|---|
| 重大危险源 | 处 | 955 | 20 | 691 | 16 | 130 | 98 |
| 其中：已监控 | 处 | 955 | 20 | 691 | 16 | 130 | 98 |
| 监控率 | % | 100 | 100 | 100 | 100 | 100 | 100 |

(四)行政处罚

2014 年，全市安全监管部门实施行政处罚 20794 次，同比增长 73.30%。其中：对生产经营单位实施行政处罚 18477 次，同比增加 79.09%；对生产经营单位主要负责人实施行政处罚 1534 次，同比下降 6.41%。

在对生产经营单位实施行政处罚中，责令停产整顿生产经营单位 1218 个，同比增加 19.88%；提请关闭生产经营单位 161 个，同比增加 323.68%；实际关闭生产经营单位 67 个，同比增加 86.11%；关闭率 41.61%。

各行业及领域安全生产行政处罚情况见表4、图4。

表4　安全生产行政处罚情况表

| 项目内容 | 计量单位 | 合计 | 金属与非金属矿山 | 危险化学品 | 烟花爆竹 | 工贸企业 | 其他 |
|---|---|---|---|---|---|---|---|
| 1. 行政处罚次数 | 次 | 20794 | 304 | 901 | 480 | 9638 | 9471 |
| 同比 | % | 73.30 | -33.04 | -31.27 | -35.22 | 8067.80 | 1.02 |
| 2. 责令停产整顿单位 | 个 | 1218 | 35 | 56 | 10 | 364 | 753 |
| 3. 提请关闭单位 | 个 | 161 | 26 | 18 | 2 | 96 | 19 |
| 其中：实际关闭单位 | 个 | 67 | 23 | 8 | 2 | 20 | 14 |

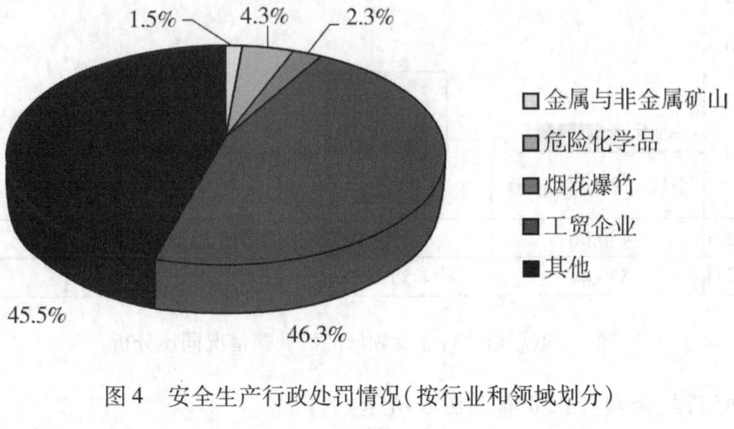


图4　安全生产行政处罚情况(按行业和领域划分)

(五)经济处罚

2014 年，全市安全监管部门实施经济处罚 12208 次，同比增加 57.04%，经济处罚金额为13234.72万元，同比增加5.70%，实际收缴金额为11612.43万元，同比增加2.99%，收缴率为87.7%，同比减少2.61%。

各行业及领域安全生产经济处罚情况见表5。

**表5　安全生产经济处罚情况表**

| 项目内容 | 合计 | 金属与非金属矿山 | 危险化学品 | 烟花爆竹 | 工贸企业 | 其他 |
|---|---|---|---|---|---|---|
| 经济处罚(次) | 12208 | 186 | 415 | 220 | 3302 | 8085 |
| 其中：(1)事故罚款 | 722 | 38 | 29 | 0 | 436 | 219 |
| (2)监督监察罚款 | 11486 | 148 | 386 | 220 | 2866 | 7866 |
| 经济处罚金额(万元) | 13234.72 | 533.44 | 1552.62 | 101.14 | 7343.39 | 3704.13 |
| 其中：(1)事故罚款 | 6312.07 | 280.82 | 178.83 | — | 3822.83 | 2029.59 |
| (2)监督监察罚款 | 6922.65 | 252.62 | 1373.79 | 101.14 | 3520.56 | 1674.54 |
| 实际收缴罚款(万元) | 11612.43 | 473.67 | 1448.96 | 92.1 | 6363.86 | 3233.84 |
| 其中：(1)事故罚款 | 5137.95 | 224.85 | 138.04 | — | 3158.25 | 1616.81 |
| (2)监督监察罚款 | 6474.48 | 248.82 | 1310.92 | 92.1 | 3205.61 | 1617.03 |
| 罚款收缴率(%) | 87.7 | 88.7 | 93.3 | 91 | 86.6 | 87.3 |
| 其中：(1)事故罚款 | 81.3 | 80 | 77.1 | — | 82.6 | 79.6 |
| (2)监督监察罚款 | 93.5 | 98.4 | 95.4 | 91 | 91 | 96.5 |

重点监管行业及领域经济处罚情况同比分析如图5所示。

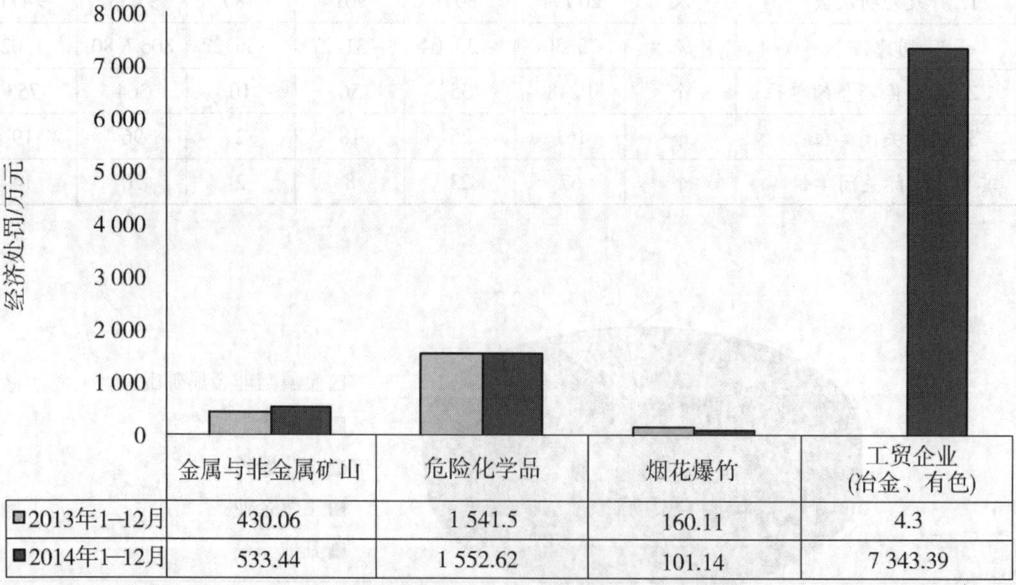


图5　重点监管行业及领域经济处罚情况同比分析

2014年监督罚款金额行业分布如图6所示。

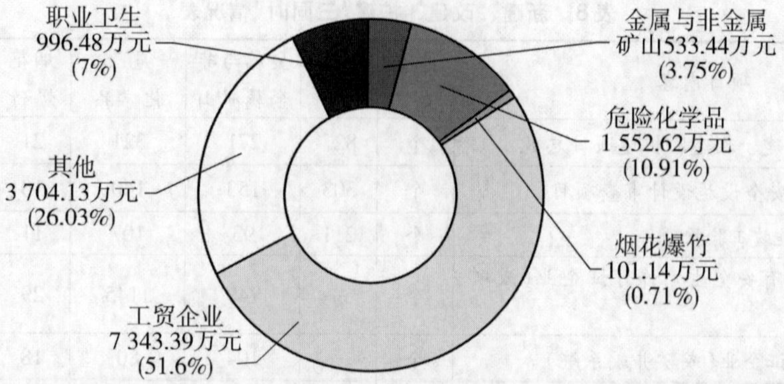


图6　2014年监督罚款金额行业分布

（六）事故查处

2014年，全市安全监管部门查处事故444起，同比增加13.26%；应结案390起，实际结案368起，按期结案率为94.3%。

各行业及领域安全生产事故查处情况见表6。

**表6　安全生产事故查处情况表**

| 项目内容 | 合计 | 金属与非金属矿山 | 危险化学品 | 烟花爆竹 | 工贸企业 | 其他 |
|---|---|---|---|---|---|---|
| 查处事故 | 444 | 14 | 8 | — | 202 | 220 |
| 应结案 | 390 | 14 | 7 | — | 165 | 204 |
| 实际结案 | 368 | 14 | 5 | — | 157 | 192 |
| 按期结案率(%) | 94.3 | 100 | 71.4 | — | 95.1 | 94.1 |

（七）职业卫生监督执法情况

2014年，全市安全监管部门职业卫生监督检查用人单位86 439家，查处问题101 275项，责令限期改正59 996项，罚款996.48万元，责令停产停业256家，提请关闭2家。

各行业及领域职业卫生监督执法情况见表7。

**表7　职业卫生监督执法情况**

| 监督检查用人单位 | 监督检查情况 | | | | |
|---|---|---|---|---|---|
| | 查处问题（项） | 责令限期改正（项） | 罚款（万元） | 责令停产停业（个） | 提请关闭（个） |
| 86 439 | 101 275 | 59 996 | 996.48 | 256 | 2 |

（八）新、改、扩建“三同时”

2014年，全市安全监管部门所辖行政区（辖区）内生产经营单位新建、改建、扩建项目827个，同比下降28.52%。其中：通过安全监管部门“三同时”验收项目有211个，验收合格率为25.51%。

各行业及领域新建、改建、扩建“三同时”情况见表8。

**表8　新建、改建、扩建“三同时”情况表**

| 项目内容 | 计量单位 | 合计 | 金属与非金属矿山 | 危险化学品 | 烟花爆竹 | 工贸企业 | 其他 |
|---|---|---|---|---|---|---|---|
| 1. 本期内新建、改建、扩建项目总数 | 个 | 827 | 271 | 321 | 21 | 180 | 34 |
| 其中：通过安全设施设计审查项目 | 个 | 303 | 153 | 140 | 10 | — | — |
| 通过安全设施竣工验收项目 | 个 | 211 | 93 | 107 | 11 | — | — |
| 2. 本期内持有安全生产许可证企业(或矿井或系统) | 个 | — | 749 | 1145 | 29 | — | — |
| 其中：新发证企业(或矿井或系统) | 个 | — | 104 | 80 | 18 | — | — |
| 延期换证企业(或矿井或系统) | | | | | | | |

(九)使用文书情况

2014年，全市安全监管部门使用各类安全生产监督执法文书542909份，同比增长6.87%。其中：重点监管行业(领域)使用执法文书334218份，同比增长357.29%。

各行业及领域安全生产执法文书使用情况见表9。

**表9　安全生产执法文书使用情况表**

| 项目内容 | 合计 | 金属与非金属矿山 | 危险化学品 | 烟花爆竹 | 工贸企业 | 其他 |
|---|---|---|---|---|---|---|
| 使用执法文书/份 | 542 909 | 11 467 | 43 710 | 17 730 | 261 311 | 208 691 |

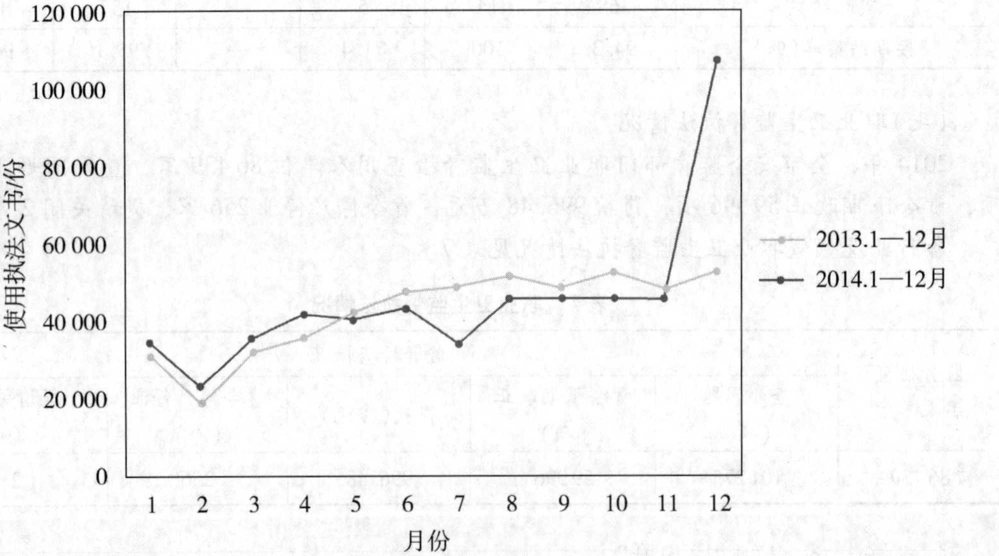


图7　安全生产执法文书使用情况同比分析

二、主要特点和存在问题

(一)主要特点

(1)行政处罚次数、经济处罚次数、事故处罚金额大幅提高。2014年全市各级安全监管部门实施行政处罚20 794次，同比增加73.30%。实施经济处罚12 208次，同比增加

57.04%。事故罚款金额为6312.07万元，同比增加24.28%。

(2)重大危险源监察率达到百分之百。全市安全监管部门登记建档的重大危险源共955处，同比减少10.91%，已采取监控措施的955处，监控率为100%，同比增加5.16%。

(3)职业卫生行政执法力度大幅提升。职业卫生领域今年开展了多次专项执法，行政执法力度明显加强，处罚金额占监督监察罚款金额的7%，超过金属与非金属矿山、烟花爆竹两个重点行业。

(4)工贸行业数据大幅提高。2014年，监督检查单位工贸行业152899个，同比增加28694.54%；监督检查单位工贸行业327638次，同比增加12277.71%；查处一般事故隐患工贸类422015项，同比增加13014.20%；查处重大事故隐患72项，同比增加7200%；工贸行业的行政处罚9638次，同比增加8067.80%；经济处罚3302次，同比增加47071%；处罚金额7343.39万元，同比增加170676.51%。

(5)执法文书使用量大幅增加。2014年，全市安全监管部门使用各类安全生产监督执法文书542909份，同比增长6.87%。特别是重点监管行业(领域)使用执法文书同比增长高达357.29%。

(6)委托镇街行政执法成效突出。2014年，全市委托执法人员同比上升2.80%，持证人员同比上升5.27%，委托行政处罚次数同比上升21.55%，经济处罚次数同比上升62.64%，经济处罚金额同比上升17.76%，事故罚款金额同比上升55.75%，监督罚款金额同比上升6.72%。

(二)存在问题

(1)监督检查企业个数、次数同比下降。2014年，监督检查企业个数、次数同比分别下降7.41%、4.70%。重点行业领域中，金属与非金属矿山、危险化学品和烟花爆竹的行政处罚次数同比分别下降0.80%、15.43%、14.78%。

(2)监督处罚金额下降。2014年，全市的监督处罚金额同比下降6.58%，全市仅6个县(区)监督处罚金额同比增长，2个县(区)与去年基本持平，其余都出现不同程度的下降，有5个县(区)下降幅度超过40%。

(3)个别市行政处罚数据缓报。由于部分区县1—11月未将适用简易程序处罚的数据汇总，导致年底时处罚次数及金额大增，数据出现大跳跃现象。

三、工作措施

(一)认真贯彻落实十八届四中全会精神，推动新《安全生产法》落实

2015年，全市要以十八届四中全会精神为指导，以宣传贯彻新《安全生产法》为契机，强化红线意识，深化安全生产领域改革，深入推进依法治安，严格依法查处安全生产违法行为，切实做到勇于担当、敢抓敢管，处罚公平、裁量公正，以法为据、以理服人。

(二)深入开展执法专项行动

全市要根据行业、区域重点和季节特点，组织开展危险化学品、非煤矿山、烟花爆竹、冶金等专项执法行动。推行安全生产和职业卫生一体化执法，加大作业场所职业卫生执法监察力度，对粉尘、噪声、化学毒物等职业危害严重的单位进行重点执法检查，依法查处职业卫生违法行为。在“安全生产月”期间，组织“安全生产执法监察警示”活动，震慑安全生产非法违法行为。

(三)严格实施年度执法监察计划

根据本级安全监管部门制定并经批准、备案的年度执法计划，围绕打非治违工作重点，

结合工作职责，制定执法监察机构的年度执法监察计划。严格落实年度执法监察计划，细化分解执法任务，制定季度或月度执法检查方案，明确执法检查的区域、内容、重点及方式，及时把握年度执法监察计划实施进度，确保完成率达到100%。

(四)部署推进联合执法行动

全市要进一步健全政府统一领导、安全监管部门综合协调、其他负有安全生产监督管理职责部门参与的联合执法长效机制，配套完善联合执法相关的工作规则、联席会议、信息通报和考评制度。组织召开联合执法联席会议，研究制定年度联合执法工作方案，积极组织、协调、督促、配合有关部门开展联合执法行动，共同严厉打击安全生产领域各类非法违法行为。

(五)切实加强行政执法统计工作

全市负责行政执法统计工作的分管领导要认真重视统计工作，切实加强并指导区县严格审查把关上报数据，杜绝年底突击报数据的现象，切实加强对统计人员的管理，保证统计人员工作的连续性、统计数据的一致性，杜绝迟报、错报、漏报现象，提高统计质量，确保统计数据的真实准确。

××市安全生产监督管理局

20××年××月××日